U0471118

中华优秀传统文化大家谈·第二辑

温海明 赵薇 主编

儒道及宋明新儒学论纲

金春峰 著

山东城市出版传媒集团·济南出版社

图书在版编目(CIP)数据

儒道及宋明新儒学论纲/金春峰著. —济南：
济南出版社,2022.9
(中华优秀传统文化大家谈/温海明,赵薇主编. 第二辑)
ISBN 978-7-5488-4911-7

Ⅰ.①儒… Ⅱ.①金… Ⅲ.①儒学-研究
Ⅳ.①B222.05

中国版本图书馆 CIP 数据核字(2022)第 038307 号

儒道及宋明新儒学论纲
RUDAO JI SONG-MING XIN RUXUE LUNGANG

出 版 人	田俊林
责任编辑	范玉峰　董傲囡　尹海洋
封面设计	帛书文化

出版发行	济南出版社
地　　址	山东省济南市二环南路1号(250002)
编辑热线	0531-82890802
发行热线	0531-86922073　67817923
	86131701　86131704
印　　刷	山东临沂新华印刷物流集团有限责任公司
版　　次	2022年9月第1版
印　　次	2022年9月第1次印刷
成品尺寸	170mm×240mm　16开
印　　张	16.25
字　　数	246千字
定　　价	79.00元

(济南版图书,如有印装错误,请与出版社联系调换。联系电话:0531-86131736)

出版前言

"文化是一个国家、一个民族的灵魂。文化兴国运兴，文化强民族强。"党的十九大报告强调，中国特色社会主义文化源自中华民族五千多年文明历史所孕育的中华优秀传统文化，要加强对中华优秀传统文化的研究阐释与普及教育。中共中央办公厅、国务院办公厅印发的《关于实施中华优秀传统文化传承发展工程的意见》，明确要求加强中华文化研究阐释工作，深入研究阐释中华文化的历史渊源、发展脉络、基本走向，着力构建有中国底蕴、中国特色的思想体系、学术体系和话语体系。深入研究和阐发中华优秀传统文化，彰显中华文化魅力，坚定文化自信，成为摆在每一个从事文化研究和出版传播者面前的重要课题。

当前，对中华优秀传统文化的研究阐释正形成一股全国热潮，涌现出一大批有影响力的专家学者。他们从不同视角深研中国传统文化，汲取精华，关照现实，展望未来，取得丰硕研究成果。系统地挖掘整理他们的研究成果，集中展示他们的学术观点，有助于推动中华优秀传统文化研究的纵深发展。

为此，我们精心策划了"中华优秀传统文化大家谈"项目，搭建中华优秀传统文化研究平台，集中介绍国内名家学者关于中华优秀传统文化研究的核心思想、观点，较为系统、全面地反映当前中国传统文化研究尤其是儒学研究的整体状况和发展趋势，以期推动学术交流，服务学术创新，同时使广大读者能够了解、感受、领略中华优秀传统文化的深邃内涵和精神魅力。名为"大家谈",意在汇聚名家、大家,选取的作品均为当代中华传统文化研究的名家名作;同时也有"众人谈"之意,意在百家争鸣,繁荣学术研究。

却顾所来径,苍苍横翠微。项目从策划到出版,皆赖专家学者们的学术热情与鼎力支持。对此,我们深为感佩,并衷心感谢!同时也希望更多学界大家加入我们的行列,使更多高水平、高质量的研究成果能够与广大读者见面。

《中华优秀传统文化大家谈》项目组
2019 年 12 月

目录

上篇 中国传统文化研究

003 / 孔子的心灵:诗的心灵

011 / 孔子的心灵:历史的心灵

018 / "德"的历史考察

035 / 老子哲学性质之分析

064 / 从周敦颐到王阳明

074 / 朱熹"道统说"的建立与完成

097 / 朱陆"心学"及其异同

110 / 宋明新儒学论纲

目录

下篇　中国传统文化的当代发展

161 / 子学和经学

169 / 董仲舒思想研究的几个问题

180 / 董仲舒与汉儒对孔子人文史学的继承与发展

195 / 儒学与诗的发展流变

215 / 关于中哲史之"合法性"与"危机"问题

231 / 新哲学的瞩望

上篇 —— 中国传统文化研究

孔子的心灵：诗的心灵

庄子讲过一个故事，云齐桓公一日在堂下读书，匠人说："你读的不过是先王的陈迹。先王早死了，你读这些陈迹有什么用？"庄子不是反对读书，是要透过"书"了解先王的心灵——那"陈迹"背后的"所以迹"。"陈迹"死了，那"心灵"却仍是活的。学孔子，重要的是了解孔子的"心灵"。

一

孔子的心灵是什么？是"诗"，是如"诗"一样的心灵。王弼说孔子"体无"，"以无为体"，境界比老子高。套用王弼的话，孔子的心灵是"体诗"，"以诗为体"。与之相比，古希腊人心灵以"理性""逻辑"为体，诗也是史诗，讲事讲理。中国文化心灵是诗的、艺术的、抒情的。孔子的心灵是中国这种文化心灵集中而自觉的表现。

作为教育家，孔子以诗、书、礼教育学生，但首重诗教。他说："诗三百，一言以蔽之，曰：'思无邪！'"（《论语·为政》）"诗可以兴，可以观，可以群，可以怨。"（《论语·阳货》）孔子讲的"诗"就是《诗经》。它和希腊史诗不同，完全是抒情的，每首诗像一个小品，情景合一、情理合一、天人合一，这便是所谓"发乎情，止乎礼义"[①]。有如天籁，它是现实的、世间的，又是情趣高雅、超乎低俗的。"三百篇"歌颂武人、大将，开国干城，先王伟业，有如英雄史诗；也控诉人间的不公、不义，揭露政治的倾轧、黑暗。但"三百篇"大多是歌咏凡夫俗子，青年男女相思爱恋，鸳鸯情深或怨夫弃妇，离别依依。充溢其中的，是对生活的无限眷恋与挚爱；

[①] 参见汤一介：《论中国传统哲学中的真善美问题》，《当代学者自选文库·汤一介卷》，合肥：安徽教育出版社，1999 年，第 521—522 页。

没有粗俗、恐惧，没有狂欢纵欲；也有信仰、敬神，但没有怪力乱神，神与人仍是融合无间的。

孔子对儿子的两次教育都是要他学诗。一次说："不学诗，无以言。"另一次，伯鱼走过院子，孔子说："女（汝）为《周南》《召南》矣乎？人而不为《周南》《召南》，其犹正墙面而立也与？"（《论语·阳货》）"正墙面而立"就是面壁，如达摩面壁九年，直如一木头人，对一切漠然无情。"为"的意思是不仅要读，而且要做。孔子要伯鱼像《周南》《召南》说得那样，多情而有礼，不要做像木头人一样的无情之人。

《周南》《召南》之诗，如《关雎》"窈窕淑女，君子好逑"，如《汉广》"汉有游女，不可求思"等，确是情思绵绵。《鲁说》解《汉广》说："江妃二女……出游于江汉之湄，逢郑交甫。郑见而悦之……求女之佩。女与之，稍后视佩，空怀无物，二女亦不见。"上博简《孔子诗论》："《汉广》不求不可得，不攻不可能，不亦智（恒）乎？""不求不可得，不攻不可能"，非谓事实上不可得、不可能，乃必然不可得。所以如此，则因二女为神女也。此种浪漫情怀，其滥觞则是屈原《楚辞》和宋玉《高唐赋》《神女赋》之类。此外，《葛覃》讲"归宁父母"，《卷耳》讲怀念妻子，《螽斯》讲多子多孙，《桃夭》表现出嫁的喜悦，《兔罝》欣赏男子的英武，《汝坟》讲夫妻情深，《鹊巢》讲被遗弃的痛苦，《草虫》讲对丈夫的思恋，《甘棠》讲对召伯的感恩，《摽有梅》讲自由恋爱，《野有死麇》讲"有女怀春，吉士诱之"（类如苗族山洞定亲），等等。而抒情之亲而浓、纯而正，在"三百篇"中莫过于《周南》《召南》。所以孔子强调"为《周南》《召南》"，可以说是以《诗》、以"情"为教育之本和做人之本了。

孔子要学生"兴于诗，立于礼，成于乐"（《论语·泰伯》），这里，诗、礼、乐三位一体。诗有声、有曲、有调，是乐。孔子和子夏谈诗，"巧笑倩兮，美目盼兮，素以为绚兮"，孔子说"绘事后素"，子夏说"礼后乎！"（《论语·八佾》）孔子说很受启发。事实上是孔子启发了子夏，生动地显示孔门如何解诗、评诗以及将诗礼结合的情景。这种诗教是一种真正的人文教育，是人文精神之落实于人格、于生活。由孔子的指点和倡导，中国文化早早地把生活诗意化了。诗成为中国文化和中国人心灵生活的核心。

《关雎》被推崇为"四始"之一，《小序》："后妃之德也，风之始也，所以风天下而正夫妇也。故用之乡人焉，用之邦国焉。"《关雎》中，男子由相思到以礼相求，再到明媒正娶、钟鼓相迎，完成了"发乎情，止乎礼义"的心灵净化或诗化过程。经过这一净化，原始情欲升华为合乎善与美的"礼乐"文化，人性与生活更趋规范、持久、甜美、纯净，达到情和理的交融、个人与社会的交融、自由与责任的交融。这种生活的诗化与诗意的生活，就是孔子推崇《周南》《召南》所指点给世人的。

　　对男女情思，孔子本人亦体会深深。《论语·子罕》篇末章："'唐棣之华，偏其反而。岂不尔思？室是远而。'子曰：'未之思也，夫何远之有？'"翻译出来是："棠棣花啊，总是红的白的反着开！不是没有想你，是住处隔得远了！"孔子说："没有真动心去想她呀（真想，她就在心里），哪里有什么远！"《论语·乡党》末章："色斯举矣，翔而后集。子曰：'山梁雌雉，时哉时哉！'子路共之。三嗅而作。"译成白话是：孔子师徒行于山间，见一雄雉，一下张开（"举"）了它的艳丽翅膀飞起来（雄雉有漂亮羽毛，雌雉无），盘旋着（翔），又落在山梁上（集于山梁）。原来那儿正有一只雌雉呢！见此情景，孔子不由感叹道："真是得其时啊！真是好时光啊！""时"，生命之时，时运、时光之时。子路凝神静听，拱着手（把手拱拘着，不张开），唯恐惊动了鸟儿。只见它们"三嗅而作"。"嗅"，相互亲昵，类似接吻。"三"，多次之意。"作"就是交配了。"作"一般解为"飞走"，实际是"天作之合""赤子未知牝牡之合而朘作"之"作"。这是孔子对大自然禽鸟生命与"情爱之乐"的赞叹。《中庸》说："诗云：'鸢飞戾天，鱼跃于渊。'言其上下察也。"鱼鸟享有快乐而不知，能"察者"，人也。但人亦唯有仁民爱物之心，万物一体之情，才能有此自觉之一"察"。孔子正是如此。《中庸》又说："唯天下至诚，为能尽其性；能尽其性，则能尽人之性；能尽人之性，则能尽物之性；能尽物之性，则可以赞天地之化育；可以赞天地之化育，则可以与天地参矣！"孔子的赞叹，正是尽人性、物性，"赞天地之化育"的绝好写照。这赞叹是从诗一样的心灵发出的。

　　可以说，孔子之心灵是以"情"为本的，但它又不止于"情"，而是"情"之优雅、升华而为真善美的统一，是生活走向高级的一种诗的"境界"。他希望伯鱼、他的学生和每一个人都追求和达到这种境界。

二

诗的心灵是自由的，而且是内在的精神的自由。如果它为功利所支配，那就物化而没有"自由"了。如果它不满足于现实的世界，而孜孜追求另一个超凡的世界，它也不会有自由了。它之所以自由，就在于它是"为己"的——以舒展自己之人性本真为唯一的目的。它只追求"应该如此"，而这"应该"出于它的本心、本性，不是外力强加的。在这自由中，他的精神获得快乐和愉悦；这种快乐、愉悦就是仁。梁漱溟说："仁就是很活泼很灵敏的样子……心境很安畅很柔和很温和的样子。""生活法恰恰合于生命之理"就是仁。"离开了恰合乎生命之理，此即所谓违仁也。"① 梁先生讲的正是这种自由的诗的心灵。一旦如墨子，如基督教，堕入功利或另一种追求，这种愉悦就没有了，诗的心灵就丧失了。

人是群居动物，社会关系、人际关系是他的本性的一部分。他不应脱离人际关系、社会关系去追求愉悦和自由，而是在这种人际关系中、在责任和义务的统一中去追求精神的自由。在孔子时代的社会人际关系中，"君臣父子无所逃于天地之间"（以后有了佛教，人可以出家，但亦无能逃于等级名分的束缚），唯朋友一伦最能体现心灵的自由。"嘤其鸣矣，求其友声。""有朋自远方来，不亦乐乎？"朋友一伦也是孔子感到最为愉悦的。摆脱了功利的追求、权势的胁迫，没有尊卑等的顾忌，精神在无拘无束的交谈中，人性本真的快乐得到极大的满足。这种真正的友情带来的纯粹的精神自由和愉悦，正是"诗心"在人际关系中的表现。

墨子不谈朋友，墨子团体盛行侠义原则。侠义背后是团体与群体的功利。道家重视原始的忠信，对诗意化了的"友情"是隔膜的。柏拉图的"理想国"中，只有等级，没有朋友。亚里士多德的伦理学著作有专篇谈朋友、友爱，不免于功利算账的心态，认为"完善的友爱是好人和在德性上相似的人之间的友爱。……因为好人既是总体上好又相互有用"②。"好人既

---

① 梁漱溟：《梁漱溟先生讲孔孟》，上海：上海三联书店，2008年，第37页。
② [古希腊]亚里士多德：《尼各马可伦理学》，廖申白译注，北京：商务印书馆，2003年，第233页。

令人愉悦又有用。"① 他详细分析了"平等友爱中的抱怨与公正"②，缺乏的恰恰是深情与诗意。孔子则把朋友之情纯化为诗了。由于孔子的提倡与启示，友情成为中国诗歌中最真挚动人的部分。诗提升了友情的境界，友情也提升了中国诗的境界。

"相送情无限，沾襟比散丝。"（韦应物：《赋得暮雨送李胄》）"故关衰草遍，离别正堪悲。"（卢纶：《送李端》）"乍见翻疑梦，相悲各问年。"（司空曙：《云阳馆与韩绅宿别》）"欲祭疑君在，天涯哭此时。"（张籍：《没蕃故人》）"何当重相见，樽酒慰离颜。"（温庭筠：《送人东归》）"凉风起天末，君子意如何？"（杜甫：《天末怀李白》）"孤帆远影碧空尽，唯见长江天际流。"（李白：《黄鹤楼送孟浩然之广陵》）无数名篇围绕朋友真情产生出来，孔子是最早点拨出人际这种真情之可贵的人。

孔门的师生关系亦是朋友关系。"子路、曾晳、冉有、公西华侍坐。子曰：'以吾一日长乎尔，毋吾以也。居则曰："不吾知也！"如或知尔，则何以哉？'子路率尔而对……夫子哂之。'求，尔何如？'……'赤，尔何如？'……'点，尔何如？'鼓瑟希，铿尔，舍瑟而作。对曰：'异乎三子者之撰。'子曰：'何伤乎？亦各言其志也。'曰：'暮春者，春服既成，冠者五六人，童子六七人，浴乎沂，风乎舞雩，咏而归。'夫子喟然叹曰：'吾与点也！'"（《论语·先进》）真如朋友谈天，充盈着心灵的纯粹自由和愉悦。朱熹说："曾点之学，盖有以见夫人欲尽处，天理流行，随处充满，无少欠阙。故其动静之际，从容如此。而其言志，则又不过即其所居之位，乐其日用之常，初无舍己为人之意。而其胸次悠然，直与天地万物上下同流，各得其所之妙，隐然自见于言外。视三子之规规于事为之末者，其气象不侔矣，故夫子叹息而深许之。"（《四书章句集注·论语集注》）此所谓"天理"，非道德，乃心灵之自适自得而体现为师生朋友之无所拘束的生活境界。流风所及，王羲之有兰亭聚会，惠风和畅，群贤毕至，饮酒赋诗，各言其志；朱熹和张栻等有长沙的游学赋诗。朱子诗集中亦有不少朋友聚

---

① ［古希腊］亚里士多德：《尼各马可伦理学》，廖申白译注，北京：商务印书馆，2003年，第240页。

② ［古希腊］亚里士多德：《尼各马可伦理学》，廖申白译注，北京：商务印书馆，2003年，第254页。

会的名篇。王阳明的师生关系更像朋友山林间的大聚会。

三

《诗经》反映中华民族的文化心灵，这不只是说《诗经》代表了中国文学的极高成就，魏晋文学以至唐诗、宋词、元曲，其成就都表现于诗；也是指中国的戏曲、昆曲、京剧，旁及小说如《聊斋志异》《红楼梦》等，亦莫不是"诗"的变形，其内在精神全在于抒情，而非人物性格之完整发展与情节曲折。中国之所以不像希腊以戏剧为文学形式，根本点在于中华民族之心灵借文学以表现的，是情感，是抒情；而希腊则是理性与逻辑。孔子时代没有元曲、杂剧和小说那样的东西，他只是教诗，但每首诗，乐与歌曲、吟词相结合，也就是一简短的曲和剧。诗教实亦是戏的演出。而《牡丹亭》《西厢记》则不过是《洛神赋》《神女赋》及《汉有游女》之流变与展开。《红楼梦》，一章一回，结构松散，情节平淡，不重个性完整发展，亦在于以"诗"为小说，以小说为"诗"，故事、情节多为抒情而设。

故《诗经》集中地反映了中国文化的心灵。但唯经过孔子，这心灵才被自觉、被反思，上升为系统的理论而定型。孔子关于诗的理论，言简意赅，是完整的、深刻的。"不学诗，无以言"，"诗可以兴，可以观，可以群，可以怨"，论述了诗的功能与作用。"诗三百，一言以蔽之，曰：'思无邪！'"，论述了诗的内容与思想。关于诗的特质、评价标准的理论，则集中表现于下面一章：

"子夏问曰：'巧笑倩兮，美目盼兮，素以为绚兮。'何为也？子曰：'绘事后素。'曰：'礼后乎？'子曰：'起予者商也！始可与言诗矣。'"（《论语·八佾》）

传统的解释以为这章直接讲仁礼关系或礼文关系，但这实是误解了原意。"巧笑倩兮，美目盼兮，素以为绚兮。"这三句诗翻译出来就是："笑得甜甜的，秋波流连，天生丽质光彩照人！"故"素"不是指绘画的底布，而是指美人胚子。"素以为绚"，"素"本身即是"绚"，有如张祜诗《集灵台》："虢国夫人承主恩，平明骑马入宫门。却嫌脂粉污颜色，淡扫蛾眉朝至尊。"《杨妃外传》："虢国不施朱粉，自有美艳，常素面朝天。"孔子就此进一步点出，画得最好（绘事）也比不过天然的美（素）。天然美是第一位的。子夏领悟了，说："评论诗，也是礼在后吧？"孔子说："能给我启发的就是子夏了！这就可以谈诗、评诗了。"所以孔子师徒在这里讲的是如何评诗。黑格尔论抒情诗，说："一纵即逝的情调，内心的欢呼，闪电似的无忧无虑的谑浪笑傲，怅惘、愁怨和哀叹，总之，情感生活的全部浓淡色调，瞬息万变的动态或是由极不同的对象所引起的零星的飘忽的感想，都可以被抒情诗凝定下来，通过表现而变成耐久的艺术作品。""抒情诗的这方面的乐趣，有时是来自心情的一阵清香，有时由于新奇的观照方式和出人意外的妙想和隽语。"① 孔子之强调"言诗"以"素"（情感、内容）为先、以"礼"为后，正是对抒情诗之内在本质的深刻体会和把握。

这诗的特质的理论，孔子也把它应用于各个方面，如仁与礼的关系："人而不仁，如礼何？人而不仁，如乐何？"（《论语·八佾》）如孝与敬的关系："至于犬马，皆能有养，不敬，何以别乎？"（《论语·为政》）"有事，弟子服其劳；有酒食，先生馔，曾是以为孝乎？"（《论语·为政》）如礼与敬的关系："居上不宽，为礼不敬，临丧不哀，吾何以观之哉？"（《论语·八佾》）"礼，与其奢也，宁俭；丧，与其易也，宁戚。"（《论语·八佾》）"吾不与祭，如不祭。"（《论语·八佾》）。

对"祭礼""丧礼"，孔子也予以诗化之阐释，有如冯友兰先生所言："依其所与之理论与解释，儒家所宣传之丧礼、祭礼是诗与艺术而非宗教。儒家对待死者的态度是诗的艺术的，而非宗教的。"② 宗教排斥理智，立足信仰，以神与灵魂不死为真实。科学排斥情感，立足理性，以神与灵魂不死为迷信。孔子既不以人之灵魂不死为真实，而又"祭神如神在"，备极诚敬与哀思，即因孔子之心灵贯注于生活的是诗，而非宗教。

孔子论诗还深入到语言、文字与诗的关系。何以"不学诗，无以言"？盖中国单音节语言和方块文字，最主要的特质是如诗如画，最适于表达诗意和情感。窈窕、悠悠、萋萋、喈喈、夭夭、灼灼、肃肃、赳赳、"天光云影"、"云想衣裳花想容"、"风泉满清听"、"茅亭宿花影"、"残钟广陵树"、"秋风吹不尽，总是玉关情"等，其情景交融、情理合一、浮想联翩，只可

---

① ［德］黑格尔：《美学》（第3卷下册），朱光潜译，北京：商务印书馆，1997年，第192页。
② 冯友兰：《儒家对于婚丧祭礼之理论》，《三松堂学术文集》，北京：北京大学出版社，1984年，第136页。

意会不可言传，是拼音语言文字无法比拟的。中国文字以书法为画，书画合一，又诗画合一，不仅导致中国画以抒意传神为先，无数的书法神品、逸品、精品，如王羲之、颜真卿、褚遂良、柳公权、苏轼、黄山谷等的作品，也都可以说既是诗又是画，成为"不学诗，无以言（书和画）"的见证。故"不学诗，无以言"之"言"，内容上是言志，形式上则包括散文、戏剧、绘画、音乐、小说、书法种种表达情志的工具，不只是指外交辞令、口才而已。因此，孔子的这一理论，其内涵比人们想象和理解的要丰富深刻得多。也可以说，这一理论揭示了中国文学艺术之根本特点与精神。

由此可见，孔子确是把《诗经》代表的中国文化心灵自觉化和理论化了。学习孔子，只有深入学习孔子这诗的心灵，把自己的心灵和生活诗化，才算真正学到了。一部《论语》，清人的训诂可以明白字句，远未能明白义理，更谈不到哲学；宋人的义理可以深入哲学，也远未能把握住孔子的心灵，甚至把它扭曲，片面地道德化了。今天我们要努力深入，还原一个真实的孔子——心灵如诗一样的孔子。

（原载于《孔子研究》2011年第2期）

孔子的心灵：历史的心灵

一、心灵和历史眷恋在一起

许多民族都有文化，有宗教，但不一定有历史观念——时间之确切性和意义的观念。例如印度民族，它的文化是古老的、高级的，极富宗教性，但却没有时间观念，没有今生今世之时间量度的观念。时间是生命的存在形式。没有时间观念的文化，它的关注点常是来生或另一世界。

在世界文明史上，中国文化历史观念之悠久而严谨是仅见的。从有文字起，中国文字就是用于历史记事的。中国文字已知最早的是殷商甲骨文。甲骨文记载国王、当事者的生活和活动。他用龟卜向自己在天的祖灵请示，某年某月某日在何地是否可以做这些事，如祭祀、求年、求雨、收获、打猎、进行战争，或疾病、结婚、生子，等等。他祈求祖灵福佑，并将吉凶的结果记录下来，并归入档案保存，使之成为"有册有典"的"历史"。历史的观念在这里成为先人业绩之神圣与不朽的观念。殷文化乃是以历史为心灵、为灵魂的文化。孔子是这民族中的一员，历史意识深深地植根在他的心里。

历史的延续成为传统，而孔子极为重视传统。"殷因于夏礼，所损益，可知也；周因于殷礼，所损益，可知也。其或继周者，虽百世，可知也。"（《论语·为政》）"夏礼，吾能言之，杞不足征也；殷礼，吾能言之，宋不足征也。文献不足故也。足，则吾能征之矣。"（《论语·八佾》）不是数典忘祖或对传统盲目崇拜，而是注意它的损益——继承和创新。"颜渊问为邦。子曰：'行夏之时，乘殷之辂，服周之冕，乐则《韶》《舞》。'"（《论语·卫灵公》）又说："文王既没，文不在兹乎？天之将丧斯文也，后死者不得与于斯文也。天之未丧斯文也，匡人其如予何？"（《论语·子罕》）他坚信文化历史传统是不会中断的，匡人对他的任何作为，即便加他以不测，也不可能使他承传的文化生命中断。

他赞美尧："大哉尧之为君也！巍巍乎！唯天为大，唯尧则之。荡荡乎！民无能名焉。巍巍乎其有成功也，焕乎其有文章！"（《论语·泰伯》）他赞扬舜："无为而治者其舜也与？夫何为哉？恭己正南面而已矣。"（《论语·卫灵公》）据《史记·五帝本纪》："帝尧者，其仁如天，其知如神。"尧是全善全知全能的，有如"上帝"。尧老了，以天下禅让于舜。"舜举八恺，使主后土，以揆百事，莫不时序。举八元，使布五教于四方，父义，母慈，兄友，弟恭，子孝，内平外成。"舜以天下禅让于禹。孔子赞美说："禹，吾无间然矣。菲饮食而致孝乎鬼神，恶衣服而致美乎黻冕，卑宫室而尽力乎沟洫。禹，吾无间然矣。"（《论语·泰伯》）他赞美文王："三分天下有其二，以服事殷。周之德，可谓至德也已矣。"（《论语·泰伯》）他赞美周公："甚矣吾衰也，久矣吾不复梦见周公。"（《论语·述而》）"如有用我者，吾其为东周乎！"（《论语·阳货》）周公"制礼作乐"，"一握发，三吐哺"，兢兢业业，发扬光大了文武的事业，使中国成为卓越的礼仪之邦。"周监于二代，郁郁乎文哉！吾从周。"（《论语·八佾》）孔子对周公和周文化充满敬仰之情。他赞扬管仲："管仲相桓公，霸诸侯，一匡天下。民到于今受其赐。微管仲，吾其被发左衽矣。""桓公九合诸侯，不以兵车，管仲之力也。如其仁！如其仁！"（《论语·宪问》）管仲保卫华夏文化和传统的卓越功业，孔子一直铭记在心。他赞扬叔向，说："古之遗直也。治国制刑，不隐于亲。三数叔鱼之恶，不为末减。曰义也夫，可谓直矣！"（《左传·昭公十四年》）他赞扬子产，说子产"使民也惠"。公元前522年，子产死，时孔子31岁，孔子流泪说："古之遗爱也。"（《左传·昭公二十年》）

这心灵亦包含着对天和祖灵的信仰与崇敬。"子之所慎：齐（斋），战，疾。"（《论语·述而》）"祭如在，祭神如神在。"（《论语·八佾》）"畏天命，畏大人，畏圣人之言。"（《论语·季氏》）信仰十分虔诚。

孔子晚年曾感叹说："凤鸟不至，河不出图，吾已矣夫！"（《论语·子罕》）据说殷受天命代夏为王，有"玄鸟"的祥瑞出现。《诗经·商颂·玄鸟》说："天命玄鸟，降而生商。""河图"据说有"洪范九畴"，箕子曾将它献给武王，也是殷的祥瑞。孔子认为，这些"殷人"特有的祥瑞没有出现，大概自己是没有希望了。①

《史记·孔子世家》记载："鲁哀公十四年春，狩大野。叔孙氏车子钼商获兽，以为不祥。仲尼视之，曰：'麟也'，取之。"接着说："河不出图，洛不出书，吾已矣夫！"及颜渊死，孔子曰："天丧予！"故孔子临死也没有忘记"天下宗予"的期盼②，没有忘记自己是殷人。他的心是和历史眷恋在一起的。

二、 史教成为中国传统

孔子教育学生，《书》和《诗》《礼》并列，是重要的教材。孟子说："王者之迹熄而《诗》亡，《诗》亡然后《春秋》作。晋之《乘》、楚之《梼杌》、鲁之《春秋》，一也。其事则齐桓、晋文，其文则史。孔子曰：'其义则丘窃取之矣。'"（《孟子·离娄下》）"义"指孔子修《春秋》贯彻其中的"微言大义"。这大义主要是德义、道义。在帛书《要》中，孔子也提出"以德义解《易》"。"德"指卦德，引申为道德、修德；"义"指义理。这使《易》的卦爻辞成为进德修业的教材。德义、道义成为孔子读史修史的动力与宗旨。

王阳明说："以事言谓之史，以道言谓之经；事即道，道即事；《春秋》亦经，五经亦史。"（《传习录》上）孔子心灵中的"史"与"道"是合一的。"道"在历史中存在，在民族与文化之生生不已中存在，不是离"史"而另有"道"，亦不是离"道"而另有史。修史以明道，修道以明史，成为孔子思想的特点。他说："吾欲托诸空言，不如行事之深切著明也。""空言"是空讲原理、规律或道德，不与历史、人事结合。孔子认为，与其空讲原理、规律，不如结合历史以阐明道德、道义、原理更为深切著明。由孔子的垂范，修史以明道成为中国史学的重要传统。

《论语》和《左传》中，记载了孔子对往古及当世的许多评论，这些评

---

①《公羊传》记这件事，还有孔子的感叹："孰为来哉！孰为来哉！反袂拭面，涕泪沾袍。"以后公羊派儒家，以孔子乃"素王"，为后世立法，仍然是以这种观念作为基础的。

②《礼记·檀弓上》记载："孔子蚤作，负手曳杖，逍遥于门，歌曰：'泰山其颓乎？梁木其坏乎？哲人其萎乎？'……子贡闻之……遂趋而入。夫子曰：'赐！尔来何迟也？夏后氏殡于东阶之上，则犹在阼也；殷人殡于两楹之间，则与宾主夹之也；周人殡于西阶之上，则犹宾之也。而丘也，殷人也。予畴昔之夜，梦坐奠于两楹之间。夫明王不兴，而天下其孰能宗予？予殆将死也。'盖寝疾七日而没。"

论也是借史以明道的范例，如：

"天下有道，则礼乐征伐自天子出；天下无道，则礼乐征伐自诸侯出。"（《论语·季氏》）

"晋文公谲而不正，齐桓公正而不谲。"（《论语·宪问》）

"管氏有三归，官事不摄，焉得俭？""邦君树塞门，管氏亦树塞门。邦君为两君之好，有反坫，管氏亦有反坫。管氏而知礼，孰不知礼？"（《论语·八佾》）

"臧文仲，其不仁者三，不知者三。下展禽，废六关，妾织蒲，三不仁也。作虚器，纵逆祀，祀爰居，三不知也。"（《左传·文公二年》）

"臧文仲居蔡，山节藻棁，何如其知也？"（《论语·公冶长》）

郑人游于乡校，以论执政。然明谓子产曰："毁乡校何如？"子产曰："夫人朝夕退而游焉，以议执政之善否。其所善者，吾则行之；其所恶者，吾则改之。是吾师也，若之何毁之？我闻忠善以损怨，不闻作威以防怨。岂不遽止？然犹防川：大决所犯，伤人必多，吾不克救也。不如小决使道，不如吾闻而药之也。"仲尼闻是语也，曰："以是观之，人谓子产不仁，吾不信也。"（《左传·襄公三十一年》）

昭公十二年，楚灵王驻乾豁，派兵围徐，威胁吴国。子革进谏，灵王寝食不安，但终不肯改错，第二年楚公子弃疾等政变。灵王西归，众散，自杀。孔子评论说："古也有志：'克己复礼，仁也。'信善哉！楚灵王若能如是，岂其辱于乾豁？"（《左传·昭公十二年》）。

这种评论，构成一种"道"。它寓于历史又高于历史。"以道议政"也成为儒家和中国知识分子参政的一种形式，在历史上起着积极的作用。

《史记·太史公自序》说："余闻董生（董仲舒）曰：'周道衰废，孔子为鲁司寇，诸侯害之，大夫壅之。孔子知言之不用，道之不行也，是非二百四十二年之中，以为天下仪表，贬天子，退诸侯，讨大夫，以达王事而已矣！'子曰：'我欲载之空言，不如见之于行事之深切著明也。'夫《春秋》，上明三王之道，下辨人事之纪，别嫌疑，明是非，定犹豫，善善恶恶，贤贤贱不肖，存亡国，继绝世，补弊起废，王道之大者也。"这实际也是《公羊春秋》《穀梁春秋》的指导思想。《史记》是本着这种精神写成的。以后《汉书》《后汉书》《资治通鉴》等，代代相继，都发扬了这一精神。

"立德，立功，立言"，"左史记事，右史记言"，"人生自古谁无死，留取丹心照汗青"。在中国，走进历史，就如同走进先人的神殿。历史成为中国文化的道德教科书、政治教科书、人格养成所，成为中国文化生命不朽的丰碑。孔子是这"历史"的首位自觉奠基者。由孔子的倡导，史学、史教（包括野史、地方志、族谱、家谱、史评、史论、历史剧、小说等）成为中国文化的重心。

西方古代也有历史名著，如塔西陀的《编年史》，记述罗马的兴亡，时间大致相当于西汉末至东汉早期，体裁相当于《资治通鉴》，以事相联，按年编次，有闻必录，是很杰出的。但总是如旁观者写的报告文学，字里行间充斥着政变、阴谋、残杀、争夺，缺乏历史的道义感。写史也只是个人的事，而非民族的记忆与国家的责任，与孔子之历史观判然两途。古罗马分崩离析了，《编年史》也成了和罗马神庙、斗兽场一样的陈迹，仅供世人观赏、凭吊。它已不再活在代代相传的继承者的心灵里。

中国和孔子的历史心灵则是道义的，是道义与历史的融合。道赖有史而不断，史赖有道而庄重和神圣。中华文化亦赖有史而绵延不断，屡经大难而愈益壮大和兴盛，雄立于东方。

三、面向未来

和古希腊重自然哲学、自然智慧不同，孔子的智慧主要源于历史。历史是人的舞台。人创造历史，活动于历史，是历史的主体。人的文化精神也在对历史的反思中获得营养与灵性。孔子正是最善于以历史智慧为中国的人文思想确立核心的人。他说：

"我非生而知之者，好古，敏以求之者也。"（《论语·述而》）

"述而不作，信而好古，窃比于我老彭。"（《论语·述而》）

"温故而知新，可以为师矣！"（《论语·为政》）

这些"故"和"古"指的都是历史的经验和智慧。

人们称孔子为"圣之时者"。这"时"是当下的活的历史，是《易传》所讲的"时义"。《易》讲吉凶祸福是随"时义"变化的。帛书《要》记孔子论损、益两卦，春夏由盛而衰，秋冬由衰而盛，吉凶祸福也随时变易，不是一成不变的。"时义"的核心是德、义。唯努力修德兴义，才能掌握历史的变化，随时处于主动。孔子的"时义"之心正是如此。

古希腊哲学家赫拉克利特说："世界是一团活火"，"人不能两次进入同一条河流"。德谟克利特认为，世界是原子构成的，原子的大小、排列、秩序的变化构成万物的区别。古希腊人的变化观念是深刻的，但基本上是空间的、几何学的，缺少深重的历史感与人文内涵。孔子的变化观念则和《周易》一样，充满着历史感与人文内涵。"子在川上曰：'逝者如斯夫！不舍昼夜。'"（《论语·子罕》）这感叹是对生命与历史变化而发的，是历史心灵的奏鸣曲，与赫氏的感叹迥异。

"岁寒，然后知松柏之后凋也。"（《论语·子罕》）这是对历史与人生的感叹，而非对大自然变化的颂歌。在岁寒的松柏中，孔子看到的是在殷纣无道时的比干、箕子、微子，"殷有三仁焉"，这才是严寒中巍然挺立的松柏。《周易》曾用"枯杨生稊""枯杨生华"赞誉"独立不惧，遁世无闷"的光辉人格，孔子继承与发扬了这一传统①。

古希腊柏拉图以《理想国》描绘自己的政治理想，充溢其中的是理性与天生等级的偏见。孔子则把政治理想寄托于三代的古昔圣王，谓："唯天为大，唯尧则之。""大道之行也，天下为公，讲信修睦。人不独亲其亲，不独子其子……"（《礼记·礼运》），充溢其中的是"民吾同胞"这般血浓于水的情怀，是越古越浓、没有分化和变味的氏族亲情。

面对历史，孔子常常感叹：

"吾犹及史之阙文也，有马者借人乘之，今亡也夫！"（《论语·卫灵公》）

"古之学者为己，今之学者为人。"（《论语·宪问》）

"古者言之不出，耻躬之不逮也。"（《论语·里仁》）

"古者民有三疾，今也或是之亡也。古之狂也肆，今之狂也荡；古之矜也廉，今之矜也忿戾；古之愚也直，今之愚也诈而已矣。"（《论语·阳货》）

---

① 参见金春峰：《人文典范的原创——〈周易〉导读与简释》，北京：东方出版社，2010年，第30—31页。

和老子"能知古始，是谓道纪"（《老子》第14章）、"失道而后德，失德而后仁……夫礼者，忠信之薄而乱之首"（《老子》第38章）的感叹一样，历史的两重性给心灵打上了深深的烙印。旧的被破坏了，好的也一起遭殃了；旧体制瓦解了，重道德、轻功利、重情义的好风尚也毁弃了。顾炎武指出："春秋时犹尊礼重信，而七国则绝不言礼与信矣。春秋时犹尊周王，而七国则绝不言王矣。春秋时犹严祭祀，重聘享，而七国则无其事矣。春秋时犹论宗姓氏族，而七国则无一言及之矣。春秋时犹宴会赋诗，而七国则不闻矣。春秋时犹赴告策书，而七国则无有矣。邦无定交，士无定主，此皆变于一百三十三年之间。"① 在这种"礼崩乐坏"的历史剧变之中，孔子和老子有上面的感叹是很自然的。但孔子对未来还是乐观的，说："后生可畏，焉知来者之不如今也？"（《论语·子罕》）毕竟，他培养的许多学生都是极其杰出的。从三代的比较中，他也看到是一代比一代好，而不是一代比一代差。他的"以述为作""礼下庶人""有教无类""学而优则仕"等，都是破旧立新、面向未来的。他的"温故知新"也重在知新。因此，孔子的历史心灵是既后又前、既悲观又乐观的，是开放的，积极进取、面向未来的。

（原载于《孔子研究》2011年第4期）

---

① 顾炎武：《论"周末风俗"》，《日知录校注》，合肥：安徽大学出版社，2007年，第715页。

"德"的历史考察

在中国原创文化的源头中，最典型和重要的莫过于"皇天无亲，惟德是辅"（《左传·僖公五年》）这一命题；分析这一命题的意义、内涵及其发展和影响，很有助于了解中国原创文化与哲学思想的特点。之所以如此，是因为：1. 它出现最早，是西周初年的思想。2. 在西周初年文化的两个新观念"孝"与"德"中，"德"居于更重要的地位。"孝"是个人道德观念的源头和核心，与祖宗崇拜相联系；"德"是国家政权建立的合法性基础，是政治思想的源头和核心，与天帝崇拜相联系。3. 它的形成是一次大的社会政治革命的经验总结的结果，不仅反映了新的时代精神，也达到了哲学的高度。这一命题以"两个世界"的形式出现，勾画了中国哲学中天人关系的基本性质和特征。4. 和"孝"一起，它成为以后影响中国政治思想的最重要的观念。在春秋人的政论中，居于支配性地位的就是这一命题表达的思想，以后孔子、老子的思想亦是它的新发展。下面，试对此一命题做一历史的考察与分析。

一、"天"与"德"的基本内涵与性格

这一命题中，重要的概念是"天"和"德"。"天"在殷周时期是有意志的"人格神"、自然和人间吉凶祸福的主宰者，但它就含寓在大自然的"天"中，与之为一，而非自然之"天"的创造者。它有意志，能发号施令、令风令雨等，但并无语言和"启示"。

"德"，许慎《说文解字》谓："德，升也。从彳，德声。"又释"悳"，谓："外得于人，内得于己也。从直，从心。古文。"桂馥《说文解字义证》："古升、登、陟、得、德五字义皆同。"吴大澂提出，"德"是会意字，

谓："德从彳，从䇂从心。古相字，相悳为惪，得于心则形于外也。"这些认识基本上仍是沿袭许的说法。但许"外得于人，内得于己"是摄取先秦文本或经学文本与注经（如注《周官》）而有的观念，是汉人对此字的新的诠释，并非其原义。

"德"，在甲骨文中有类似字。一些论著认为是"德"字。刘翔以为此为"直"字，非"德"字。他认为"卜辞：'𢓊伐土方'（《龟甲兽骨文字》1.27.11）'𢓊土方'（《殷契佚存》30），如解为德，讲不通。若读'伐'为'挞伐'（"直""挞"古音相通），意为征伐，则文通字顺。"① 刘翔认为："德字的造字本义为许慎《说文解字》卷十解惪字所道出：'惪，外得于人，内得于己也'，即谓端正心性，反省自我。这符合德字从心从直的造字初旨。……殷代卜辞'直'之形体，即如一人张目处于十字街口，举目直视前方的形物，象目不斜视、不旁顾之状。"② 但这又回到了许慎的老路，且以修身正心来解"德"字，乃以儒家的道德修养方法解"德"之初义，于时代相差远矣。

甲骨文中类似"德"之字的字形由两部分组成，一部分为"彳"，乃通街大路之意。"彳"之中间或旁边之字形乃一"目"加一直线在"目"上方，"目"代表头，有如甲骨文"监""鉴"字，水盆上的"目"乃"头、脸"之代表。樊中岳、陈大英《甲骨文速查手册》上此字为"徝"③。"监""鉴"字"目"上无直线，"徝"字则眼上有直线，乃束发悬挂之形。单独拿出这一部分，可释为两眼直视前方，一动也不动，会意为"直"字。甲骨文之"直"字与"挞"相通，无下身，意谓头被砍下。两部分合起来，意谓悬挂头颅于通路处。故此字如刘翔所释，非"德"字。"徝伐土方""徝土方"即征伐土方，杀其头悬于通路大街，以示征服和胜利。古亚述那塞拔的《年代记》中有一段记载："我杀戮他们的战士，我砍下他们的头颅，我把它们堆成大堆。我在城门对面竖起一根大立柱，我剥下所有叛乱首领的皮，我把他们的皮包在柱子上，有些皮塞进柱内，有些挂在柱上，

---

① 刘翔：《中国传统价值观念诠释学》，台北：桂冠出版社，1993年，第95—96页。
② 刘翔：《中国传统价值观念诠释学》，台北：桂冠出版社，1993年，第97页。
③ 樊中岳、陈大英：《甲骨文速查手册》，武汉：湖北美术出版社，2005年，第93页。

或钉在桩子上，其他一些我钉在柱子周围的桩子上。我用火烧死三千名俘虏。"① 殷人对被征服者的办法是与此相仿的，目的是对敌对者进行威慑。史料显示殷人王公贵族大墓动辄以数十以至三四百人殉葬，则这样做不足为奇。以后周金文中之"德"字承甲骨文"徝"字而来，但在下面加上"心"，成为一会意字，意为全其下身，使其有头有心，成为一活的人，或不杀戮而以服人之心（使其心服）代之。闻一多释甲骨文此字为"省"字，有"省视""巡视""征伐"等义，亦可参考，其意亦是以目直视。②《左传·襄公七年》："正直为正，正曲为直。"甲骨文"正"上为口——城邑之形，下从止，乃征伐之"征"的本字。"正"加彳旁如同加止一样。③ "正直为正"，以甲骨文示之，即"征徝为征"。"正曲为直"即"征曲为徝"。"征"的繁体字为"徵"，通"惩"，惩戒、惩罚之意。这都说明，甲骨文之"徝"乃征伐、征讨。"德"字乃周人所创，初义乃保全生命之意。武王伐纣向军队宣言说："纣有亿兆夷人，亦有离德；予有乱臣十人，同心同德。"（《国语·周语上》）《泰誓》："纣有臣亿人，亦有亿万之心，武王有臣三十而一心。"强调了心与"德"的联系，但这种联系是在战争中表现出来的。也就是说，从甲骨文的征伐杀戮之"徝"，演变为周代金文之"德"，代表从杀戮、消灭生命转到保全其生命。保生全生，成全生命，是对人的最大恩惠与德泽，表现在政治上，其内涵是保民，争取民心。而"保民"与"敬天"是相互联系的，不"敬天"必定不能"保民"，不"保民"亦谈不上"敬天"。"天聪明，自我民聪明；天明畏，自我民明威。""人无于水监，当于民监。"（《尚书·酒诰》）天是从"民"的状况来看统治者是否有"德"的。故"德"的内涵，一是敬天，一是保民。本义是全生保生厚生，是政治范畴中的一个概念。

《诗经·大雅·大明》："惟此文王，小心翼翼，昭事上帝，聿怀多福。厥德不回，以受方国。"《尚书·多士》："王若曰：'尔殷多士！今惟我周

---

① [美] J. W. 汤普森：《历史著作史》（上卷），孙秉莹、谢德风译，李活校，北京：商务印书馆，1996年，第14页。
② 参见闻一多：《释"彳省"》，《闻一多全集》（第2卷），上海：上海三联书店，1982年。
③ 唐冶泽：《甲骨文字趣释》，重庆：重庆出版社，2002年，第197页。

王,丕灵承帝事。'有命曰:'割殷!'予亦念天即于殷大戾,肆不正。""王曰:'告尔殷多士!尔克敬,天惟畀矜尔;尔不克敬,尔不啻不有尔土,予亦致天之罚于尔躬!"这些讲的是"敬天"。按《尚书》周人的说法,殷代夏也是受有天命的,但到殷纣已完全"失德","失德"的重要表现就是不敬上帝,不敬天命。所谓"弗惟德馨香祀,登闻于天;诞惟民怨,庶群自酒,腥闻在上。故天降丧于殷"。(《尚书·酒诰》)"诞淫厥泆,罔顾于天,显民祗,惟时上帝不保,降若兹大丧。"(《尚书·多士》)"自成汤至于帝乙,罔不明德恤祀。亦惟天丕建,保乂有殷。殷王亦罔敢失帝,罔不配天其泽。"(《尚书·多士》)但到殷纣后期,就"罔顾于天"了。文王则"小心翼翼,昭事上帝"(《诗经·大雅·大明》),终而致"天之罚"于殷,取殷而代之。

能否"敬天",看能否保民惠民。《尚书·无逸》最典型集中地表现了周人的这一思想。周公引殷商兴衰的历史教训,反复告诫成王,"惟王其疾敬德。王其德之用,祈天永命。"(《尚书·召诰》)"先知稼穑之艰难","爰知小人之依","怀保小民,惠鲜鳏寡","无淫于观、于逸、于游、于田,以万民惟正之供"。(《尚书·无逸》)就是说,唯有"保民",才能真正"敬德,……祈天永命"。《左传·襄公七年》:"《诗》曰:'靖共尔位,好是正直。神之听之,介尔景福。'恤民为德,正直为正,正曲为直,参和为仁。如是,则神听之,介福降之。"又:"恤民为德。"《左传·成公六年》:"德以施惠,……民生厚而德正。"孔子说"为政以德"(《论语·为政》)。孟子说"以德服人者王"。问"德如何则可以王矣?"回答是:"保民而王。"(《孟子·梁惠王上》)这些都沿袭了"德"与政治的关系,显现了其与恩泽、德惠——全生保生或厚生的初义。《国语·周语下》"德者,利也",亦是此义。"利"乃利民、保民、惠民也。《礼记·檀弓上》:"太上贵德,其次务施报。""贵德"即是给予恩泽恩惠而全无施予德泽恩惠的观念萌之于心,《老子》所谓"上德不德"是也,非狭义的道德。

商殷没有敬德保民的观念,在征伐敌人取得胜利后,敌方或被杀戮,或被俘虏,俘虏也常被杀戮以祭祀。"敬德"是周人的新思想、新观念。傅斯年《性命古训辨证》指出:"按之殷人以人殉以人祭之习,其用政用刑必极严峻,虽疆土广漠(北至渤海区域,西至渭水流域,南至淮水流域,说详《夷夏东西说》),政治组织宏大('越在外服,侯、甸、男、卫、邦伯;越在内服,百僚、庶尹、惟亚、惟服、宗工,越百姓里居'),其维系之道乃几全在武力,大约能伐叛而未必能柔服,能立威而未必能亲民。故极其盛世,天下莫之违,一朝瓦解,立成不可收拾之势。"① 周人则以小邦,从古公亶父时代起就厉行柔服亲民政策,取得战争和立国的胜利,故而有尚德观念与政策的出现。在这一新观念下,周人一方面保持着对天、天命的虔诚信仰,一方面则不再一味迷信天命,而把努力点转到人自己的作为上,而产生了保全生命与保民厚生的思想与政策,实现了政治与政策的一大转变。一些著作引《尧典》,认为尧已有"克明峻德"之道德修养思想,有了"德"的观念;也以《史记·五帝本纪》等为据,谈舜的孝道、孝治,这是把传说当信史了。实际上,传说中的尧舜时代是原始氏族社会,所谓"天下为公",婚姻上并无小家庭、私有财产制可言。老人被遗弃、被杀都可能被认为是正常的,何来舜那样的大孝?孔子谈三代"礼"的因革损益,也只到夏为止,感叹"文献不足故也,足则吾能征之矣。"(《论语·八佾》)态度是很谨严的。人类氏族社会虽早有德高望重者出现的事实,其生活也是符合道德的;但有自觉的道德观念产生,是"至德"之世被破坏以后的事。从甲骨文看,殷人有浓烈的祖先崇拜,原因在于其认为祖灵可以降祟,并无周人那种以报恩为基础的"孝""德"观念,甲骨文也无"孝"字。"德"的观念亦是如此。"敬德"观念的出现,须要一种历史与政治的反省与自觉,殷人"率民以祀神",事事由占卜决定,并无这种自觉。甲骨文没有金文那样的"德"字,并不是偶然的。《尚书》中论述尧舜禹及商代高宗中宗等敬德之事,乃后人以自己的观念对历史的省思与观察。

但周人"德"的意涵并没有完全如此明确固定。《左传·隐公十一年》:"郑伯使许大夫百里奉许叔以居许东偏,使公孙获处许西偏,曰:'凡而器用财贿,无置于许。我死,乃亟去之!吾先君新邑于此,王室而既卑矣,周之子孙日失其序。夫许,大岳之胤也。天而既厌周德矣,吾其能与许争

---

① 傅斯年:《性命古训辨证》,桂林:广西师范大学出版社,2006年,第91页。

乎？'君子谓郑庄公于是乎有礼"。《左传·宣公三年》："楚庄王问鼎，王孙满曰：'在德不在鼎。成王定鼎于郏，卜世三十，卜年七百，天所命也。今周德虽衰，天命未改，鼎之轻重，未可问也。'"在这两段文字中，"周德"乃一抽象名词，所指是周之德，它有盛衰，由盛到衰似乎是不可避免的规律。这令人想到殷纣灭亡时的"我不自有命在天"的观念，也令人想到阴阳家所讲"五德终始""周得火德"之"德"。这种"德"不是人文的，相反是命定的。

因此，"德"非个人修养身心的思想，有如以后儒家之所说。其内涵主要是政治。"皇天无亲，惟德是辅"连起来看，整个命题的意思是：皇天不是某一氏族的氏族神；它是公正无私的，只辅助有"德"的氏族，让它们享有政权。"无亲"意味"天"不是与唯一的氏族、君权相关联，它的庇佑是可以转移的。殷亡了，天命转移至周，"皇天"成了周的授命者、保护神。这样，上帝、天在一定程度上成了普世的超越的神。"惟德是辅"，上帝也成为有"德"者，其行事以"德"为标准。就是说，它成为全善全能的人格神。这是上帝信仰向理性和人文方向迈出的一大步，但这并非标志中国最早的人文主义思想的确立，这样评价是太高了，超越了命题产生的时代。看《尚书》的《大诰》《康诰》《酒诰》《梓材》《召诰》《洛诰》《多士》《无逸》等各篇，充斥于其中的是天命观念，"矧曰其有能格知天命？""不敢替上帝命"（《尚书·大诰》），"克绥受兹命"，"予害敢不于身抚祖宗之所受大命？""天乃大命文王，殪戎殷，诞受厥命"（《尚书·康诰》），"今惟殷堕厥命"（《尚书·酒诰》），"祈天永命"（《尚书·召诰》），"严恭寅畏天命"（《尚书·无逸》），"我受命无疆惟休"（《尚书·君奭》），等等，完全没有越出"天命"神权的范畴，它虽然强调和凸显了人事、人的主观作为的意义，但还是不能定性其为一种人文主义思想。天和民的关系也以"天生蒸民，作之君，作之师，使司牧之"（《左传·襄公十四年》）为中介和前提，"民"和牛羊一样，是放牧的对象，只要使之膘肥体壮，不冻死饿死，就是好放牧者，可以得到上天的眷佑。将之评价为"天民合一""天民一体"，也是太高了。

同时，这也并不意味在中国出现了类似于西方的伦理宗教。宗教之为宗教，是救世的，面向所有平民百姓，如基督教之神爱世人，耶稣以血为所有人赎罪等。但中国从夏至周，上帝只面向氏族元子，不是这个氏族的保护神，就是另一氏族的保护神，所谓"改厥元子"。上帝和老百姓个人是不发生关系的。敬天，敬德，敬事上帝，是元子、首领的事，老百姓个人无权祭祀上帝，连诸侯也无此资格。元子与天的关系又基本上是政治的，不是伦理的。虽然首领的道德状况会影响政治，但两者终归是性质有别的事。因此，由殷至周，上述命题的出现，并不意味由自然宗教到伦理宗教的转变，而是一种信仰内容的改变与提高。有信仰，有崇拜，有天人关系，但并不存在一种可称为"宗教"的东西。

二、天赐明德

"德"集中表现为一族群首领特别是受命之"元子"的品德、作为和政策，而这有赖于"元子"的高度智慧、才能与道德品质。"元子"的这种智慧与高尚品德从何而来？仅是个人的努力所致吗？如果一个受有天命的"元子"，如夏禹，如成汤，如文王，其"德"与"天命"无关，完全是个人的"本领"确立的，则朝代的兴立就带有某种偶然性了。从西周文献看，事情并非如此，王者之"德"，虽为个人的努力所致，亦是"天命"的赐予。

《诗经·商颂·玄鸟》："天命玄鸟，降而生商。"《长发》："有娀方将，帝立子生商。"成汤之生而代夏，是受有"天命"的。《尚书·康诰》："惟时（指殷纣失德之时）怙冒闻于上帝，帝休，天乃大命文王，殪戎殷，诞受厥命。"《尚书·召诰》："呜呼，若生子，罔不在厥初生，自贻哲命。今天其命哲，命吉凶，命历年。知今我初服，宅新邑，肆惟王其疾敬德，王其德之用，祈天永命。"《周颂·维天之命》："维天之命，于穆不已。于乎不显，文王之德之纯。"这些都显示，文王之德是文王个人的修炼、努力，亦乃上天所赐予，赐德与授命是同时的。上博简《诗论》有一段话，论述文王之德与天命的关系，谓：

    怀尔明德。何？诚谓之也。有命自天，命此文王。诚命之也。信矣。孔子曰："此命也夫！文王虽欲已，得乎？此命也，时也，文王受命矣。"

这段话原来分散在几支简上，如此编联，是廖名春、姜广辉等学者的意见。① 这样的编联甚好。它的意思如何理解，则有不同的看法。有学者说，"怀尔明德"前应有"帝谓文王"和"予"字，"怀"释为"赏识"。"怀尔明德"即"我（帝）赏识你的光明美德"。就是说，文王之德是文王个人的，非天所赐。这样的理解实际是认为，"圣人""圣王"不是天生的，恰好出了个文王，有此明德，于是得到天的赏识而被赋予了代殷的"天命"。但这不应是西周人的思想。孔子自谓"天生德于予"（《论语·述而》），他的"德"是上天赐予或赋予的。孟子说："五百年必有王者兴"（《孟子·公孙丑下》）。王者之兴是天命决定的。因此如果孔孟的时代对圣人还是这种看法，西周时就更应是如此了。故本文认为，"怀"是"赐予""赏予"之意。郑玄《毛诗笺》谓："怀，归也。……我归人君有光明之德。"以"归"为"归属"，即给予、赐予。《诗经·南山》："既曰归止，曷又怀止？""怀"释保持、不动，亦可释为"来"。《诗经·大雅·大明》："昭事上帝，聿怀多福。""怀"释为"怀持""保持"，不如释为"赐予""给予"。《诗经·大雅·皇矣》："帝迁明德，串夷载路。天立厥配，受命既固。""迁"与"怀"相对为文，一者谓帝将明德自殷转移至王季；一者谓帝将明德赐予文王。《国语·楚语》："惟神为能有明德。民神异业。"圣人有"明德"，盖秉受于"帝"、于"神"，亦即圣人天生之义。

上博简此诗出于《大雅·皇矣》，全诗共8章，其中讲到"上帝"，都是以活灵活现的人格神出现的。诗篇歌颂他光明伟大，监临四方：可以"作邦作对"；可以迁（转移）一个人的明德；可以选立自己的辅佐；可以"载锡之光"——赐王季以光荣。这样的上帝当然亦可以赐文王以美德。《诗经·大雅·文王》："上天之载，无声无臭。仪型文王，万邦作孚。""孚"作"诚信"解。意思说，上天的事（命令）无声无臭，看不到也听不见；但上天树立文王为道德与德性的典范，为万邦之人所诚信。《诗经·大雅·烝民》："天生烝民，有物有则，民之秉彝，好是懿德。天监有周，昭假于下，保兹天子，生仲山甫。"这里，"物"指天所生之特殊的"物"，

---

① 廖名春：《出土简帛丛考》，武汉：湖北教育出版社，2004年，第26页。

如尤三姐之为"尤物"。"则"指美德、德性可作为标准和榜样者（非如一些著作所谓抽象的原理、规律），有如朱熹《通书注》中《家人睽复无妄第三十二注》所指出："则，谓物之可视以为法者，犹俗言则例则样也。"整个诗的意思是说，天降生万民，为他们生出特殊的人才，以为德性的典范与榜样，而民的本性是爱好美德的。天为了保佑有周，就生了仲山甫这样的典范人物。要之，明德是由上帝赐赋予人的。

《国语·鲁语下》记载，叔孙穆子使晋，说："寡君使豹来继先君之好，君以诸侯之故，贶使臣以大礼。夫先乐金奏肆夏樊、遏、渠，天子所以飨元侯也；夫歌文王、大明、绵，则两君相见之乐也。皆昭令德以合好也，皆非使臣之所敢闻也。臣以为肄业及之，故不敢拜。"韦注："文王、大明、绵，大雅之首，文王之三也。三篇皆美文王、武王有圣德，天所辅祚，其征应符验著见于天，乃天命非人力也。周公欲昭先王之德于天下，故两君相见，得以为乐也。"韦注是符合西周思想的。

由此亦可见，不能由"皇天无亲，惟德是辅"这一命题，就推出西周已有"哲学的突破"，出现了可称为人文主义性质的思想。

三、"德"、生、"德性"

"德"与生、生命有内在联系，这在以后的文献记载中有大量资料。《诗经·节南山之什·雨无正》："浩浩昊天，不骏其德。"此"德"即"生养万物"之"德"。此是天之"德"。《易传》："天地之大德曰生。""生"是天地最大的德性。《国语·周语下》注："六气，阴、阳、风、雨、晦、明也。九德，九功之德，水、火、金、木、土、谷、正德、利用、厚生。十一月阳伏于下，物始萌，于五声为宫，含元处中，所以遍养六气、九德之本也。"以阳气为"九德"之本。《管子·四时》："柔风甘雨乃至，百姓乃寿，百虫乃蕃，此谓星德。""阳为德，阴为刑，和为事。……德始于春，长于夏；刑始于秋，流于冬。三慧刑德不失，四时如一；刑德离乡，时乃逆行。作事不成，必有大殃。"《管子·心术上》："虚无无形谓之道。化育万物谓之德。""德者道之舍，物得以生。"《庄子·外篇·天地》："故形非道不生，生非德不明。存形穷生，立德明道，非王德者邪！""泰初有无，无有无名。一之所起，有一而未形。物得以生谓之德；未形者有分，且然无间谓之命；流动而生物，物成生理谓之形；形体保神，各有仪则谓之性；性修反德，德至同于初。……是谓玄德，同乎大顺。"这些论著中的"德"字皆与生命相关。"阳为德"，因阳气乃生命之本。老子常常以精气为"德"，如《老子》28 章："常德不离，复归于婴儿。"55 章："含德之厚，比于赤子。"59 章："夫唯啬，是谓早服；早服谓之重积德；重积德则无不克；无不克则莫知其极；莫知其极，可以有国；有国之母，可以长久；是谓深根固柢，长生久视之道。""德"指的都是精气。因为精气产生精神，是生命之本。《韩非子·解老》："树木者有曼根有直根。直根者……木之所以建生也。……德也者、人之所以建生也。""身以积精为德"。《吕氏春秋·达郁》："国亦有郁，生德不通，民欲不达，此国之郁伞（似应为命）。"亦是以生为德。

故"德"，从被受者而言，意谓得到了"生命"而具有自己的本质特性。在这一意义上，"德"与"性"成为同类的概念。"性"从自然生命说，"德"从此生命之现实表现说。古文"性"的本义即"生"，"生之谓性"。[①] 生之自然之姿谓之性。傅斯年《性命古训辨证》对《诗》《书》中"性"之为"生"，阐释甚详，谓："独立之性字为先秦遗文所无，先秦遗文中皆用生字为之。至于生字之含义，在金文及《诗》《书》中并无后人所谓'性'之一义，而皆属于生之本义。后人所谓性者，其字义自《论语》始有之，然犹去生之本义为近。至《孟子》，此一新义始充分发展。"[②] 这可为定论。"性"为生，"德"亦与"生"相关联，故"德性"常常联用，成为"本性之现实地表现"。今人口语常说："瞧这个人的德性！""德性"即指包括习性、品行、样态在内的全副人品。"德"与"性"亦可互用。《庄子·外篇·马蹄》："彼民有常性，织而衣，耕而食，是谓同德。"同德即因为同性。《庄子·外篇·在宥》："闻在宥天下，不闻治天下也。在之也者，恐天下之淫其性也；宥之也者，恐天下之迁其德也。天下不淫其性，不迁其德，有治天下者哉？昔尧之治天下也，使天下欣欣焉人乐其性，是不恬

---

① 参见［宋］程颢、程颐：《二程遗书》（卷一），上海：上海古籍出版社，2000 年。
② 傅斯年：《性命古训辨证》，桂林：广西师范大学出版社，2006 年，第 3 页。

也；桀之治天下也，使天下瘁瘁焉人苦其性，是不愉也。夫不恬不愉，非德也；非德也而可长久者，天下无之。""迁其德"指违背其本性，与"淫其性"几为同义语。

《国语·晋语四》："昔少典娶于有蟜氏，生黄帝炎帝。黄帝以姬水成，炎帝以姜水成。成而异德，故黄帝为姬，炎帝为姜。二帝用师以相济也，异德之故也。异姓则异德，异德则异类。异类虽近，男女相及，以生民也。"这里，"德"是成型、现实地表现之"性"，不是伦理学上的狭义的道德。"成而异德"是说，两人生之性虽然相同，但由于地理、环境的影响，两地不同风习的影响，黄炎两帝现实地表现出的性格、喜怒爱好及品行却极不相同，成为"异德"则"异类"之两个不同的"族类""物类"。这段话是春秋时人以西周以来之"德"的观念对黄炎两大族之为不同族类所作的解释。

许慎说"德"乃"外得于人，内得于己"，这是以"德"为"得"——"获得""得到"的说法，汉人常用此种以"声"引"义"的诠释方法，但并不能揭示出"德"之本质的意义。"德"，就个体说，应是"有得于天而内具在于己"的"得（德）"。如天之"仪型文王，万邦作孚"（《诗经·大雅·文王》）；如孔子之"天生德与予"（《论语·述而》）。这内在于己的"德"也就是"己"的"生"，己的"性"。老子说"道生之，德畜之"（《老子》51章），意思是说"德"是个体所得于己的"道"。个体得到了"道"，就具有了自己的生命，自己的本质规定性，这就是"己"之德。各种东西都可以具有自己的"德"。"德"亦可加种种形容词和称谓而有国德、周德、酒德、暴德、水德、木德、地德、民德等。

"德"的本义与"生"相联系，故其内涵，就个人言，包括道德，也包括智慧才能。《国语·鲁语上》："禹能以德修鲧之功。""德"指禹的才、德，包括禹治水的功绩和才能。《国语·鲁语下》中，叔孙穆子聘于晋，说："臣闻之曰：'怀和为怀，咨才为诹，咨事为谋，咨义为度，咨亲为询，忠信为周'。君贶使臣以大礼，重之以六德，敢不重拜。""六德"包括咨才、咨事、咨亲，三者皆非"道德"之"德"。"德"作为人之"性"包含智慧、才能和道德两方面，因此"圣"的意思也包含着智慧、才能和道德两方面。孔子讲"天生德与予"（《论语·尧曰》），就包含着上述两方面的内涵，不是只就道德一方面而言的。《诗经·大雅·荡之什》赞美仲山甫的德性——武勇超人、忠贞为国，说"民之秉彝，好是懿德。"此"懿德"包含仲山甫的勇力才能与高尚德行两方面。"天地之大德曰生"，此"大德"包括以生养长育万物为目的的"善"，也包括生养长育万物的本能、能力——"能"。但"生""生命"对于万物是最本质的第一位的"善"，所以"德"在以后也成为"善""性善""善性"的代名词。因其与"善"相联系，故"德"亦较多地与道德、美德相联系而成为"褒义"之词。

儒家强调道德，"德"常常与"善"结合、联用。朱熹注释《大学》说："明德者，所得于天而具于心之光明之德也"，"德"成为道德的简称，具体内容是仁义礼智四德。曾子说："慎终追远，民德归厚矣。"（《论语·学而》）"民德"即是民的好生厚生、不忘生命之所自出的仁德与孝德。老子讲的"德"，则主要指人的自然德性，与儒家的看法不同。

"性"与"德"的这种内在联系，对中国思想史上的"性论"影响甚大。其主要的影响是："性"不是如西方哲学一样，仅是客体、实体的一种属性或本质规定性，一种完全被对象化的"自在"的范畴，而是在"人事"中，在人的行事中被确定的"物"的一种功能、特征。关于"性""德"的知识不是一种纯自然知识，而往往是或主要是社会知识。

四、春秋时期之"德"与"道"

"德"在春秋时期是政治学的一个基本概念。这段时期，政治和政论家的基本思想和理念，无不以"皇天无亲，惟德是辅"为轴心，如：《左传·桓公二年》载：臧哀伯取郜大鼎于宋，曰：

> "君人者，将昭德塞违，以临照百官，犹惧或失之，故昭令德以示子孙……夫德，俭而有度，登降有数，文物以纪之，声明以发之，以临照百官。百官于是乎戒惧而不敢易纪律。今灭德立违，而寘其赂器于太庙，以明示百官。百官象之，其又何诛焉？国家之败由官邪也，官之失德，宠赂章也。郜鼎在庙，章孰甚焉？武王克商，迁九鼎于雒邑，义士犹或非之，而况将昭违乱之赂器于太庙，其若之何？"公不

听。周内史闻之曰："臧孙达其有后于鲁乎！君违，不忘谏之以德。"

臧孙达所发挥的即是西周初年的这一思想。庄公三十二年，内史过曰："国之将兴，明神降之，监其德也；将亡，神又降之，观其恶也。故有得神以兴，亦有以亡，虞、夏、商、周皆有之。"史嚚曰："虢其亡乎！吾闻之：国将兴，听于民；将亡，听于神。神，聪明正直而一者也，依人而行。虢多凉德，其何土之能得！"（《左传·庄公三十二年》）内史过、史嚚所发挥的亦是西周初年的这一思想。

僖公五年，晋侯复假道于虞以伐虢。宫之奇谏曰："臣闻之，鬼神非人实亲，惟德是依。故《周书》曰：'皇天无亲，惟德是辅。'又曰：'黍稷非馨，明德惟馨。'又曰：'民不易物，惟德物。'如是，则非德，民不和，神不享矣。神所冯依，将在德矣。若晋取虞而明德以荐馨香，神其吐之乎？"（《左传·僖公五年》）宫之奇对《周书》的上述教训是牢记于心的。

僖公七年，管仲言于齐侯曰："臣闻之，招携以礼，怀远以德，德礼不易，无人不怀。"齐侯修礼于诸侯，诸侯官受方物。（《左传·僖公七年》）

僖公十六年，邾人以须句故出师。公卑邾，不设备而御之。臧文仲曰："国无小，不可易也。无备，虽众不可恃也。《诗》曰：'战战兢兢，如临深渊，如履薄冰。'又曰：'敬之敬之，天惟显思，命不易哉！'先王之明德，犹无不难也，无不惧也，况我小国乎！君其无谓邾小。蜂虿有毒，而况国乎？"（《左传·僖公十六年》）

僖公二十四年，王怒，将以狄伐郑。富辰谏曰："不可。臣闻之，大上以德抚民，其次亲亲以相及也。昔周公吊二叔之不咸，故封建亲戚以蕃屏周。……弃德崇奸，祸之大者也。郑有平、惠之勋，又有厉、宣之亲，弃嬖宠而用三良，于诸姬为近，四德具矣。耳不听五声之和为聋，目不别五色之章为昧，心不则德义之经为顽，口不道忠信之言为嚚，狄皆则之，四奸具矣。周之有懿德也，犹曰'莫如兄弟'，故封建之。其怀柔天下也，犹惧有外侮……今周德既衰，于是乎又渝周、召以从诸奸，无乃不可乎？民未忘祸，王又兴之，其若文、武何？"王

弗听，使颓叔、桃子出狄师。夏，狄伐郑，取栎。（《左传·僖公二十四年》）

僖公二十七年，楚子及诸侯围宋，宋公孙固如晋告急。于是乎搜于被庐，作三军。谋元帅。赵衰曰："郤縠可。臣亟闻其言矣，说礼乐而敦《诗》《书》。《诗》《书》，义之府也。礼乐，德之则也。德义，利之本也。"（《左传·僖公二十七年》）

以郤縠具此三德而荐其担任三军之帅。

僖公三十一年，初，臼季使过冀，见冀缺耨，其妻馌之。敬，相待如宾。与之归，言诸文公曰："敬，德之聚也。能敬必有德，德以治民，君请用之。臣闻之，出门如宾，承事如祭，仁之则也。"（《左传·僖公三十一年》）

以"德"而推荐冀缺。

定公四年，子鱼曰："以先王观之，则尚德也。昔武王克商，成王定之，选建明德，以蕃屏周。"（《左传·定公四年》）

封周公于鲁，封康叔于殷，封唐叔于夏。谓"三者皆叔也，而有令德，故昭之以分物"。认为"令德"是周公、唐叔、康叔赐土受封的原因。其他"文、武、成康之伯犹多，而不获是分也，唯不尚年也"。他们之不能受封，是由于不具有"令德"。

定公十年，夏，公会齐侯于祝其，实夹谷。孔丘相。犁弥言于齐侯曰："孔丘知礼而无勇，若使莱人以兵劫鲁侯，必得志焉。"齐侯从之。孔丘以公退，曰："士，兵之！两君合好，而裔夷之俘以兵乱之，非齐君所以命诸侯也。裔不谋夏，夷不乱华，俘不干盟，兵不逼好。于神为不祥，于德为愆义，于人为失礼，君必不然。"齐侯闻之，遽辟之。（《左传·定公十年》）

要之，春秋时期所有重大的政论和谏诤，都是以"皇天无亲，惟德是辅"这一观念为轴心的。春秋晚期在孔老思想中居于本原地位的"道"，则处于甚不重要的地位。"道"作为一个名词，不仅出现次数甚少，其意义也多在"道路"这一具体意义上使用。这种情况到春秋末期才发生大的变化。由"天道""王道"之较普遍性的"道"，进一步出现了一般性的"道"，且具有了比"德"更高更重要的地位。孔子一再讲"朝闻道，夕死可矣"（《论语·里仁》）。"道之将行也与？命也，……公伯寮其如命何？""志于道，据于德，依于仁，游于艺。"（《论语·宪问》）"道"成为一切价值的根源。老子思想的情况亦是如此。这标志着一个"哲学突破"时代的真正来临，哲学的形上概念的"道"代替"天"充当了价值之直接的根源。

五、孔子、老子思想之与"德"与"道"

孔子思想的性质可以概括为中国古代人文主义思想的确立，真正把人的生活和人文价值提到了中心和首位，但虽然如此，这也并非意谓"传统"的完全中断，而只是对它的因革损益。因为和西周一样，天地崇拜和祖先崇拜仍被孔子继承而为其思想的本根。构成孔子思想核心的孝、礼、仁这些主要观念，都与这两大信仰有内在联系。

"仁"是孔子思想的基本观念。细加分析，可以看出它有两个基原：一是"孝"，另一是"德"。孔子批评宰我不仁，就是认为宰我不愿为父守三年之丧，忘本、不孝。而"不忘所自出"，不忘本，正是"仁"的原始义。所以有子说"孝弟"是为仁之本，由孝弟加以推广扩充就是"爱人"之"仁"。《尚书·金縢》："予仁若考，能多材多艺，能事鬼神。"《左传》成公九年："不背本，仁也；不忘旧，信也；无私，忠也。"《礼记·檀弓上》："大公封于营丘，比及五世，皆反葬于周。君子曰：'乐乐其所自生，礼不忘其本。古之人有言曰：狐死正丘首，仁也。'"《礼记·礼运》："先王患礼之不达于下也，故祭帝于郊，所以定天位也；祀社于国，所以列地利也；祖庙所以本仁也，山川所以傧鬼神也，五祀所以本事也。"这些以祭祀鬼神、祖庙、"狐死正丘首"、"不背本"等说"仁"，揭示了仁与孝和祖宗崇拜的关联。仁的另一根源与内涵则是"生"——对生命的挚爱，好生、厚生。"天何言哉！四时行焉，百物生焉。"（《论语·阳货》）"生"被认为是天的大德，天的大仁。"博施于民而能济众，必也圣乎，何事于仁"，是法天之大德大仁。孟子讲仁义。"仁之实，事亲是也；义之实，事兄是也。"（《孟子·离娄上》）这是仁以"孝"为基原。"恻隐之心，仁之端也"（《孟子·公孙丑上》），一种挚爱生命的普遍同情心成为仁的根源，这是仁与

"德"的内在联系。汉儒说"仁，天心"，"察于天之意，无穷极之仁也"（《春秋繁露·王道通三第四十四》），是继承这一思想的。宋明理学由此大讲桃核为仁，仁者生也，"手足痿痹为不仁"①，"仁者得天地生物之心以为心"②，这些可以说都源于"德"这一思想。孔子思想中"道"的性格和内涵亦基本上是由"孝"与"德"决定的。

老子思想中"道"与"德"的关系，从哲学的逻辑结构说，是"道"生"德"，"道"是第一位的，"德"的性质由"道"决定；但从历史和发生学的角度看，"道"的性质是由"德"决定的。《老子》古本，《德经》在前，《道经》在后，正好反映了两者之历史的发生学的关系。

"道"字为会意字，从行从首。"首"在《说文》所引古文字形中，特别凸显了头上之毛发。结合三个最早的金文，似腹中胎儿之形，含寓有一、太一、"首出"、"原始生命"之义。从行，有生长、生活、活动、发展之意。如果"首"代表人，人所行走的就是道路。"道理""理"（"道，理之者也""道，尽稽万物之理"）则为引申义。"道"也指言说（"道可道"），但凸显的是与"行"内在联系的"道行""道术""道德（德行）"，也即凸显了体用关系，与希腊语言中 logos 一词指言说，又指逻辑、道理、理性，而凸显逻辑与抽象规律不同。在《老子》中，"道"成为生命与价值的根源，是可行方向与道路的指引者。

因为"德"在历史上已带着或拥有丰富和相当固定的文化内涵，因此《老子》"道"的性格就反而由"德"决定了。"德"的性格和特征是历史的、人文的（虽与儒家相反）、政治的，因此"道"的性格亦是历史的、人文的、政治的。"失道而后德，失德而后仁。""上德不德，是以有德。""有德司契，无德司彻。"（《老子》79章）"非其神不伤人，圣人亦不伤人。夫两不相伤，故德交归焉。"（《老子》60章）"报怨以德。"（《老子》63章）"玄德深矣远矣，与物反矣，然后乃至大顺。"（《老子》65章）所有这些命题都彰显了"德"之历史、政治和文化的性格，而同时也决定了"道"的同样的性格。就是说，道，虽然是一原始生命力，是"德，之本"，但其性

---

① ［宋］程颢、程颐：《二程遗书》（卷一），上海：上海古籍出版社，2000年。
② ［宋］程颢、程颐：《二程遗书》（卷一），上海：上海古籍出版社，2000年。

格却是文化的、历史的、政治的。因其如此,"道"就不是西方哲学所讲的逻各斯或客观原理、规律、法则,也非客观、抽象的"理性",而是一精神性的原始"生命力""创造力"。

〔原载于《陕西师范大学学报》(哲学社会科学版)2017年第11期,系作者参加2007年8月于西安陕西师大召开的"原创文化第四届研讨会"提交的论文①〕

---

① 关于"德",已有极多论文进行讨论,大多以"道德""德行"立论。本文认为这并不符合"德"的原始义。"德"的观念起于何时?史料上只能以甲骨文和金文为据,这才是比较严格的科学的态度。会议中,承蒙臧振教授告知,20世纪80年代《人文杂志》曾讨论过这个问题,并在2007年9月寄我斯维至先生发表于该杂志1982年6期上的论文《说德》及何新先生发表在1983年4期上的《辨"德"》两文。斯文提出,"这些德字决不能解释为道德的意义,而只能说明德与姓、性的关系,血缘的关系。"斯文引李玄伯先生《中国古代社会新研》提出的"最初德与性的意义相类……皆代表图腾的生、性",认为这"实在足以发千古之覆"。李、斯两先生以氏族的图腾为"德"之本义、初义,离开周初"皇天无亲,惟德是辅"之新政策与政治义涵讲"德",与本文观察点不同。但李、斯两先生不以道德、德行说"德"而与生、性相联系,这是先得我心,很有启发的。在此,谨向臧振教授表达诚挚的谢意。

老子哲学性质之分析

国学在复兴。国学归根结底是"经典"之学。经典中最重要的是《论语》和《老子》。《论语》不容易读，常被讲成"行为伦理学"。《老子》则被公认为哲学著作。但老子所讲"道"究竟具何特点？老子哲学的性质究竟是什么？老子是如何达到这一结论的？解答多种多样。冯友兰先生早年指出，老子乃形而上之"共相论"一类思想；[①] 在之后的《中国哲学史新编》中，则认为"道""无""有"三个名词是一回事，把"形而上"之"共相论"性质模糊掉了。[②] 老子哲学的性质是什么？还是一个大问题。本文将以《老子》第一章"常名""常道""有名，万物之母"为基点，对老子哲学的性质做一分析，求得一确切的解答。因其为哲学，具哲学之为哲学的共同性，故从哲学之产生及特点说起。

一、名和哲学

人和动物一样，生下来第一件大事是生存，然后是发展。生存的主要手段：一是生产，一是组成牢固的群体。前者需要有知识，即后来所称的科学。人之优于万物，依靠的是他有知识的积累与改进和传播知识的能力。所以科学对人而言，是一开始就必需的。人组成群体也是生存发展必不可少的手段。《荀子·王制》谓："人之生不能无群，群而无分则争，争则乱，乱则穷矣。故无分者，人之大害也；有分者，天下之大利也；而人君者，所以管分之枢要也。"就是说群体需要有领导者及群体分工之秩序，这又需要群体有对神的信仰。古代唯有靠共同信仰，才能使群体成为牢固的群体。

[①] 冯友兰：《中国哲学简史》，涂又光译，北京：北京大学出版社，1996年，第82页。
[②] 冯友兰：《中国哲学史新编》（上册），北京：人民出版社，1998年，第332页。

信仰不管如何原始，总有信仰的神祇，有与神祇沟通的人，有信仰的仪式，这可以称之为"宗教"或神学。故凡有人群、族群的地方，科学与神学是必然存在的。哲学则是在此之后的事情了。

本文所称的哲学，取其较严格的意义，即称为"形而上"或亚里士多德所讲研究"普遍存在"的那种学问或思想。我们的方法，一是从亚氏给哲学下的定义着手，确定什么是哲学；一是从表现它的载体入手，看什么是哲学。

按亚里士多德的著作排列，编排者把亚氏讲哲学的著作排在物理学即自然科学之后，这就有了哲学讲"形而上"这一说法，也就是说，哲学论述的对象和领域是科学之外、科学之后的东西。这使哲学变得神秘高深，予人以"玄"的印象，中国也称之为"玄学"。

所有民族族群都有科学和神学，但不一定都有哲学。很精于科学，在科学上极有成就的族群不一定有哲学家和哲学著作。哲学不是生产、生活所必需的。哲学常被称为无用的学问。因为"无用"，故它的产生需要两个条件。一是一些人富有余暇，可以吃饱喝足之后专事思想。孟子说："劳心者治人，劳力者治于人。治于人者食人，治人者食于人。"劳心和劳力的分工，这两群人的出现是哲学产生必不可少的条件。但仅有劳心者这群人出现，还不一定能产生哲学。要产生哲学，还一定要有一些特别喜欢作玄思的人，就如天生爱好弹琴唱歌一样。他有玄思深思的爱好，善于作玄思，这才可能产生哲学。这样的人有了，且越来越多，这族群就是个有哲学智慧的族群了。所幸中国古代有不少这种人，和古希腊一样。故中国古代除了有很不错的天文学、时历学、医学、文学、历史学、农学，还有高水平的哲学，如《周易》这样的著作，还有《孙子兵法》，为《老子》这种哲学著作的产生打下了基础。

哲学在科学之后、之外，故不是科学。科学研究和论说的对象一定是在时空中的具体实际的"存在"，对这一"存在"做出肯定或否定的规律性的判断。这些判断是可以进行验证、证伪的。哲学不是科学，在科学之后、之外，无法对其结论进行证伪。哲学只是一种智慧的判断或思想，对具体的实际无所判断。但哲学既然在科学之后，也就决定了它还是经过了"科学"这道门的，故它不是胡思乱想，只是无法像科学那样证伪。

亚里士多德说，哲学不是研究某一具体领域的学问，哲学是研究普遍存在本身的学问。"这门学问与所谓特殊科学不同，因为那些科学没有一个是一般地讨论'有'本身的。它们各自取'有'的一部分，研究这个部分的属性；例如数理科学就是这样的。"[1] 哲学是研究"有"本身，即最普遍、最一般的"存在"的思想或学问。亚里士多德心目中关于"普遍存在"的学问，其内容就是形式逻辑的三个规律。他认为它们既是思维的规律，是所有科学都要遵循的；同时也是存在作为存在的规律。如"存在"是存在的，不能同时又是不存在的。一个物体在这里，不能同时说它又不在这里。亚里士多德认为这既是形式逻辑的思维规律，也是存在本身的规律。两者的同一说明"思维与存在的同一性"。亚里士多德也为"普遍存在"提出了另一项规律性的论述，即其"四因说"——每一存在及存在整体皆由质料、形式、动力、目的"四因"所构成。思想能否思想存在，如何思想存在，思想和存在有否同一性，存在的本原是什么，亚里士多德认为这些是哲学思考和论述的问题。"存在"这一概念是理性抽象的产物。不经由感知而直接在理性、在思想中与"存在"打交道，这是哲学的特点。

科学有各种门类。科学研究的方法，一般是通过经验，通过感性认识而归纳出规律性的结论。这些结论属于理性认识。这些规律表述为种种定义，以种种"名"的形式出现。荀子说："类不悖，虽久同理。""名"，主要是类名，如"牛"就是类名，凡具有牛的本质属性（理）的各种牛都是"牛"。各种牛是个体，是"牛"这"名"的外延。惯性定律、引力定律及"惯性""质量""能量"等皆是"名"。"名"由"实"来。不研究某个类的具体的名实关系，而研究普遍存在的名实关系，就是哲学。"名"是否起于"实"，有否自存自在的"名"，"名"能否规范"实"，这些玄思的问题是哲学所感兴趣和寻求回答的。老子对这些问题表现出极大兴趣，因而成了大哲学家。

名实问题在社会转型时期最为突出，最能引起人们的纠结和困扰。孔

---

[1] 北京大学哲学系外国哲学史教研室编译：《西方哲学原著选读》，北京：商务印书馆，1981年，第122页。

子、老子时代，"礼崩乐坏"，社会正在转型，故名和实的关系成为孔子、老子及先秦诸子普遍讨论的问题。《荀子·正名篇》谓："今圣王没，名守慢，奇辞起，名实乱，是非之形不明，则虽守法之吏、诵数之儒，亦皆乱也。若有王者起，必将有循于旧名，有作于新名。然则所为有名，与所缘以同异，与制名之枢要，不可不察也。"孔子提出了"正名"主张。"君君臣臣，父父子子"，孔子要用君和父之名去正具体存的君和父之实。要用臣和子之名去正臣和子之实。"名"先于"实"，实要符名。孔子举了许多例说明名实不符的严重情况，如"觚不觚，觚哉！觚哉！""古之狂也直，今之狂也诈而已矣。""礼云礼云，玉帛云乎哉？乐云乐云，钟鼓云乎哉？"他认为实不符名，虚伪巧诈，是时代性的大问题。墨子反儒，亦从"正名"入手。他给仁义等"名"以新的意义。为了"正名"，墨子提出了"尚同"的主张。老子最反对"礼"，说"礼者忠信之薄而乱之首。"老子从有名、无名、常名以及名和道的关系，道是否可以命名这些根本处着手，对"名"进行反思。经过对"名"的根本反思，老子建立起新的哲学体系。《老子》的14章、21章、25章等都是从"名"的视角论述"道"，指出"道"无形无声无象，只是一个独立自在的"常名"。"自古及今，其名不去，以阅众甫。""众甫"即众父，即众物。用"常名"可检示一切具体的存在之物。具体之物是流变无常的，唯其"名"可以独立、永恒常在。用话语形容，就是"独立不改，周行不殆"。万物都"法道"，但"道法自然"，不依赖任何其他而自己如此。这种"常名"，与柏拉图所谓"共相"是相类似的。这决定了老子哲学乃本体论哲学。所谓"本体论"即是认为本质先于存在，一般先于个别；这种"先"是逻辑在先之意。

老子关于"名"的本体论哲学还植基于语言与哲学之内在关联中。人为万物之灵，除了会制造和使用工具，还灵在他有语言，有天赋的用语言以交流知识和信息的能力。这种天赋能力同时也就是将名实关系抽象化或普遍化的能力。有文字之前，人群交换信息、思想、情感，全靠语言。语言作为具体的存在，近现代语言学有许多研究，如各种语言的语法结构、句子成分等。但语言作为天赋，它的语法结构也是天赋的，科学无法对何以有各种不同语言和结构做出回答。

语言词汇中，"名词"是主要成分，而它基本上是抽象和普遍化了的。"这女孩好美"，"美"就是一个抽象化了的普遍名词。"这女孩"是个别，"美"是一般或普遍。一般寓于个别，在个别中呈现。"这女孩"是个别，但"女孩"是普遍化的名词。"我很喜欢这孩子"，"喜欢"又是一个抽象化了的动名词或动词，谁都可以用这词表示自己的"喜欢"。对任何对象，在任何场合都可用这词表示"喜欢"。"明天将要下雨"，这话看来是很具体了，但"雨"就是一个抽象化了的普遍名词。没有说是什么样的雨，多长时间的雨。人天赋具有创造与使用这种抽象化普遍化了的名词的能力，这是人区别于动物的主要标志之一；一旦这种能力缺失，就无法和人沟通了，哲学更无从产生了。黑格尔《哲学史讲演录》讲到一则故事。一个主人叫仆人去买面包，他空手回来了。主人问为何没买到面包，仆人说没有面包，只有长面包和圆面包。主人说你就买长面包回来吧，仆人又空手而归。他说只有黄长面包、白长面包，没有"长面包"。这就是没有抽象思维能力的结果。语言不管如何简单，总是要使用一般名词或概念的。"这是我家的狗"，"狗"就是泛指一般的狗。没有"狗"的一般概念，"我们明天带狗去打猎"这句话就不能说了。"数"的观念也是如此。没有"三"这个观念，三个苹果、三个梨这些数"数"的话就说不出来。

　　原始人或文化较低的族群，抽象能力有限，普遍名词很少，多停留于具体形象思维的阶段。你问他你们村子的树多不多？有哪些树？他不懂。因为他没有"树"这个抽象一般概念，只知道有李树、桃树。虽然如此，他们仍然表现了为事物命名的抽象思维能力。当其说"李树""桃树"这些名词时，他讲的也不是某一特定的个体的李树、桃树，而是李树、桃树的"一般"，也即"李树""桃树"这两个名词包含的所有李树、桃树的共同属性。李树是呈现在他们眼中的春天开白花的具有此共同点的树。桃树也类似。人类语言的这种为万物万事命名的能力，随着"名"的增多，"名"中含有的知识量的增多，"名"无形中被提高到了"神圣"的地位，以至似乎不是"实"产生与决定"名"，竟是"名"决定"实"了。"名"成为第一位的，"实"似乎是被"名"决定、被"名"派生的。

　　语言中，"名"的种种不同组合，可自成为一个世界，独立地运行，显示其中种种奇妙作用。一篇篇文告、文章、典籍，都显示出文字的惊天力量！传说中仓颉造字，"天雨血，鬼夜哭"。"字"之所以具此神力，就是因为文字乃种种"名"的载体。《山海经》就用文字编造了一个神奇虚幻的世界，真真假假，引出人们无限的好奇和遐想。

以"德"这个字为例。"德"在语言中是先有的，它由象形、会意而成为文字，又成为一个名词。在它诞生至《老子》成书这约五百年的时间内，它却如雷鸣电闪一样，横贯各领域，不仅成为权威，且内容日益丰富；不仅内容丰富，且远离其成为"字"的那个时期的原始形象，具有了抽象化、神圣化的特性；出现了"周德"，水德、火德、土德、金德、木德这些神秘的"德"，可轮回转移而决定王朝的命运。

马克思说："叙述方法必须与研究方法不同。研究必须充分地占有材料，分析它的各种发展形式，探寻这些形式的内在联系。只有这项工作完成以后，现实的运动才能适当地叙述出来。这点一旦做到、材料的生命一旦观念地反映出来，呈现在我们面前的就好像是一个先验的结构了。"① 马克思这里所说的是研究资本的现实运动以及材料的发展形式；经过研究所做的结论呈现出来时，就好像成了"先验的结构"。这对批判康德与黑格尔这类讲先验哲学、绝对精神、绝对理念的哲学体系很适合，揭示了这种哲学产生的认识论根源。这段话对于"名"的崇拜或先验化这种现象之产生也是很适合的。当哲学家自觉把这种"先验"普遍化客观化时，它的哲学就成了柏拉图那种本体论哲学了。老子讲的"常名"这种具有普遍客观意义的自在之"名"，亦是如此而成功的。先验化了的"名"成了具有指导意义的东西，以至"有名，万物之母"，"始制有名。名亦既有，夫亦将知止，知止可以不殆"。"名"先验化了。这在哲学上被称为"名"的"形而上"思想。老子哲学是这种性质的哲学思想。

二、 抱一为天下式

老子强调"道常无为而无不为"。这直接引导到"标准"与"法式"

---

① [德] 马克思：《资本论》（第 1 卷），北京：人民出版社，1975 年，第 23—24 页。

的观念。《老子》中和"常名"居于同等重要地位的就是"式"这一概念。老子说"圣人抱一为天下式","常知稽式，是谓玄德","知其白，守其黑，为天下式。为天下式，常德不忒，复归于无极"。这些纲领性、总结性的话语，显示了"式"这一观念所具有的统帅地位。

"式"是法式、标准、规范之意。《说文》："式，法也。从工弋声。"引申指物体的样式、格式、程序、典范、仪式等。《尚书·微子之命》："百邦作式。"《诗经·周颂·我将》："使诸大夫国人皆有所矜式。"《诗经·大雅·崧高》："王命申伯，式是南邦。"《周礼·贫人》："三曰筮式。"注："谓筮制作法式也。"使用极为广泛。

物质资料的生产凸显出标准、仪范一类工具的重要性。在古代，"规"和"矩"就是最重要的带标准仪范性的器具。建城池、宫殿、房屋都不能缺少这两种器具。"不以规矩，不能成方圆。"所有宫殿、房舍、家具等的营建，都不外方和圆的排列组合。由此，"规"和"矩"的"无为而无不为"的作用就特显神奇了。

"规"和"矩"就是一种"式"。它的制定是根据"规"和"矩"的概念、定义："一中同长运动形成的一个圆圈之仪器"；"直角为九十度之两根相交直线形成之仪器。""天圆地方"就是由这两个仪器观察和表现的，所以在古代的巫文化时期，"矩"成为"巫"的法器。

张光直先生指出："巫这个字，多自《说文》出发：'巫、祝也，降神者也，像人两褎舞形，与工同意。'李孝定云：'巫字何以作十，亦殊难索解，疑当时巫者所用道具之形，然亦无由加以说明，亦惟不知盖阙耳。字形所像道具为何？'周法高引张日升云：'窃疑字像布策为筮之形，乃筮之本字……一说为巫之道具，犹规矩之于工匠，故云与工同意。'实际上，我们不如更直接地说巫师以'工'为象征形的道具。《说文》：'工、巧饰也，像人有规矩也，与巫同意。'又'巨'下云：'规，巨也，从工，像手持之。'许慎似是知道巫字本义的，所以工巫互解，而工即矩。矩是木匠用来画方画圆的工具。为什么古代的巫以矩为基本道具呢？这个问题的答案在《周髀算经》。这本书一般认为是汉代定笔的，但其中所包含的内容较早，可能早到孔子时代，即公元前6世纪的后期，与《国语·楚语》（指观射父论'绝地天通'那段话）所代表的时代相近。这本书中有一段讲矩：请问'数'安从出？商高曰：数之法出于圆方。圆出于方，方出于矩。请问用矩之道。商高曰：平矩以正绳、偃矩以望高、覆矩以测深、卧矩以知远、环矩以为圆、合矩以为方。方属地，圆属天，天圆地方……是故知地者智，知天者圣。智出于句、句出于矩。"①

老子关于"式""法式"的思想和巫文化有渊源关系，不过是以理性化的思想出现而已。（详见后面老子思想与巫文化关系的进一步分析）

亚里士多德讲"四因说"，将所有自然物或人造物分析为四个因素：质料、形式、动力、目的。形式因如桌子的样式。没有这种"样式"，桌子这一件物品就产生不出来。"样式"从何而来？不来自桌子，而是先于桌子，逻辑上先于桌子。这实际是本体论思想。老子"式"的思想和这种"形式因"是相类似的。

"式"在巫文化中又是"栻"——巫师占卜吉凶的工具，也即通天、通地，接通天人关系的法器。考古出土的栻盘，李零《中国古代方术考》列有八种，由西汉至六朝，最早的是汉文帝时阜阳双古堆墓所出漆木式。② 所有栻盘都由天盘和地盘组成。天盘在上，地盘在下。天盘有天门、地门、鬼门、人门。其使用和流行当早于西汉。西汉的栻盘在《京房易传》出现后，增加了八卦的分布，又演变为《易纬·乾凿度》中的"太乙九宫运行式盘"。以后变为象数系统的《洛书》《河图》③，和巫文化脱离了关系。《老子》42章"道生一，一生二，二生三"，是讲象数思想的，和《河图》《洛书》之象数思想类似，更表明了"式"的重要地位。

《老子》22章"抱一为天下式"及"稽式"皆是法式、标准、典则、范型之意，即抱持一个标准、一个范式以治理"多"，以之知天地万物和人世万事。《老子》22章谓："不自见故明；不自是故彰；不自伐故有功；不自矜故长；夫唯不争，故天下莫能与之争。"极重要的意义即是牢牢掌握标准、法式，一切按法式办事，不掺进个人的自视、自伐、自矜。

---

① 张光直：《中国青铜时代》，《商代的巫与巫术》，北京：生活·读书·新知三联书店，1999年，第255页。
② 李零：《中国方术考》（修订本），北京：东方出版社，2000年，第113页。
③ 参见金春峰：《汉代思想史》（增订第四版），北京：中国社会科学出版社，2018年，第322页。

故"式"是老子本体论哲学的又一支柱和标志。

三、无名之朴

《荀子·正名篇》将名分为四种，谓："后王之成名：刑名从商，爵名从周，文名从礼。散名之加于万物者，则从诸夏之成俗曲期。远方异俗之乡，则因之而为通。"这是荀子亲见的当时社会流行的四种"名"。这四种名，古今中外或多或少是社会都有的。比较起来，周以后，"名"之特别多且居于极重要地位，则是中国文化独有的特点。可以说，西周以降，人就是为名而生、为名而活、为名而死，无时无刻不生活在"名"之下的。除了刑名、散名以外，爵名、文名是西周宗法社会最重要的时时不能离开的"名"。所谓"礼乐社会""礼乐传统"，就是由这两种名构成的。孔子谓："殷因于夏礼，所损益可知也；周因于殷礼，所损益可知也；其或继周者，虽百世可知也。""礼"即爵名和文名所构成的礼乐文明。

以人伦关系言，西周封建宗法承接氏族传统，特别重血缘亲情之亲疏厚薄与长幼尊卑，故亲属之名繁多得让人难以弄清其意义。夫家一系，高祖父、曾祖父、祖父（叔祖父、伯祖父）、父、子、孙、曾孙、玄孙，有很多。女方一系有姑、舅、姨、外祖父母等一大堆名。每一名都有其礼制。《仪礼》之《丧服》所记丧礼，其区分与规定之细密，非专家无以熟知。如"三年之丧"，不仅父死子为父服丧三年，诸侯为天子亦三年，父为长子服丧三年，妻为夫服丧三年，妾称夫为君，服丧三年等，且服丧时期的饮食、衣服都有严格规定。人生下来有命名礼。成年有士冠礼、士婚礼、士相见礼；君臣上下相处，有乡饮酒礼、乡射礼、燕礼、大射礼；诸侯之间有聘礼、公食大夫礼、觐礼等。总之有身份的人每天都活在礼制、礼名之中。《庄子·天下篇》说："《春秋》以道名分。"贵族等级不同，有相应的礼制区分。从天子至庶人，再至奴隶，人又分为十等。每个等级的人有上下的臣属关系。为人处事要按相关规定行事。这需要严于律己，"非礼勿视，非礼勿听，非礼勿言，非礼勿动"。针对"礼崩乐坏"，潜礼为乱已很普遍的情况，孔子希望以"正名""克己复礼"的方法，恢复礼制。老子最反对"礼"，说"礼者忠信之薄而乱之首"。老子提出："道常无名，朴虽小，天下莫能臣。""始制有名，名亦既有，夫亦将知止，知止可以不殆。""化而欲作，吾将镇之以无名之朴。"要以"朴"检示社会，废除违反"朴"之名的"名"。他在治国上推崇"法式"之治，也是针对礼治的。故凡与"朴"相近或出于它的"名"，老子都赞扬和肯定。"朴"近于自然原始，老子以之为至治的理想社会的样式和标准。这显示"朴"在老子思想中的重要地位。

"道"即"无名之朴"。

四、 宇宙象数思想

学界认为老子之"道"乃宇宙生成论思想，具体见于《老子》42 章。

讨论之前要明确，宇宙生成论本质上是科学思想。古人对哲学与科学的划分不大清楚，常把哲学与科学混在一起。以宇宙生成论为哲学，由来已久；但愈到后来，两者的区分就愈明白了。像康德，有星云学说，有"三个批判"。没有人把它们混为一谈。星云学说属宇宙生成论，和今天的宇宙大爆炸学说性质一样。"三个批判"则是哲学。中国古代，如汉代的《淮南子》一书，有明确的宇宙生成论思想。"虚廓生宇宙，宇宙生元气。""有太初，有太始，有太素……"，由未见气到见气到气分为轻清者，上浮为天；混浊者下凝为地，有完整的时间生成程序。《白虎通义·天地篇》谓："万物之始，起先有太初，然后有太始，形兆既成，名曰太素，混沌相连，视之不见，听之不闻。然后判，清浊既分，精曜出布，庶物施生，精者为三光，号者为五行，五行生情性，情性生汁中（斗中），汁中（斗中）生神明，神明生道德，道德生文章。故《乾凿度》云：'太初者气之始也，太素者质之始也。'"它的基本思想是物生物，母生子，有时间过程，慢慢由隐变显。它和本体论由分析名实关系、一般和特殊的关系而形成"形而上"与"形而下"之两个世界的思想，性质完全不同。两者的区分并非一者讲宇宙的形成、生成，一者讲宇宙构成。本体论本质上是不讲或不必讲宇宙论的。

《老子》42 章之"道生一，一生二……"如果解为宇宙生成论，母生子；那么"道"就是一个在时空中存在的"实物"，这与老子反复讲的"道不可名"是完全矛盾的，与老子讲的万物自生以及"人法地，地法天，天法道，道法自然"，也是矛盾的；与"天得一以清……"之"得一"的关系，也是矛盾的。

《老子》42章实质上是"天道运行及宇宙万物产生"之象数思想。

象数思想在中国有古老的历史。《周易》就是一门大宇宙象数学。阴阳是最普遍最根本的"象"，并非实体的"气"；同时"阳"是奇数，"阴"是偶数。"凡天地之数五十有五，此所以成变化而行鬼神也。"作为《周易》本源的"河图""洛书"在汉代就是两个象数图式。"洛书"的数字排列，横斜直相加各为15，总和为45，是"径1周3"的"圆"的象数表现。圆代表天。"河图"的数字排列，则是"方"的象数表现，"方"代表地。和栻盘的天盘圆、地盘方一致；不过一者是巫术，一者是天地宇宙的象数思想。

这种象与数的联系，《左传》曾有论述，谓："物生而后有兹，兹而后有数。"《易传》说："易有太极，是生两仪，两仪生四象，四象生八卦，八卦定吉凶，吉凶生大业。"这命题本义是讲筮法，属巫文化；脱胎出来作哲学的解释，其含义，学界有作宇宙生成论解释的，认为"太极"就是元气，生两仪，就是生出阴阳，但以后的四象八卦就不好解释了；也不好作本体论的解释。参以汉代流行的宇宙运行图式，"天地之气合而为一，分为阴阳，判为四时，列为五行"，实可解为天道运行及万物产生之象数思想。

《老子》42章讲"道生一，一生二，二生三"，亦是一种象数思想。"一"指"道"，"生"是"存在"的意思。"一"中已含着二，展开显现就是二。"二"之所指就是阴阳，阴阳是象，故谓"万物负阴而抱阳"。阴阳构成相互对立又相互吸引和排斥的统一体，于是"冲气为和"而有三，"三"即新的对立统一体。42章所讲之"象"已实指"气"，是天道运行产生万物图式之象数表现。

数是中国和古希腊都有的思想，它看似和宇宙形成论相近，实质上近于本体论。毕达哥拉斯学派以"数"为宇宙的本源，并不是说"数"在时间上在万物之先，先有数，后有象、有物，只是说"数"处于比"象"更根本或逻辑在先的地位。《易传》讲："凡天地之数五十有五，此所以成变化而行鬼神。""数"亦处于"逻辑在先"的更重要地位。近现代科学都以数学公式的形式表现宇宙之种种运动规律。这令人极为惊异与神奇。诺贝尔物理学得主杨振宁先生说："牛顿的运动方程，麦克斯韦方程，爱因斯坦的狭义和广义相对论方程……可以说它们是造物主的诗篇。"① 中国古代天圆以"径一周三"表现，音乐节律以"三分损益"表现，而音乐节律亦乃天地宇宙之运行节律（参阅《史记·律书》）。这都导致在象数关系中产生"数"乃逻辑在先的本体论哲学思想。老子之象数思想亦是如此。②

五、 道与境界

老子思想，劳思光与牟宗三都定性为"境界"哲学，也就是主体哲学。劳先生批评冯友兰先生，说冯先生《中国哲学史》（20世纪30年代出版）"哲学是有一点的，但没有中国哲学"。故劳先生讲老子，完全不讲"名"与"名实关系"，不讲本书所讲的上述内容。他称老子所讲"道"是"自我境界之描述"，③"自觉心驻于无为，遂无所执，无所求，故能'虚'"。"心合于道，观万物在'反'中之变逝，而自觉不陷于万物，此破执后之境界"即"道"。④ 他释《老子》16章"知常曰明"，谓"明"乃"自我自由心之朗照"。"道"的客观独立性、形上性被完全取消了。何谓"自由心"之"朗照"，他没有任何论证，只是这么下一结论了事。这和哲学是理性的追根究底的学问，完全背离，不过是自说自听罢了。

但奇怪的是，他又说："万象万物皆变逝无常，唯道超万物而为常。"⑤"道"被解释为万物遵循之规律，有如牛顿三条力学定律，虽超"万物"却不离"形下"之时空。又说："'道生物'表'道'对物之范铸作用。"⑥"范"者，范式也，如铸鼎之翻砂范型。一个"范型"可陶铸或铜铸极多"鼎"器。这又采柏拉图的"共相论"或亚里士多德的"形式因"的说法

---

① 杨振宁：《美与物理学》，《二十一世纪》1997年第4期。
② 作者以前对42章作本体论解，现作象数思想解。
③ 劳思光：《新编中国哲学史》，台北：三民书局，1984年，第242页。
④ 劳思光：《新编中国哲学史》，台北：三民书局，1984年，第241页。
⑤ 劳思光：《新编中国哲学史》，台北：三民书局，1984年，第241页。
⑥ 劳思光：《新编中国哲学史》，台北：三民书局，1984年，第242页。

了。"自由心"何以能"范铸"万物，根据何在，他没有提供任何论证。

《老子》中，"明"并非"偶见"。如果是"偶见"，"朗照"与"境界"云云不也成为偶然事物了？但劳先生却说是"偶见"。老子说"知人者智，自知者明"，"见小曰明"，"不自见曰明"。如解为"朗照"，这些"朗照"都是"偶见"，这个"偶"又成了变戏法了！

老子是治世的，被称为"君人南面之术"和兵书。故劳先生只好又说，这是老子思想之"内在地'纠结'"；何以"自由心"要自己"纠结"自己，这只有"天"晓得了。"纠结"之后，"自由心"就自己生出一种对万物之"支配力"，于是"君人南面之术"及种种"辩证法"就产生了出来。"纠结"解开了，但这样不做任何论证的说法，又成了变戏法了。

劳先生的"推论"是：西方哲学那种形而上的思想，绝非中国人能讲的。中国哲学一定是讲"主体"的。"主体"就是"我"。它只有三种可能的形态，即德性我、认知我、情意我。老子反道德，又反认知，故必是以情意生命我（不包括形躯我）为"主体"的。劳先生说，老子肯定了"纯粹生命情趣我"的存在，而为老子哲学之最高"境界"。① "纯粹"两字，是劳先生特加的，目的是不让老子落入"情欲我"的境地。但老子并不反道德，也不反认知。所谓"反"只是劳先生的武断或以偏概全的说法。至于老子如何正面地陈述"纯粹生命情意我"，劳先生在《老子》中没有找到任何论述，只好让读者到《庄子》中去找；因为劳先生说《庄子》是老子思想的集大成，是可以以庄代老的！

劳先生取消了冯先生的那点哲学，竟变哲学为戏法，把"哲学"也取消了。

牟宗三先生更简单，直接定性老子是讲"无"的哲学。"无"被定性为"自由心的无为无执"，精神上的"自己如此，无所依赖"。但何以"道"是这种性质？没有半句论证，只是这样定性了事。借贺麟先生批评王阳明"知行合一"的话来说，这是一种"武断的哲学"。

牟先生说："道家和佛家一类，也是解脱性的。"② "无"掉了礼乐等束

---

① 劳思光：《新编中国哲学史》，台北：三民书局，1984年，第252页。
② 牟宗三：《中国哲学十九讲》，台北：学生书局，1983年，第103页。

缚，"自由心"来去无牵挂，和佛之清净自在境界倒确是一样了。但老子却是讲"有"的。"有"是什么呢？牟先生解为"心的虚一而静的无限妙用的矢向性。"① 人心确是有这种"无限妙用"的，故常能想东想西，想男想女。没有了周文和礼的束缚，"人心"的这种"妙用"更可充分释放出来，"矢向"这，又"矢向"那，"矢向"动物性了。牟先生说，这"矢向性"就是老子讲的"创生"，心"矢向地"创生出对象。但又说，依老子，"创生"是"不生之生"，② 与"心之矢向性"是无关的。这真正是"玄之又玄"，成为妙谈玄谈之极好典范了。联系现实，转向政治，牟先生认为老子是"自由主义"，反对任何人为干涉。"无限妙用的矢向性"又被否定而成为"空谈"了。

老子讲的"有名，万物之母""执古之道以御今之有""抱一为天下式""反者道之动""万物负阴而抱阳，冲气以为和"等，牟先生都视而不见，不讲了事。老子哲学之精髓——辩证法思想被完全阉割了。

游谈无根（只做判断而不论证），劳、牟两先生的老子解读是最新的样板。

老子确有"境界"思想。"为学日益，为道日损"就是讲"境界"的。但这里"为道"与"为学"并立，构成"对立统一"。而"统一"之处就在"为"这一点上。"为"是实践过程，主体在这个过程中，一者得到很多，按老子的说法就是知识越来越多；一者则相反，是"减担"，"损之又损"，用《庄子·养生主》的话来说，是视之不以目而以"神会"，或《达生》所讲"用志不分，乃凝于神"，减去一切嗜欲之干扰，专心于"为道"，由此获得一精神自由境界。这境界是"与道为体"，和孔子"随心所欲不逾矩"类似。不过一者的内容是道德文教实践，一者则以"自然"为"矩"而已。

"道"乃范式、标准。每个行业、每个物品都有自己的完满至好的范式、标准；如能专心一致，无其他杂念干扰，做出来如行云流水，确是可以与"范式"、标准合一无间的。在此境界中，"随心所欲"都是最完满范

---

① 牟宗三：《中国哲学十九讲》，台北：学生书局，1983 年，第 97 页。
② 牟宗三：《中国哲学十九讲》，台北：学生书局，1983 年，第 107 页。

式的体现，这就是"得道"之自由精神境界了。

"境界"不可能是客观存在的。"境界"一定是主观的，与人的精神认知活动相关。可以有生活境界、美学境界等。当这样使用"境界"一词时，其内容是主、客的统一，既是主观的、主体的，又是客观的、客体的。

《庄子》中讲了另一种"体道""为道"的境界，就是颜回所讲"心斋""坐忘"。余英时先生《论天人之际》对此有详细讨论，可参看。余先生认为这是《老子》所谓"堕落"（38章）过程的逆反。[①] 颜回是要"独与天地精神往来"，"游于方之外"，与"离形去知，羽化登仙"之游仙思想相通。老子则时时不忘"吾言甚易知，甚易行"，是想要做教主式的人，与颜回之离世间而作方外游不同。两者不能等同。

六、哲学与科学及神学

罗素在他的《西方哲学史》中说，哲学是介于科学和神学之间的中间地带的学问。两者在"哲学家的体系中所占的比例如何，则各个哲学家大不相同"。[②] 事实上，中间地带的哲学有由科学那条路出来的，也有由神学那条路出来而接近神学的。

由科学出来而接近科学的是老子之本体论与自然观思想。接近神学思路的是儒家孔孟一系的哲学。

孔子极相信"天命"，说"五十而知天命"。"君子有三畏：畏天命，畏大人，畏圣人之言；小人不知天命而不畏也，狎大人，侮圣人之言。""文王既没，文不在兹乎？""天生德于予，桓魋其如予何？""天命"是孔子的真信仰，也是其人文价值之源与人文价值之所在。"天命玄鸟，降而生商。"这在他的内心留下了很深的印记。晚年时孔子感叹："凤鸟不至，河不出图，吾已矣乎。"他确是以"受命者"自期的。他讲人生的意义，最后总是落实在信仰而不在理性上，如报父母三年养育之恩、不忘本为仁，"杀身成仁"等。

孟子讲，人有两种性：一是告子所讲"生之谓性"，但这是人作为动物

---

① 余英时：《论天人之际》，北京：中华书局，2014年，第105页。
② ［英］罗素：《西方哲学史》，李约瑟、何兆武译，北京：商务印书馆，1986年，第3页。

所生而具有的；一是"四端之性"——仁义礼智之善性，这是人之为人之性，但这却只是君子才真正具有的。"人之异于禽兽者几希，庶民去之，君子存之。"庶民是和禽兽一类的。而"四端之性"是"天与之"。这里"天"是"天命"的意思，有人格神崇拜的背景。"天"与"善性"是本原性的，"心"是从属于"天"和"善性"的。孟子强调自己是"天民之先觉者"，"如欲平治天下，当今之世舍我其谁也?"他对"皇天无亲，惟德是辅"和"三代受命"的观念，深信不疑。"存心养性以事天""尽心知性以知天"是他的神圣信条。"诚者天之道，思诚者人之道""反身而诚，乐莫大焉""上下与天地同流""我善养吾浩然之气"等，这些充满了神秘主义思想的论说，比"学问之道无他，求其放心而已矣"具有更高的地位。唯其如此，孟子的政治思想是极端保守的。他的理想是恢复西周宗法制和井田制。孟子可谓一位贵族阶级的思想家，但孟子把"人"的尊严与地位极大地提高了。

至西汉，"人为贵"的孔孟一系思想，被董仲舒以自然宇宙运行之目的论思想加以论证，其神学背景更加突显。董的目的论哲学和亚里士多德的目的论思想是一类的。两者的背景都是对类似"上帝"的信仰。亚氏和董仲舒的不同，只是论证的逻辑性更显著，不以农业生态之宇宙自然观为背景，而以手工业、医师等技术产品之制造做类比而已。

以后到宋明理学，周敦颐的《太极图说》，融合《中庸》和汉人的天道阴阳五行图式，也是神秘主义类型的思想。"太极"并非元气，或无道德义的"共相"之"理"，而是"诚"的载体。由"太极"到人的出现，又由圣人"立人极"体现"诚"而复归于"太极"，贯穿着目的论精神。二程和朱熹以"心"为道德价值之源，但"心"并非个人所具的情感意识之心，实际上是"天心"。朱熹的《仁说》从"天地生物之心"讲"人得天地生物之心以为心"，讲"仁者心之德而爱之理"。其所谓"心"就是"天心"。这和康德讲的"善的意志"是一样的，都是神秘主义的天启道德观。陆象山讲"心即理"，但"理"是"天理"，是"人同此心，心同此理"之恒常如一之"心"和"理"。这种"心"，冯友兰先生名之为"宇宙心"。"理"乃道德之理。王阳明讲"致良知"，但"良知只是个天理"。"天理"即程颢所讲"天理"，本质是天赋道德之理，非种竹开矿、开方治病之理。良知之心亦是"天心"。这种"天心"亦称为"心体""本质"，它内具于人心，依人心而发用流行，却非人心。

老子之自然宇宙观是和孔孟这一系思想对立的。在反目的论的意义上，老子的宇宙自然论成为荀子之天道自然观和人性论的基础，亦成为其人文思想的立足点。以后到汉代有王充的元气自然论，魏晋有王弼的"天地以无为心"的自然哲学思想。

"易老思想同源"，这在老子书中有鲜明的表现，但儒家也讲《周易》，两者的《周易》观亦有道德目的论与自然论的不同，如"一阴一阳之谓道，继之者善也，成之者性也"。这命题道家作自然论式的解释，"善"是好的意思；但儒家作目的论道德论的解释，说"成性存存，道义之门"。

"一阴一阳"，两家都讲，但儒家强调阳刚，"乾知大始，坤作成物"，反映宗法制男性主导的背景；老子强调"玄牝"，尚阴尚柔，以原始的母性氏族社会为背景。

但老子思想同样与神秘主义的信仰有割不断的关系，一是表现在它与巫文化的联系；一是表现在"道"为"奥神"这样的原始宗教遗留，成为其博爱之宗教情怀的显现。"道者万物之奥"虽然近于神学；但既然以"道"名之，就脱离了原始或民间的神灵崇拜，而只是吸取了其内在的博爱精神。"名"之为"形而上"这一思想本身，归根结底也是与信仰有内在关系的。

七、老子的价值观

所谓价值观，概括起来，就是对真、善、美之价值的追求。

许多研究老子的著作认为老子不讲道德，视道德为对自然生命的束缚。老子反智，主张愚民。老子也不讲"美"。老子所崇拜的只是原始生命的自然。似乎老子是反对对真善美的追求的。这种看法是没有根据的，是错误的。

事实上，凡讲形而上的哲学，像柏拉图的"共相论"思想，一定是由追求"真"，追求什么是真理而达致的。这亦是讲"形而上"这种哲学的本质所在。老子对"常名"的肯定，就是对"真"或"真理"的肯定。否定"常"与"常名"，"真"就不存在了。如果一切都是流变无常的现象，那还有什么"真""真实"可以追求？老子正好是反对这种流变无常、因而无"真"可求的观点的。

老子提出，"知常曰明"，"不知知，病"，"能知古始，是谓道纪"。特别为这种知取名曰"明"，即非一般的"知"，而是近似《周髀算经》所谓"知地曰智""知天曰圣"的这种"知"。"明"指的是一种特别的认知能力。这种能力像X光的透视，能穿过现象直达本质、本源。时下把这种能力称为直悟、顿悟、彻悟、大悟，或称为"直觉"。柏拉图认为"知识"的本质是"回忆"（实即自我先验之知）。这以灵魂不死、灵肉两分的观点为基础。老子与之不同，但肯定"明"这种"非常之知"不是经由一般的认识程序所可达致的。老子讲"玄览"，"玄"者玄妙、玄奥，是带有神秘气息的。在追求"真"的价值这一点上，恐怕先秦诸子没有能超过老子的。

"善"的追求，通常以儒家为代表。孔子的思想公认是由追求"善"而达致的。老子有"智慧出，有大伪""绝圣弃知，民复孝慈"的话，又反对"礼"，故被认为是反道德的。但老子对"善"的追求是十分明确的。只是老子不以儒家的那种"天命观"讲道德价值，而以"道法自然"为基础讲道德价值，特别推崇"慈"，以之为"三宝"的首出。慈爱出于自然，乃是最富宗教性的道德，比儒家"仁"更具"善"的价值。

慈爱可以是一个家庭家族内部的，可以是对天下苍生的。佛教的不杀生，吃素，把这种爱扩及到了所有有生命之物。老子虽无这种思想，但普爱一切大众的思想是很鲜明的。他的"道"为"万物之奥"，"人无弃人，物无弃物"，"善者，吾善之；不善者，吾亦善之；德善。信者，吾信之；不信者，吾亦信之；德信。圣人在天下，歙歙焉，为天下浑其心，百姓皆注其耳目，圣人皆孩之"及"以德报怨"的思想，和耶稣传道，为一切人赎罪的观念是相似的。故老子在政治上站在最弱势的群体一边，为他们呼喊、抗议。他对五音、五色及田猎驰骋、服文采带利剑者的痛斥，都发自他的善心。"强梁者不得其死"，更把对权势欺压者的愤怒呐喊了出来。孟子说："为政不难，不得罪于巨室。""巨室"即世卿世禄制下的大氏族贵族——服文采带利剑者。老子则痛批之。

老子把劫富济贫、锄强扶弱提到了"天道"的高度，认为如拉弓一样，一定要把高者、富者拉下来，补偿给下者、不足者。《周易·损卦》强调"损上益下"，和老子思想类似。在人际关系上，这是先人后己，知足知止，力戒贪欲骄横。

"善"的最高境界是"天降甘露，民莫之令而自均"。"生而不有，为而不恃，长而不宰"，这可以比之为慈母之于爱子、高山之于流水、时雨之于草木、江海之于川流。"道"只为它们的自生自成提供条件和庇护。这真正是大公而普爱的崇高境界，也可谓"同天"的宗教境界。

社会理想上，"善"体现为"至德之世"的建立。"鱼相忘于江湖，人相忘于道术。"不只有仁义，且超乎仁义，行仁义而不知其为仁义。

老子注重"无为之益，不言之教"。孔子答子贡："天何言哉，四时行焉，百物生焉。"两者的精神都重在切实践履，将心比心，推己及人。老子之"不出户，知天道""以家观家，以乡观乡，以国观国，以天下观天下"精神和孔子仁恕之道有一致之处。

老子还特别重视自然生命的价值。曾子从"身体发肤受之父母，不敢损伤"，讲爱护身体的重要。这是孝的身体观。老子从身体自身、生命自身的价值肯定身体、自然生命的贵重。养生和治国的原则相通。

老子和孔子都指示了一种智慧的人生。孔子赞赏"曲肱而枕之，乐亦在其中矣"。"富而可求，虽执鞭之士吾亦为之。如不可求，从吾所好。"老子则谓："知足者富。""知足不辱，知止不殆。""祸莫大于不知足，咎莫大于欲得。故知足之足，常足矣。""知足"是极高的智慧，有内在的"足"、外在的"足"，物质或精神的"足"。老子讲的"足"，消极方面是防止贪欲；积极方面是足于"自然""自得"——个人精神的内在满足和自由。此境界是真善美的统一。

老子提倡强毅坚韧、独立不惧、不与世俗同流合污的人格，也是真善美的统一。

老子反对统治者的"五音""五色"等的享受，但这不是反对"美"本身。相反，老子指出了美的艺术理想，所谓"大音希声，大象无形""大器晚成",为中国艺术理论与实践指明了要义。

"大音希声",是说最美的音乐是无声之音,也即充满生命节律,生命力在其中充盈、流动的音乐,以至于在听这种音乐时感觉到的不是"音符",而是内心的生命呼唤,所谓"此时无声胜有声"。欧阳修说:"无为道士三尺琴,中有万古无穷音。音如石上泻流水,流之不竭由源深。辨最在指声在意,听不以耳而以心;心意既得形骸忘,不觉天地白日愁云阴。"(《欧阳文忠公文集》卷四《赠无为军李道士两首》)这可视为"大音希声"的一种说明。

"大象无形",用之于书法、绘画艺术,是说最美的书法和绘画等,其美不在种种笔法与结构这种有形的东西,而在充盈于其中的生命节律、心灵呼唤,所谓"无状之状,无象之象"。王微《叙画》说:"古人之作画也,非以案城域,辨方州,标镇阜,划浸流。本乎形者融,灵而变动者心也。灵无所见,故所托不动,目有所极,故所见不周。于是乎以一管之笔拟太虚之体,以判躯之状尽寸眸之明。"宗白华先生解释说:"王微根本反对绘画是写实和实用的。绘画是托不动的形象以显现那灵而变动(无所见)的心。绘画不是面对实景,画出一角的视野(目有所极故所见不周),而是以一管之笔,拟太虚之体。那无穷的空间和充塞这空间的生命(道),是绘画的真正对象和境界。"① 王微是六朝南宋人,当时正是《老子》流行的时代,他的画论可谓老子美学思想的发挥或老子思想的美学应用。

老子提倡自然节律,提倡多姿多彩的个性,反对对美善标准的强行统一。29 章"取天下常以无事,及其有事,不足以取天下",讲的是不强为、不违反自然节律和心灵自由而任意妄为。"物或行或随;或嘘或吹;或强或羸;或挫或隳。"所谓"有性格的作品才是最美的"。② 宋黄休复说:"画之于人,各有本性,笔精墨妙,不知所然。若投刃于解牛,类运斤于斫鼻。自心付手,曲尽玄微,故目之曰妙格尔。"③ "妙格"即最上乘的有个性的

---

① 宗白华:《中西书法所表现的空间意识》,《美学与意境》,北京:人民出版社,1987 年,第 169 页。
② [法]奥古斯特·罗丹:《罗丹艺术论》,葛赛尔记、沈琪译,吴作人校,北京:人民美术出版社,1978 年,第 25 页。
③ 北京大学哲学系美学教研室编:《中国美学史资料选编》(下),北京:中华书局,1980 年,第 1 页。

艺术。

　　艺术表现人的精神、心灵，这并非中国所独有。西方也是如此。中国的绘画起于文字书法，线条千变万化，有如代数。古希腊则以雕塑为代表，绘画乃雕塑之搬用于纸上，方法是几何学之立体透视。但两者都是表现人的内心和精神的。这在音乐上尤为明显。无论中国还是西方，音乐都是艺术心灵的最抽象、最玄妙的表现。西周以降，《雅》《颂》和《十五国风》就各有精神特点。季札到鲁观乐，听诗的乐曲，有一系列政治性和艺术性的评价。孔子在齐闻韶，"三月不知肉味"。音乐之迷人，中西方是一样的。故不要认为唯中国之绘画和书法等艺术是心灵自由的体现，而西方则不是。罗丹说："在我们看来，线条和色调不是别的，是内在真实的标志……当我们后来表现这些轮廓时，便会用内涵的精神来丰富轮廓本身。"[①] "真正的艺术是忽视艺术的。"[②] 这和"大象无形"是一样的表述方式。"希望你们领悟到，一切生命皆从一个中心上迸生出来，然后由内到外，滋长发芽，灿烂开花。同样，在美好的雕刻中，人们常常猜得出是有一种强烈的内在冲动。这就是古代艺术的秘密。"[③] 中国的山水画是魏晋后产生的。汉画像石及人物画、韩滉的《五牛图》等以人和动物为主，虽不是立体透视，但与山水画之空间意识显然不同，并非纯心灵自由之表现。

　　要之，老子之价值观和儒家是异中有同，虽对立而又互补的。比较起来，老子真善美之精神追求，境界比儒家更高。

八、辩证法思想的特色

　　辩证法是客观存在的事物发展规律，同时是一种思维规律、思维方式。"这物在这里"，如果是一个正命题，反命题就是"这物不在这里"。两个命题都是事实陈述，不构成矛盾，与辩证法没有关系。如果提出"这物既在

[①] [法] 奥古斯特·罗丹：《罗丹艺术论》，葛赛尔记、沈琪译，吴作人校，北京：人民美术出版社，1978年，第97页。
[②] [法] 奥古斯特·罗丹：《罗丹艺术论》，葛赛尔记、沈琪译，吴作人校，北京：人民美术出版社，1978年，第5页。
[③] [法] 奥古斯特·罗丹：《罗丹艺术论》，葛赛尔记、沈琪译，吴作人校，北京：人民美术出版社，1978年，第5页。

这里又不在这里"，这命题就是前两者的综合和统一，是一个辩证法的命题。韩非认为，一个人说"我的矛无坚不克"，这是可以成立的。一个人说"我的盾无攻可克"，这也是可以成立的。但既卖矛又卖盾的人说"我的矛无坚不克，我的盾无攻可克"，这就构成了自语相违的矛盾。这种矛盾是形式逻辑不容许的；但客观上有"既在又不在"这种矛盾的统一，有既坚不可摧又无攻可克、集两者于一身的武器。"光"既是波，又是直线。空间既是连续的，又是不连续的。对立的东西结成了统一，成为统一中的对立，这是普遍存在的情况。观察到这种情况，并认识到正是这种矛盾的统一是事物发展的内在动力，这是辩证法思想的内核。

古希腊哲学有很多辩证法思想的表述，如赫拉克利特说："相反的东西结合在一起，不同的音调造成最美的和谐。"① "自然也追求对立的东西，它是用对立的东西制造出和谐，而不是相同的东西。例如将雌雄相配，而不是将雌配雌，将雄配雄；联合相反的东西造成协调，而不是联合一致的东西。""善与恶是一回事"，"上坡路和下坡路是同一条路"，"如果没有不义，人们也就不知道正义的名字"。② 我国民间说："不是冤家不聚头。""魔高一尺，道高一丈"，这都是很符合辩证法的话语。但古希腊的辩证法思想是零碎的、不系统的，尚处于朴素的阶段。中国古代，很早就有像《周易》这样表现辩证智慧的著作。史伯论"和同"，辩证法的水平很高。《孙子兵法》以辩证思维讲战争，堪称辩证法的杰作。老子继承和发扬了这一优秀传统，把辩证法思想贯彻到了全书，系统而全面，彰显辩证法思想的光彩，成为我国极宝贵的哲学思想财富。

概括起来，老子的辩证法思想有四个特点：

1. 以高度概括的形式出现，如"万物负阴而抱阳，冲气以为和""反者道之动""天下万物生于有，有生于无"等。"反者道之动"尤为概括。"反"指"对立面的统一"，对立面的斗争，由于斗争而向自己的反面转化。这种概括和马克思主义对辩证法思想的概括几乎是一样的。列宁说："统一

---

① 北京大学哲学系外国哲学史教研室编：《西方哲学原著选读》，北京：商务印书馆，1981年，第23页。

② 北京大学哲学系外国哲学史教研室编：《西方哲学原著选读》，北京：商务印书馆，1981年，第24页。

物之分为两个部分以及对它的矛盾着的部分的认识……是辩证法的实质。""把主要的注意力放在认识事物自己运动的源泉上,从而提供理解'飞跃'、'渐进过程的中断'、'向对立面的转化'、旧东西的消灭和新东西的产生的钥匙。"① 老子正是这样。阴阳、有无都是具最高普遍性的范畴,而"道"则是所有"物"与"事物"的本体。"道"的本性及运动发展规律也就是一切"物"与"事物"的运动发展规律。故辩证法之为普遍规律得到了明确的陈述。

2. 强调"斗争"是对立面转化的动力。"斗争"并非指军事上你死我活的激烈形式的搏斗,或人为制造的"斗争",而是哲学概念,包括由差异形成的不协调、不一致。如穿新鞋不舒服,穿一穿,磨合磨合就好了(和谐、和)。"磨合"就是"斗争"。走路是靠克服摩擦阻力实现的。镜面光滑,没有摩擦阻力,人无法前行;但有了阻力,不加克服,也不能前行。这是生动的由矛盾斗争而运动发展的例子。摩擦生热、生电,钻木取火,都是统一物由矛盾斗争而产生新事物的例证。史伯论"和同",说"和实生物,同则不继"。"和"是多样性的统一。用之于奏乐是极好的乐曲。用之于做菜,是美味佳肴。他给"和"下的定义是:"以他平他谓之和。""平"有平衡、磨平、碾平、调平、压平、抚平等内涵,这种种"平"就是辩证法讲的"斗争"。老子继承和发扬了这一思想传统。42 章"冲气以为和",冲击、冲撞、对冲、冲洗、冲刷,都是"冲"的内涵;民间还流行"冲喜"这种辩证法味道十足的用语和习俗。贾家要贾宝玉和薛宝钗成婚,理由就是"冲喜"。《诗经·大雅·皇矣》:"与尔临冲。"《左传·定公八年》:"主人焚冲。"《淮南子·泛论》:"隆冲以攻。"冲车乃古兵车名,用以冲城攻坚。"冲气以为和"或"交通成和而万物生焉"。"和"并非"一团和气"所成,而是电闪雷鸣。《月令》谓:"仲春之月,日夜分(春分,阴阳平衡)雷乃发声,始蛰,蛰虫咸动。"《说文》谓:"雷,阴阳相薄。"现代科学的说法,是积雨云中的正负电子对冲以"中和"。老子讲的"和"是"冲气"的结果。

老子崇拜"玄牝",以之为"天地根"。"玄牡"自然是与之相伴的。

---

①[俄]列宁:《谈谈辩证法问题》,北京:人民出版社,1975 年。

这讲的是"生殖",其过程是精子(阳)和卵子(阴)的对冲。成群的精子奋力前冲,破壁而入者与卵子融合,产生"三"——新的生命。

"道冲而用之或不盈。"这个"冲"和"冲气以为和"是一样的意思,不是静态的"虚"与"不争"。"曲则全,枉则直,少则得,多则惑",都是在"冲"与"争"的精神下完成的。

魏源说《老子》是一部兵书,这是有道理的。老子的辩证法贯穿着"有若无,实若虚",以不争为争,不战而屈人之兵的精神。《孙子兵法》是其思想的直接来源,老子把它提高为普遍的辩证法思想。辩证法强调事物的自身运动,原因在于它包含着矛盾斗争于自身。老子辩证法正是如此。

3. 在"有无"关系中强调"无"的作用,也即人的精神力量、人的能动性的作用。"有之以为利"的"有"是实有、实存物。"无之以为用"的"无"就是人的精神力量和智慧,因其无形无象而被称为"无"。今天讲科技是第一生产力,指的是科技成品后面的"科技思想"(无)。万众创新,首先要有新的科技思想、科技概念的创新。工厂的生产线是"有",支配它的科技思想是"无"。

4. 强调实践性。老子的辩证法思想是实践的辩证法,不是纯知识、纯理论型的辩证法。"实践高于理论,因为它不仅有普遍性的品格,而且有直接现实性的品格。"它既来自实践,是实践经验的总结,又反过来指导实践。老子讲的许多辩证法命题,都和养生、治国、修身等相联系,实践性很强。

马克思曾以生产和消费为例,指出辩证法包含如下三个方面:(1)直接的同一性:生产是消费,消费是生产;(2)每一方表现为对方的手段,以对方为媒介,这表现为它们的相互依存,没有生产就没有消费,没有消费就没有生产;(3)两者的每一方当自己实现时也就创造对方,把自己当作对方创造出来。①庞朴先生参照这一说法,将老子辩证法分为三组陈述式:(1)"有无相生,难易相成,长短相形,高下相倾,音声相和,前后相随。"(2)"曲则全,枉则直,洼则盈,敝则新,少则得,多则惑。"(3)"明道若昧,进道若退,夷道若类,上德若不足,大白若辱。"第1组指

---

① 参见[德]马克思:《导言》,《马克思恩格斯全集》第12卷。

"以对方为媒介""相互依存"。第 2 组的"则"联系着原因和结果,"当自己实现时,也就创造对方",即相互转化。第 3 组的"若",义为如同、好像,也即相互即是。"大方无隅"等于"大方若圆","大音希声"等于"大音若喑","知者不言"等于"大辩若讷"。① 这种三分法忽略了老子辩证法的实践性。第 1 组的"难易",离开实践,什么也不是。第 2 组中的"转化"更与人的实践相连。"枉"指受委屈,或"退一步海阔天空"。"少则得,多则惑"是讲"满招损,谦受益"的道理。第 3 组的"若"与"直接的同一"完全不同。大白、大方、大音之"大"即老子"道曰大"的"大"。"大方"即"方"的样式、"方"的定义。它当然无隅。"大音"即音的样式、音的定义,它当然希声。"大器"即"器"的样式或定义,它不须"作成",故帛书《老子》写为"大器免成"。如果有"成",成于此,是此器,就不能成于彼,是彼器。庞朴先生忽略了这点。

立足于实践,用辩证法指导实践,老子强调"天下皆知美之为美,斯恶矣;皆知善之为善,斯不善矣""取天下者常以无事""善战者不武""不敢为天下先""外其身而身存""既以为人,己愈有;既以与人,己愈多"等,为我们留下了惊人的辩证智慧。

可以说,辩证法是老子思想的灵魂。

九、 老子哲学与巫文化关系的进一步分析

以孔子、老子为代表,先秦诸子代表了中国古代思想发展的一个全新的时代。这个时代,与古希腊哲学等产生时代相当,都在公元前 5 世纪前后,学界称之为"轴心时代"。这说法表明,人类思想发展确有其共同性。何以如此同时出现?原因则很难说明,有待研究。

"轴心时代"以前,学者称为巫文化时期。余英时先生的《论天人之际》,专门研究了古希腊和中国从巫文化到"轴心时代"的突破和发展,给我们很多启发。张光直先生的《商代的巫与巫术》,为研究商代巫文化奠定了考古学方面的史料基础。研究老子思想与巫文化的关系,本书即以这两

---

① 庞朴:《一分为三论》,上海:上海古籍出版社,2003 年,第 6—7 页。

本论著为参照。

商以前，巫文化实际上已经存在了很长时间。半坡遗址距今六千年，出土了人面鱼纹图案，我认为它不是图腾，是巫文化。人面就是巫师，鱼为巫术的道具。半坡以后，巫术、占卜等在各地考古中都有发现。故巫文化在我国有悠久的历史。

《国语·楚语下》记观射父的一段话，概述了古代巫文化之历史与内容。

前515—前489年在位的楚昭王读《吕刑》，问大夫观射父"绝地天通"是什么意思，观射父回答说：

> 古者民神不杂。民之精爽不携贰者，而又能齐肃衷正，其智能上下比义，其圣能光远宣朗，其明能光照之，其聪能听彻之，如是则明神降之，在男曰"觋"，在女曰"巫"。……（删节的是关于"祝""宗""五官"的帮助）及少皞之衰也，九黎乱德，民神杂糅，不可方物。夫人作享，家为巫史，无有要质，民匮于祀，而不知其福，烝享无度，民神同位。民渎齐盟，无有威严，神狎民则，不蠲其为，嘉生不降，无物以享，祸灾存臻，莫尽其气。颛顼受之，乃命南正重司天以属神，命火正黎司地以属民，使复旧常，无相侵渎，是谓绝地天通……（《国语·楚语下》）

余英时先生在《论天人之际》中讨论了这段话。《周礼·春官·宗伯》有《司巫》："国有大灾（灾），则帅群巫而造巫恒。"余先生认为，这里杜子春与郑玄的解读不同，但有一共同之点，即以"巫恒"为巫社群的一个经常聚会或活动场所。依郑说，"恒，久也。巫久者，先巫之故事；造之，当案视所施为"。孙诒让补充说："巫官之属，即男巫、女巫、神士之属；会聚常处，谓巫官常所居之官舍，会聚其处，以待祷祈之命也。"断言"巫恒"即"巫官常所居之宫舍"。"巫官"的职务严格局略"事神之事"，即与神、鬼沟通。余先生认为："正是这一世代相传的巫社群，通过礼的系统，在'绝地天通'的严格限定下，长期承担了'天人合一'的特殊任务……一直延续到轴心突破的前夕。"[1]

---

[1] 余英时：《论天人之际》，北京：中华书局，2014年，第158页。

张光直先生把观射父的话和商代的巫术及"规""矩"直接联系起来，认为两者乃"巫"通天与地所用的法器。"天圆地方"，从良渚"玉琮"就可看到这观念。"玉琮"也是巫通天地的法器。巫的重要职能就是通过"降神"去询问、请示，带回天意。"规矩"是巫通神的法器。但它还具有知识的意义。张先生说：

> 如果金文的巨字是个象形字，那么古代的矩便是工形，用工字形的矩可以环之以为圆、合之以为方。（东汉墓葬中壁画常有伏羲、女娲，有的一持规，一持矩，规作圆规形，画圆，矩作曲尺形，画方，这可能表示规矩在汉代以后的分化，而《周髀算经》时代，圆方都是工字形的矩所画的。）如果这个解释能够成立，那么商周时代巫是数学家，也就是当时最重要的知识分子，能知天知地，是智者，也是圣者。（巫之为算学家，又见《山海经·海外东经》："帝命竖亥……竖亥右手把算［算］，左手指青丘北。"）既然巫是智者圣者，巫便应当是有通天通地本事的统治者的通称。巫咸、巫贤、巫彭固然是巫，殷商王室的人可能都是巫，至少都有巫的本事。①

这段解读很有启发意义，但忽略了中国古代更大的国情，对观射父的论述未能扣住这国情，故释知识分子为数学家。

中国自古以农立国，"禹稷耕稼而有天下"。商代卜辞中农业"受年"亦很重要。故观测天文、制定历法以指导农业生产是"王"最重要的职责。"巫"正是这一领域的专家，故与其说他们是大数学家，不如说是最大的天文学家、历法学家。商代曾制定出阴阳合历，知道使用闰月以调剂岁差，也确是极重大的科学贡献。"规"和"矩"正是天文观测的工具，而非仅仅通神的工具。

古代观天象定四时的工具是日晷，立一直木，冬至正午日影最长，影和立木正是一个90°角的"矩"。从日出到日落，日影正好画了一个半圆，起了"规"的作用，所谓"环视以为圆也"。这一点是张先生所忽略了的。故只泛泛地从数学上讲"矩"，而巫的这天文历算的方面，正是老子继承并发展了的。

---

① 张光直：《中国青铜时代》，北京：生活·读书·新知三联书店，1999年，第257页。

《尧典》晚出，但有史影，这史影正是观射父上面那段话，它说："乃命羲和，钦若昊天；历象日月星辰，敬授人时。"《史记·历书》说："黄帝考定星历，建立五行，起消息，正闰余，于是有天地神祇物类之官，是谓五官。各司其序，不相乱也。民是以能有信，神是以能有明德。民神异业，敬而不渎，故神降之嘉生，民以物享，灾祸不生，所求不匮。"又说："尧复遂重黎之后，不忘旧者，使复典之，立羲和之官，明时正度，则阴阳调，风雨节，茂气生，民无夭疫。年耆禅舜，申戒文祖，云：'天之历数在尔躬。'舜亦以命禹。由是观之，王者所重也。"司马迁说："昔在颛顼，命南正重以司天，北正黎以司地。唐虞之际，绍重黎之后，使复典之，至于夏商，故重黎氏世序天地。"(《史记·太史公自序》)"序天地"，即使天地有序，也即是使时历有序。司马迁自述他的家世即出于重黎氏，故"世典周史"，也即担负观天文作时历的任务。秦时，司马喜生谈，谈为太史令。"太史公既掌天官，不治民，有子曰迁。"司马谈"学天官于唐都，学《易》于杨何，习道论于黄子"典型地表现了"巫史"的专业身份。《史记·天官书》："昔之传天数者，高辛之前，重、黎；于唐、虞，羲、和；有夏，昆吾；殷商，巫咸；周室，史佚、苌弘；于宋，子韦；郑则裨灶；在齐，甘公；楚，唐昧；赵，尹皋；魏，石申。"司马谈学于唐都。司马迁在武帝时参与修历，父子俩属于这一系统。老子是史官，亦属于司马迁所讲星历这一系类。老子书中"式""栻"具有极重要地位，其根源和秘密正是在这里。

时历对农业生产的重要性，非古希腊之以工商立国所可比。在中国，颁布"正朔"乃是天子的职责与特权，亦是其统治神圣化的根据。《左传·襄公六年》："闰月不告朔，非礼也。闰以正时，时以作事，事以厚生，生民之道，于是乎在矣。不告闰朔，弃时政也，何以为民？"明乎此，就知道孔子为何那样重视这礼仪中"饩羊"之重要而不赞成去掉了。也可明白，自《尧典》到司马迁，为何都从制定时历去解释观射父那段话了。

理解了这一点，观射父的那段论述也可得到更好的理解。所谓"家为巫史"是指没有统一的较准确的时历，何时种植，何时过年过节，"家"自为说。（我年少时在农村，还看到何时育秧、何时种豆等，农民都要请问有经验的老农）各族群、各邦、各乡、各党都有自己的老农式的巫史。"不可方物"指不会准确地定时令时节。直到帝尧设立"司天衙门"，有专职的巫史星历颁定时历，敬授民时，这一问题才真正得到解决。不知这一点，而将"家为巫史"到"绝地天通"解为宗教革命或纯粹通神灵之巫术，是片面的。

古代与农业生产居同等重要地位的还有人自身的生产，即繁衍人口。人口是重要的生产力。族群的安危也常与人口的多少有密切关系。重视生殖，崇拜生殖力，是古代巫术的重要方面。张先生所讲巫师通天之法器之"山""木""鸟""人兽变换""男女合体"等，都可从"生殖"方面理解。

故桑林、穷桑等与"桑"相关的名词，与其从"圣地"去理解，不如从生殖方面理解。古代的"高禖祭""祷于桑林之社"都是祈求生殖的。老子书的另一耀眼的线索与亮点："谷神不死，是谓玄牝，玄牝之门，是谓天地根。"其古老的文化根源之一就是巫关于生殖的法术。老子不过是把它理性化了而已。

南阳岩画生动地体现出古代的生殖崇拜，山上巨石伴有多个女阴石雕。南阳柞蚕区域出现大量石雕蚕图腾。这为桑林做了注脚。桑林是与蚕之生殖崇拜相联系的。

（原载于《中国文化》2021年春季号）

从周敦颐到王阳明

一、宋明理学的开宗

《宋元学案》卷十一《濂溪学案上》载黄百家案语说:"孔孟而后,汉儒止有传经之学。性道微言之绝久矣。元公崛起,二程嗣之,又复横渠诸大儒辈出,圣学大昌。故安定、徂徕卓乎有儒者之矩范,然仅可谓有开之必先。若论阐发心性义理之精微,端数元公之破暗也。"冯友兰先生说:"在《伊洛渊源录》中,他第一个提出的是周敦颐,给人们一种印象,认为周敦颐是道学的创立者,这是一种误会。朱熹的书名是《伊洛渊源录》,可见他的重点是'伊洛',即二程。况且他还明确地说:'以至于老佛之徒出,则弥近理而大乱真矣。然而尚幸此书之不泯,故程夫子兄弟者出,得有所考虑以续夫千载不传之绪,得有所据,以斥夫二家似是之非。盖子思之功,于是为大,而微程夫子,则亦莫能因其说而得其心也。'他对于二程,尊称为'子程子',他对于别人,都没有这种称谓。"[①] 但实际上,朱熹早已提出"宋兴,有濂溪先生者作,然后天理明而道学之传复续。"在《太极图解序》中张栻指出:"(二程)先生道学之传,发于濂溪周子,而《太极图》乃濂溪自得之妙,盖以手授二程先生者。……道学之传实在乎此。"其《太极图解后序》谓:"二程先生虽不及此图,然其说固多本之矣……"在《通书后跋》中又说:"嗟乎!自圣学不明……惟先生生乎千有余载之后,超然独得夫《大易》之传,所谓《太极图》,乃其纲领也。"(乾道庚寅闰月谨题。《南轩集》卷三三)在乾道五年所作《周子太极通书后序》中,朱熹说:

[①] 冯友兰:《中国哲学史新编》(下),北京:人民出版社,1999年,第59页。

"盖先生之学，其妙始具于太极一图。《通书》之言皆发此图之蕴。而程先生兄弟语及性命之际，亦未尝不因其说。观《通书》之诚、动静、理、性命等章及程氏书之《李仲通铭》《程邵公志》《颜子好学论》等篇，则可见矣。"（《朱子文集》卷七十五）在《太极图说解》中又总结说："大哉《易》也，斯其至矣！《易》之为书，广大悉备，然语其至极，则此图尽之，其指岂不深哉！抑尝闻之程子昆弟之学于周子也，周子手书是图以授之。程子之言性与天道，多出于此。"周是否以《太极图》及《通书》口授二程，朱、张的口气虽含糊，但从义理而言，则肯定二程"言性与天道，多出于此"。故手授二程之说，"虽非二程所明言"，却乃"理之所已然"。

胡宏《通书序略》亦有类似言论。（《周敦颐集》附录二）祁宽《通书后跋》谓："《通书》即其所著也。始出于程门侯师圣，传之荆门高元举、朱子发。宽初得于高，后得于朱。又后得和靖尹先生所藏，亦云得之程氏。今之传者是也。"（《周敦颐集》附录二）晁公武《郡斋读书志》卷十，子类儒家类："《周子通书》一卷，右皇朝周敦颐茂叔撰。茂叔师事鹤林寺僧寿涯，以其学传二程，遂大显于世。此其所著书也。"周之著作由二程及程门传播，当是事实。

二程是周的学生，以"天理"作为哲学核心，谓"天理两字是自家体贴出来"。从哪里体贴出来？即从周子处体贴出来。程颢自言："昔受学于周茂叔，每令寻颜子、仲尼乐处，所乐何事。""自再见周茂叔后，吟风弄月以归，有'吾与点也'之意。""周茂叔窗前草不除去，问之，云：'与自家意思一般。'"。又曰："周茂叔谓荀子元不识诚。伯淳曰：'既诚矣，心焉用养邪！荀子不知诚。'"伊川作《明道先生行状》，谓："先生自十五六时，闻汝南周茂叔论道，遂厌弃科举之业，慨然有求道之志。"河间刘立之叙述明道事，谓："先生从汝南周敦颐问学，穷性命之理，率性会道，体道成德，出入孔孟，从容不勉。"程颢《仁说》突出"仁者与万物为一体"（茂叔"窗前草不除去"之意），突出"诚敬"之重要，谓"人之学，当以大人为标垛。然上面更有化尔。人当学颜子之学"。（《二程集》，《河南程氏遗书》卷第十二，戌冬见伯淳先生洛中所闻）其《程邵公墓志》谓："夫动静者阴阳之本，况五气交运，则益参差不齐矣。赋生之类，宜其杂揉者众，而精一者间或值焉。以其间值之难，则其数或不能长，亦宜矣。"（《河南程氏文集》卷第四，《二程集》第二册）《李寺丞墓志铭》谓："二气交运兮，五行顺施；刚柔杂揉兮，美恶不齐。"（《河南程氏文集》卷第四，《二程集》第二册）皆本于《太极图说》。程颐《颜子所好何学论》乃直接受周教诲所作。程颐论乾坤动静，谓"动静无端，阴阳无始"；"不专一，则不能直遂；不翕聚，则不能发散"。论仁，谓"公而以人体之谓仁"（《通书·公明第二十》："公于己者公于人，未有不公于己而能公于人也"）。两兄弟的思想确可以说是出于周敦颐之所传。周既以"道"教授二程，其内容当然不外乎《太极图说》与《通书》之思想。

二、周敦颐思想的特点与优势

在儒学经典"五经"中，《易》是天道之原，是哲学典籍；"四书"中，《中庸》是集中讲"心性之学"的著作。而周敦颐即是首以《中庸》思想解释或诠释《易传》，使两者内在融合而建立起一完整的哲学思想体系的思想家。

周的著作与思想具有两大特点与优势：

1. 《太极图》《太极图说》形象地揭示了宇宙天道阴阳五行的运行与生化系统，为儒学的天道、宇宙观建立了坚实可靠的基础；比之张载的《正蒙》，它更为完整且具有鲜明的承前启后的性质，很符合"系统化"的要求。有如族谱、家谱，一代一代，传人与祖产及业迹有案可据。由《易传》而至汉易、而至周之《太极图说》，谱系明确而完整。《周易》在"五经"中一直被认为是论述天人之道的哲学著作，周的《太极图说》，提纲挈领，对之做一新的哲学概括，是一卓越的建树。

2. 《易通》是通释《易传》的，有如《系辞》，但周以《中庸》为指导，开以《中庸》心性思想释《易》之前驱先路。《中庸》谓："诚者，天之道也；诚之者，人之道也。诚则明，明则诚。"天道人道合而为一。《通书》以"诚"为中心，谓："诚，无为；几，善恶。""大哉《易》也，诚之源乎。"道家讲无为，乃自然如此之意，周则予之以道德价值的含义，既有真实无妄、自然实在、自然如此之义，又具有"真诚""诚心诚意""诚实""永恒专一"之义，成为"实然"与"应然"的合一。在《通书·诚上第一》中，周说："乾道变化，各正性命，诚斯立焉，纯粹至善者也。元、亨，诚之通；利、贞，诚之复。大哉《易》也，性命之源乎！"在《通书·圣第四》中，周说："寂然不动者，诚也；感而遂通者，神也；动而未形，有无之间者几也。诚精故明，神应故妙，几微故幽。诚、神、几，曰圣人。圣人之道，仁义中正而已矣。"《通书·诚下第二》谓："圣，诚而已矣。诚，五常之本、百行之源也。静无而动有，至正而明达也。五常百行，非诚，非也，邪暗塞也。故诚则无事矣。"天道之"诚"体现为圣人之"诚"与心性之"未发"。确如张栻、朱熹所论，开两宋性命、心性之学的先河。

《通书·动静第十六》说："动而无静，静而无动，物也。动而无动，静而无静，神也。动而无动，静而无静，非不动不静也。物则不通，神妙万物。""水阴根阳，火阳根阴。五行阴阳，阴阳太极。四时运行，万物终始。混兮辟兮，其无穷兮。""二气五行，化生万物。五殊二实，二本则一。是一实万分。万一各正，大小有定。"（《通书·理性命第二十二》）按这些话的意思，太极有如"天地一元之气"绕圆周终而复始、以波浪状运行，浪高处为动为阳，低处为静为阴。"五行"则是圆周上之方位与时序。董仲舒说："天地之气，合而为一，分为阴阳，判为四时，列为五行。"（《春秋繁露·五行相生》）"阴阳虽异，而所资一气也。阳用事，则此气为阳；阴用事，则此气为阴。阴阳之时虽异，而二体常存。犹如一鼎水，而未加火，纯阴也；加火极热，纯阳也。纯阳则无阴，息火水寒，则更阴矣；纯阴则无阳，加火水热，则更阳矣。"（《董子文集·雨雹对》）《太极图》即表现这一思想。"五气顺布，四时行焉"，即东方为木为春，南方为火为夏，西方为金为秋，北方为水为冬，中为空虚为土。图之曲线所示，即由春、木、东而夏、火、南，而秋、金、西，而冬、水、北，经土而复至春、木、东。一气运行于其中，所谓"五殊二实，二本则一"，故"五气"不可机械地以为阴阳真分而为五种"气"。亦如董仲舒讲"仁，天心"，讲"五行"木为春、为阳、为仁等一样，周认为太极之运行亦非仅仅自然、实然之现象，而乃体现"诚"——道德价值之支配与导向，故"五行各一其性"，所指即仁义礼智信之性，非金、木等自然物理之性。"乾道成男，坤道成女"，化生万物，并以"人"之出现——圣人定之以中正仁义、"立人极"而完成。"诚"就圣人言是其精神境界，亦是人伦道德之理——即仁义礼智信之五常之性理的体现，所谓"德：爱曰仁，宜曰义，理曰礼，通曰智，守曰信。性焉安焉之谓圣。复焉执焉之谓贤。发微不可见、充周不可穷之谓神"。(《通书·诚几德第三》)

二程讲："阴阳无始，动静无端。"无始、无端已指明《太极图说》所讲"太极动而生阳，静而生阴"，不是时间概念。阴阳不是由"无"产生的。凡由"无"产生的东西，就有时间的起点，如"宇宙大爆炸"学说认为宇宙至今的年龄是130多亿年。"无极而太极"不是由"无"产生"太极"，由"太极"产生阴阳；意思是说"太极"是无所谓"极"的。它自本自根，自古以固存，用图表示即是循环往复不停不息的天地之气运行之圆周。阴和阳也不是各有自来的两体两气，而只是一气运动形成不同的状态。有如朱熹所说："阴阳只是一气，阳之退便是阴之生。不是阳过了，又别有个阴生。""阳气只是六层（六爻），只管上去，上尽后下面空缺处便是阴。"(《朱子语类》卷六十五) 犹如钱塘江的潮水，高潮后面便是低潮。高潮是阳，低潮是阴。钱塘江的高潮、低潮是月球的引力造成的。阴阳的高潮、低潮如冬至、夏至以及春分、秋分形成四季，汉人认为是由"五行"在圆周的东、南、西、北、中的排列位置决定的，所谓木位于东方，助少阳之长也，等等。

周的《太极图说》与《通书》为二程及整个宋明理学奠定了天道观与心性观的基础。

三、由朱熹到王阳明

《太极图说》之"无极而太极"，朱熹释为"太极，理也"，"无形而有理"。"理"之所指即"诚",即道德价值之理,非客观自然物理。"五殊二实,二本则一",朱解"一"为"太极",谓"人人有一太极,物物有一太极。"而"太极只是极好至善的道理"或"理之极至",乃"道德价值之理",如"为君止于仁,当人臣止于义,为人父止于慈,为人子止于孝"等。朱又以"太极"为"天地生物之心",谓:"要识仁之意思,只是一个浑然温和之气,其理则天地生物之心。"(《朱子语类》卷六)"心,生道也……天地生物之心,是仁。人之禀赋接得此天地之心,方能有生,故恻隐之心在人亦为生道也。"(《朱子语类》卷九十五)"须知所谓纯粹至善者,便指生物之心,方有著实处也。"(《朱子文集》卷四十七《答吕子约》)"天地之帅,则天地之心,而理在其中也。"(《朱子语类》卷六十八)其《仁说》以天地生物之心具元亨利贞四德;"人得天地生物之心以为心"而具仁义礼智四德。"理"与"心"是打通为一的。所以如此,即因朱依据《太极图说》,将所讲"理"定义为"性理"、仁义道德价值之理、应然之理。朱晚年谓:"盖原此理之所自来,虽极微妙,然其实,只是人心之中许多合当作底道理而已。"因其生而即具,先于经验而有,"非人力之所能为,故曰'无极',故曰'天命'尔"。(《答廖子晦》第十八书,《朱子文集》卷四十五)"无极太极"即心之道德价值应然之理,这里讲得更直切明白。

朱熹接续周敦颐及二程,其思想实质乃心学思想。

学界以朱熹为理学——心外求理之学,与陆象山与王阳明为心学相对立,这是对朱熹的大误解。实际上,王阳明"心学"的基本思想、基本理论论述都是直接取自朱熹的。兹举三例:

1. 三十九岁的"龙场悟道"。

王说:"及在夷中三年,颇见得此中意思,乃知天下之物本无可格者,其格物之功,只在己身心上做,决然以圣人为人人可到,便自有担当了。"(《传习录》下)"圣人之道吾性自足"。王之所悟是"性即理"。程颐说:"自性而行皆善也。圣人因其善也,则为仁义礼智信以名之。以其施之不同也,故分为五者以别之。合而言之,皆道;别而言之,亦皆道也。""性即理也,所谓理性(指道德性)是也。天下之理(指道德),原其所自未有不善。喜怒哀乐之未发何尝不善？发而中节，则无往而不善。发不中节，然后为不善。"（《二程遗书》卷第二十二上）朱熹说："性是实理，仁义礼智皆具。"（《朱子语类》卷第五）"性者，人所禀于天以生之理也，浑然至善，未尝有恶。人与尧舜初无少异，但众人汩于私欲而失之，尧舜则无私欲之蔽，而能充其性尔……仁义不假外求，圣人可学而至。"（《孟子集注·滕文公上注》）"性者，人所受之天理；天道者，天理自然之本体，其实一理也。"（《论语集注》）这都是"圣人之道吾性自足"的论述，王之"悟"不过是突然惊醒，懂得与接受了程朱之论述而已。

2. 五十岁揭出的"致良知"教。

《大学》讲"致知在格物"。何谓"致知在格物"？《大学》未说。朱熹代圣贤立言，为之作一《补传》，谓：

"所谓致知在格物者，言欲致吾之知，在即物而穷其理也。盖人心之灵，莫不有知，而天下之物，莫不有理。惟于理有未穷，故其知有未尽也。是以《大学》始教，必使学者即凡天下之物，莫不因其已知之理而益穷之，以求至乎其极。至于用力之久，而一旦豁然贯通焉，则众物之表里精粗无不到，吾心之全体大用无不明矣。此谓物格，此谓知之至也。"（《大学章句》）

《朱子语类》卷十六：学生"问：'经文格物而后知至，却是知至在后，今云因其已知，则又在格物前。'曰：'知元自有，才要去理会，便是这些知萌露，若懵然不向着，便是知之端未曾通。'"

《朱子语类》卷十五："他所以下格字、致字者，皆是为自家元有是物，但为他物所蔽耳。而今便要从那知处推开去，是因其所已知而推之，以至于无所不知也。"

《朱子语类》卷十八："穷理者因其所已知而究其所未知。人之良知本所固有，然不能穷理以至于物格知至者，不能穷且尽也。故见得一截却又不曾见得一截，此其所以于理不精。"

"格物穷理"是扩充"良知""已知之理"，非向外穷究竹子等物理，故对"致知"朱亦反复指明：

"致知工夫亦只是据所已知者玩索推广将去,具于心者本无不足也。"(《朱子语类》卷十五)

"凡人各有个见识,不可谓他全不知,如孩提之童知爱其亲,长知敬其兄,以至善恶是非之际,亦甚分晓。但不推至充扩,故其见识(指道德之知,非外界物理知识)终只如此。"(《朱子语类》卷十五)

"致之为义,如以手推送去之义(由内往外扩充,不是从外横摄进来之义)。凡经传中云致者,其义皆如此。'"(《朱子语类》卷十五)

王阳明"致良知教",即发挥朱熹"格致补传"思想。[①]

3. "明明德"之说。

朱熹说:"明德者,人之所得乎天,而虚灵不昧,以具众理而应万事者也。但为气禀所拘,人欲所蔽,则有时而昏;然其本体之明,则有未尝息者。故学者当因其所发而遂明之,以复其初也。新者,革其旧之谓也,言既自明其明德,又当推以及人,使之亦有以去其旧染之污也。止者,必至于是而不迁之意。至善,则事理当然之极也(指为君止于仁等等,非指竹子开花,人工开矿之物理)。言明明德、新民,皆当至于至善之地(即仁、孝等)而不迁。盖必其有以尽夫天理之极,而无一毫人欲之私也。此三者,大学之纲领也。""明明德于天下者,使天下之人皆有以明其明德也。"强调自天子至庶人皆当"自明其德"。王阳明《大学问》即发挥此说。

但王阳明《朱子晚年定论》把朱上述《大学章句》思想及"语录"排除了,因为如果收入,其以朱子"格竹子而入圣"之说,也要被揭穿了。王阳明《朱子晚年定论序》谓:"及官留都,复取朱子之书而检求之。然后知其晚岁固已大悟旧说之非,痛悔极艾,至以为自诳诳人之罪不可胜赎。世之所传《集注》《或问》之类,乃其中年未定之说,自咎以为旧本之误,思改正而未及。而其诸《朱子语类》之属,又其门人挟胜心以附己见,固于朱子平日之说,犹有大相矛戾者。"(《王阳明全集》卷七)王阳明对朱的此种曲解,可谓自诳诳人,大违其标榜之"良知"了。所以如此,盖在于

[①] 参见金春峰:《朱熹哲学思想》第四章《"格物致知"说》,台北:东大图书公司,1998年;《朱熹哲学思想的重新认识》,《中国文化书院八秩导师文集·金春峰卷》,北京:东方出版社,2014年。

王自己所论，本系朱子早已言之的，如此曲解可掩抄袭之谤，亦可借此以提高身价。但如此作为，终授人以柄。《明史》谓："既卒，桂萼等言：'守仁事不师古，言不称师，欲立异以为高，则非朱熹格物致知之论。知众论之不予，则为《朱子晚年定论》之书，号召门徒，互相唱和。才美者乐其任意，庸鄙者借其虚声。传习转讹，背缪弥甚。'"（《列传》第八十三《王守仁传》）王学因此被打成伪学。

其他"人心道心"之说、"心如镜明"之说等，亦都抄自朱熹。①

王阳明自己所作的发挥，基本上只有两点：一是强调"信"良知；二是大肆吹嘘。如说：

"我此'良知'二字，实千古圣圣相传一点滴骨血也。"

"某于此'良知'之说，从百死千难中得来，不得已与人一口说尽。"（《年谱》第1278页）

"良知之外，别无知矣，故'致良知'是学问大头脑，是圣人教人第一义。"（《传习录·中》）

"良知是造化的精灵。这些精灵，生天生地，成鬼成帝，皆从此出，真是与物无对。人若复得他完完全全，自不觉手舞足蹈，不知天地间有何乐可代。"（《传习录·下》）

朱强调圣学工夫在"存天理，天人欲"，并紧紧与政治抗争相联系，如朱的历次上封事，矛头直指皇帝及其周围群小！与陈亮论战时，谓"三代以天理行，汉唐而下以人欲行"，扫荡历代君主而无所畏惧顾忌，以致终被打成"伪学"。王阳明却大讲"乐"，谓"乐是心之本体"。政治抗争销声匿迹了。故明末东林党人与权奸斗争，前赴后继，"冷风热血"，弃王而崇朱，谓："孔孟既没，吾道不绝如线，至宋而始一光，发脉得一周元公，结局得一朱晦翁。"（《小心斋札记》卷一）"《太极图说》，元公之《中庸》也；《通书》，元公之《论语》也。上下两千年间，一人而已矣。"（《小心

---

① 2003年暑假，我从台湾教书回来，看望任继愈老师。我谈及对朱熹的看法。我说在心性上（康德所谓"实践理性"领域），我不同意牟宗三先生对朱的种种说法，朱亦乃"心学"。任先生说，王阳明是食朱熹之余唾。朱高正作《传习录通解》，谓王阳明所说，十之七八与朱熹重复！

斋札记》卷一）"孔子表章六经，以推明羲、尧诸大圣之道，而万世莫能易也。朱子表章《太极图》等书，以推明周、程诸大儒之道，而万世莫能易也。此之谓命世。"（《小心斋札记》卷三）故一部理学或道学史，从周敦颐到东林党人，也就基本结束了。东林亡，明亡，学术思想即转开新页了。

（原载于《湘学研究》总第十辑，中国社会科学出版社2017年版；原标题为《从周敦颐到王阳明——以朱熹为中心的观察》，收入本书时有删节）

朱熹"道统说"的建立与完成

"道统说"的提出与定型,是儒学对自己思想之性格与性质之自觉反省所产生的精当的概括与总结。而它是由朱熹完成的。

1992年,张亨先生作《朱子的志业——建立道统意义之探讨》一文,系统论证与论述"建立道统是朱子毕生志业",谓:"黄榦在行状中提及'道统'这个词语就有五六处,可见它是朱子主要关切所在。而朱子另一个弟子李果斋(方子)撰年谱中,也说'先生身任道统'。……无论朱子的形上架构多么精密,心性之说何等深微,工夫如何切实,知识如何宏博……都应该置于'建立道统'这一志业之下来理解。"[①] 2003年余英时先生在其新著《朱熹的历史世界》中,对朱熹道统思想之内圣外王一体而不可分割的性格,更有系统、精辟和深入的论述,显示了朱熹道统说的极大重要性。[②] 可以得出结论,道统思想在朱熹之思想中实占有核心与纲领的地位,是了解朱哲学思想与宋明儒学之性格的最重要的依据。

但朱的道统说中,道体之性质为何、朱熹是如何建立起自己的道统思想的、何以道统说是朱子哲学思想的纲领等,这些重要问题尚可以做进一步的阐释,特别是从思想史方面可以做进一步的梳理。就主流或主导方面看,朱熹道统说中之"道体",学术界仍多置于所谓形而上之"理"与"心外求理"之诠释系统中以了解之,因而使朱熹道统思想之发展线索不明,其心学思想之基本资料及阐释被视而不见,甚有详加分疏的必要。下面试围绕这些问题加以论述。

---

① 张亨:《思文之际论集——儒道思想的现代诠释》,台北:允晨出版社,1997年。
② 参见余英时:《朱熹的历史世界》(上册),台北:允晨出版社,2003年,第44页。

一、 北宋至南宋初的道统思想概况

"道统说"最早是韩愈提出的。它的提出不只是受佛禅刺激,为了排佛,而实是企图对儒学思想之内在本质做一界定,并提高其神圣性。在儒学思想发展史上,这具有重大的意义。但道统的核心内容——道体,韩愈对它的了解十分表面和肤浅。在《原道》中,他以"仁义"两字概括之,而实际所指,则主要是社会政治制度(包括民出粟米麻丝,以奉其上)及三纲之伦理思想,并未达到哲学的高度。

宋代儒学复兴,韩愈的道统说对其有直接的影响。欧阳修作《本论》,承继和发挥的就是韩愈的道统思想。欧阳修认为,佛之所以猖獗于中国,是因为中国仁义之道不著;故重要的不是灭佛,而是树本,复兴"孔氏之道"。但道的内容,所指仍和韩愈一样,即仁义。

苏辙以欧阳修为道统在宋代的承继者。在所作《欧阳文忠公神道碑》中,苏辙说:"昔孔子生于衰周而识文武之道,其称曰:'文王既没,文不在兹乎?'虽一时诸侯不能用,功业不见于天下,而其文卒不可掩。孔子既没,诸弟子如子贡、子夏皆以文名于世,数传之后,子思、孟子、孙卿并为诸侯师,秦人虽以涂炭遇之,不能废也。……其后贾谊、董仲舒相继而起,则西汉之文后世莫能仿佛。盖孔氏之遗烈,其所及者如此。自汉以来,更魏晋,历南北,文弊极矣。虽唐贞观、开元之盛,而文气衰弱,燕许之流,倔强其间,卒不能振。惟韩退之一变复古,阏其颓波,东注之海,遂复西汉之旧。自退之以来,五代相承,天下不知所以为文。祖宗之治,礼文法度,追迹汉唐,而文章之士,杨、刘而已。及公之文行于天下,乃复无愧于古。於乎,自孔子至今,千数百年,文章废而复兴,惟得二人焉,夫岂偶然也哉!"① 虽从文统立论,而实际上,文统也就是道统。在苏辙看来,欧阳修在北宋,是直承韩愈的道统之新承继者。孔子儒家之道,由欧阳修而大明。"道"的内容则亦不外乎韩愈之所述。

以后程颐作《明道先生墓表》,提出:"周公没,圣人之道不行;孟轲

---

① 《苏辙散文精选》,上海:东方出版中心,1999年,第279—280页。

死，圣人之学不传。道不行，百世无善治；学不传，千载无真儒……"① 以程颢上承孟子，认为他是道学的真正传人，排除了韩愈；但何谓圣人之道，程颐并未以"人心惟危，道心惟微；惟精惟一，允执厥中"（"十六字心传"）来定性和概括。

李觏《常语》亦讨论韩愈的道统说。李将孟子排除在外，认为孟子亦是"言伪而辨"者，与孔子之道不同。故道传至孔子，"孔子死，不得其传矣。"至于道统与道的内涵、性质，李觏当然亦未有新的值得注意的论述。（《李觏集》）

南宋初，开始以"十六字心传"为尧舜等承传的内容。刘屏山《圣传论》谓："尧舜必有授也。……《书》论人心道心，本之惟精惟一。此相传之密旨也。心与道应，尧舜所以为圣人也。""尧、舜、禹口传而心授也。……数百年，汤出引而归之，会而通之。……文王出，引而归之，会而通之。……文、武、周公口传而心授也。……孔子出，其言曰：'吾道一以贯之'。此祖述尧舜之妙也。"（《诸儒鸣道集》卷六十九《尧舜》）但全文择语不精，论述散漫无统，没有达到哲学的高度，也未提"道统"及二程为道学的传人。当时，胡宏亦有"六君子（指尧、舜等）传心"的说法，而亦未指明是道统。

嗣后，朱熹于绍兴三十二年《壬午应诏封事》，开始以"十六字心传"为尧、舜、禹相授之内涵并以之为道学的内容，谓："致知格物者，尧、舜所谓'精、一'也；正心诚意者，尧舜所谓'执中'也。自古圣人口授心传而见于行事者，惟此而已。至于孔子，集厥大成。……近世大儒（程颢、程颐）实得孔孟以来不传之学。"（《朱子文集》卷十一）朱熹自称此说系闻于师友，显系综合刘屏山、胡宏等说法而来，以二程上接孔孟，则原于程颐。由此，朱熹的新的道统说可说初步建立起来了。但道体的性质究竟为何，何谓道心、人心，等等，还都没有贴切与深入的讨论；工夫上亦以《大学》为主，采向外穷理的说法，因此，这仍是初期的未定型的很不成熟的看法。但"道"与"道学"的基本内涵已由尧舜等相传授之"十六字心传"来代表与概括，这是有重要意义的。

---

① 张文治编：《国学治要》，北京：北京理工大学出版社，2014年，第1053页。

二、道统说之经典的表述

道统说之真正确立、完成及经典表述，是朱熹六十岁所作《中庸章句序》。《序》说：

"《中庸》何为而作也？子思子忧道学之失其传而作也。盖自上古圣神继天立极，而道统之传有自来矣。其见于经，则'允执厥中'者，尧之所以授舜也；'人心惟危，道心惟微；惟精惟一，允执厥中'者，舜之所以授禹也。尧之一言至矣，尽矣！而舜复益之以三言者，则所以明乎尧之一言必如是而后可庶几也。……夫尧、舜、禹，天下之大圣也。以天下相传，天下之大事也。以天下之大圣，行天下之大事，而其授受之际，丁宁告戒，不过如此。则天下之理，岂有以加于此哉？……自是以来圣圣相承……"

与以前的道统说相比，它的分量与内涵都甚为不同。（1）"十六字心传"被认为是"上古圣神"提出的，于圣加一神字，凸显"十六字心传"的神圣和神秘的分量。（2）提出"继天立极"的说法。"继天"有天授的意思，这和孔子"惟天为大，惟尧则之。荡荡乎民无能名焉"（《论语·尧曰》）及《中庸》"天命"思想相关，是"儒者本天"思想的体现。"立极"就是立人极，立政治人伦之标准——大经大法，从而凸显了"十六字心传"指导一切、统率一切的地位；也把儒学——道学提高到了一个无限神圣、崇高、无与伦比的地位。与之相比，世俗的君权和君主、帝王也就渺乎其小了。（3）指出"天下之理，岂有以加于此哉？"意思是说，"十六字心传"就是至高无上的理，最根本的理。但"理"的内涵就是"十六字心传"，故并非今人所谓理学，而实是心学。（4）"自是以来圣圣相传承……"但在"道统"承传的名单中并没有周敦颐，而只有二程。朱子五十岁知南康军，作《知南康榜文》及《知南康牒文》，提出"濂溪先生虞部周公，心传道统"（《朱子文集》卷九十九）；淳熙八年罢郡，作《书濂溪光风霁月亭》，提出"惟先生承天畀，系道统"（《朱子文集》卷八十四）。但《序》却摒除了濂溪，这说明在朱熹的心目中，二程在道统中的地位还是高于周敦颐。因为严格地说，对"十六字心传"做解释的，在宋代首推程颐。而"十六字心传"和《太极图说》并无直接关系。将"十六字心传"概括为

"道统"，始于五十岁知南康军时，至此而正式定型。名为"道统"，因为它的内容包括道体与工夫两方面，是内圣与外王的一体两面，非"道体"一词所可概括。

《序》文接着说："心之虚灵知觉，一而已矣，而以为有人心道心之异者，则以其或生于形气之私（此私指个体、个人形身，非私欲私心之私），或原于性命之正，而所以为知觉者不同（类如康德所谓理性是一个，但有认知、思辨理性与道德理性之分）；是以或危殆而不安，或微妙而难见（见，发现、发见之意，非谓道心有如一物，难于被看见）耳。然人莫不有是形，故虽上知不能无人心；亦莫不有是性，故虽下愚不能无道心。二者杂于方寸之间，而不知所以治之，则危者愈危，微者愈微，而天理之公卒无以胜夫人欲之私矣。精则察乎二者之间而不杂也；一则守（用守字，因其为人所固有，有如孟子所谓仁义礼智我所固有，非由外铄也）其本心（也即道心）之正而不离也（不使放失之意）。从是于斯，无少间断，必使道心常为一身之主，而人心每听命焉，则危者安，微者著，而动静云为自无过不及之差矣。"所谓"原于性命之正"即禀受于"天命之性"的意思；也就是说，道心天赋，不是经由后天学习或"横摄"而来的。"虽上知不能无人心"，因为他们也是人，生于形气之私。不过因为无气禀之偏与人欲之私，故道心能自然发用流行。至于普通人，有气禀之偏与人欲之私，故其道心不能自然发用流行，需要"惟精惟一"的修养功夫，才能"允执厥中"。连汤、武这样的圣人，也须有这种工夫，才能反于道心天理性命之正。以后黄榦将朱熹这一说法概括为："道原于天而具于人心，著于事物，载于方策。明而行之，存乎其人。"（《勉斋集》《徽州朱文公祠堂记》）

此"十六字心传"，"人心惟危，道心惟微"属本体部分，"惟精惟一"属工夫部分。"允执厥中"则是工夫所达到的结果。没有本体，无工夫可言；没有工夫，也不可能现实地"允执厥中"，成就道德与人世间的大中至正之道。而本体部分，核心又是道心，故是一真正的心学。

在《序》中，朱熹明确地用"道统"一词概括尧至周公这一阶段，而称孔子以后为道学阶段。前一阶段，道统的承担者是圣人同时是圣王，他们所传的道与政治有机结合、一体而不可分。内圣，就其圣人之道德人格说；外王，就其内圣之发为事功、事业说。这两面相互渗透。无外王、内圣不能彰显其为儒家道统之特点，可能与佛道划不清界线；无内圣，则外王也不可能成为王道或尧舜事业。故道统之为两者的内在结合，是从尧舜至文武周公一系相承，完全定型了的。《朱子语类》卷七十八："林恭甫说，'允执厥中'，未明。先生曰：'中，只是个恰好底道理。允，信也，是真个执得。尧当时告舜时，只说这一句。后来舜告禹，又添得'人心惟危，道心惟微，惟精惟一'三句，是舜说得又较仔细。这三句是'允执厥中'以前事，是舜教禹做工夫处。说道'人心惟危，道心惟微'，须是'惟精惟一'，方能'允执厥中'。尧当时告舜，只说一句。是时舜已晓得那个了，所以不复更说。舜告禹时，便是怕禹尚未晓得，故恁地说。《论语》后面说'谨权量，审法度，修废官，举逸民'之类，皆是恰好当做底事，这便是执中处。尧舜禹汤文武治天下，只是这个道理。圣门所说，也只是这个。虽是随他所问说得不同，然却只是一个道理。如屋相似，进来处虽不同，入到里面，只是共这屋。大概此篇所载，便是尧舜禹汤文武相传治天下之大法。虽其纤悉不止此，然大要却不出此，大要却于此可见。'"因此，道统中的"道"，其内涵内圣外王内在结合，一体两面，不可分割。尧舜至周公因为握有政权，故能把这种一体两面的"道"完整地体现出来；但虽然完整地体现出来，却并没有使"道"的内涵增多一分，也没有使"道"的性质改变一分。孔子与尧舜等的不同，是有德无位，其内圣不能发之于治天下而为政治上的现实的王道，只能传"道"，所谓："若吾夫子，则虽不得其位，而所以继往圣，开来学，其功反有贤于尧舜者。"（《中庸章句序》）但虽然如此，孔子所传的仍是尧舜至文武周公的"道"，也即内圣外王内在结合、一体两面的"道"。这"道"也并不因孔子之不能行之于治天下而减少一分，甚而分割出去了一面，而变成仅仅是教人成德成贤的所谓"内圣"之学。因此，据朱熹之道统说，周孔并称与孔孟并称是没有本质区别的。孔孟并称只是彰显了儒之为传"道"的一面，而并非意谓"道"的内涵与性格有本质的重大的改变。因此不能认为自孔子以后，儒家就成了儒教，有如佛道等宗教之教，以成德成人、生命安顿为任务，并以此为其性格特征，以至可以以"内圣"两字概括。

到此，道统说真正确立起来了，并且它的基本诠释方向——心学也被确立了。以后，随着"四书"权威之日益提高，道学理所当然地成了最权威的学说，以程朱为代表的道学家也享有了至高无上的地位，凌驾于治统、凌驾于佛道，也凌驾于其他儒门之上。至元明，佛道衰落，朱学独尊，可以说都是由朱熹的这一道统说打下基础的。

三、朱道统说的发展过程——五十三岁以前

朱熹道统说由绍兴三十二年的《壬午应诏封事》到《中庸章句序》，经历了一个长时期的发展过程。其最终成为如此权威、经典的表达，有必然性，也有偶然性。

这一发展过程，可以五十三岁为界，划分为两个大阶段。第一大阶段又可细分为三段，即"中和之悟"时期、《二程遗书》、"心说"之讨论。第二大阶段为与陈亮辩论王霸及《戊申封事》与《中庸章句序》之完成（包括以后有关讨论）。

第一大阶段的第一小段，表现于朱熹"中和新悟"后写的《读余隐之〈尊孟辨〉》一文。此前，余隐之批评李觏将孟子排斥出道统之外的说法，认为孟子当然应在道统之中，但余隐之对李觏的批评，没有打中要害，且实际上不同意韩愈"轲之死，不得其传"的说法。朱熹则指出，"孔子传之孟轲，轲之死不得其传"这句话是极为重要而完全符合实际的，而"此非深知所传者何事，则未易言也"。于是朱熹指出"所传者"的实质内涵乃孟子所说"仁义本心"。朱熹说："夫孟子之所传者何哉？曰：'仁义而已矣。'孟子之所谓仁义者何哉？曰：'仁，人心也；义，人路也。'曰：'恻隐之心，仁之端也；羞恶之心，义之端也。'如斯而已矣。尧舜之所以为尧舜，以其尽此心之体而已。禹汤文武周公孔子传之以至于孟子，其间相望或数百年者，非得口传耳授、密相付属也，特此心之体隐乎百姓日用之间，贤者识其大，不贤者识其小，而体其全且尽，则为得其传耳。虽穷天地、亘万世，而其心之所同然，若合符节。由是而出，宰制万物，酬酢万变，莫非此心之妙用，而其时措之宜，又不必同也。"（《朱子文集》卷七十三）朱熹明确指出"此心之体"即仁义本心是尧舜至孟子所传的道统中之道体。而所谓"传"即是"体现之"或身体而力行之。故孟子以后之"失传"，也是指此仁义本心无大贤能"体其全"并加以传播，直至二程子出，才得

其传。因一方面，二程本人是大贤，是仁义心体的体现者；另一方面亦是这道体的真正的传人。这里，朱熹以"仁义本心""心本体"为"道统"传承的内容，在中国思想史上是第一次。由此，不仅确立了孟子在"道统"中牢不可破的地位，也把道统说的心学实质确定下来。所以如果说宋代儒学把"道统"中之道体的内涵确定为心性之学，且确定为孟子式的心学，那么这不是别人，正是朱熹。

与《壬午应诏封事》相比，朱熹对"十六字心传"的了解已有一根本的方向的改变，即由《大学》转向了《孟子》，由向外格物穷理转向了孟子的本心、心体思想。而之所以有这一转变，是由于"中和之悟"朱熹接受了胡宏与张栻之启发，领悟了"圣人论性莫不因心而发""求仁之要在求其本心"这一孟子式的心学观点。① 没有这一大悟，是不可能有此转变，从而也不可能有此后一系列道统思想的发展并终至有《中庸章句序》的出现与道统思想的最终完成。

第二小段是朱熹与张南轩、何叔京等对程颐"道心天理，人心私欲"的讨论。

乾道四年，朱熹《答何叔京》十六提出："'人心私欲，道心天理'，此亦程氏遗言。中间疑之，后乃得其所谓。旧书中两段录呈，有未然者，更告指谕。"② 通信之前，朱熹在编辑刊行《二程遗书》（语录），故对程氏此论很关注并有怀疑，但此时已解决了。朱熹给何氏信未谈所疑为何及如何解决的，但从朱熹给张南轩的下列三信可以概见。

朱熹《问张敬夫》七："《遗书》有言，人心私欲，道心天理。熹窃疑私欲二字太重。近思得之，乃识其意。盖心一也，自其（指心）天理备具（先天地具、本具，非后天所摄取），随处发现（指见孺子入井而恻隐之类）而言，则谓之道心；自其有所营为谋虑而言，则谓之人心。夫营为谋虑非皆不善也，便谓之私欲者，盖只一毫发不从天理上自然发出，便是私欲。

---

① 参见金春峰：《朱熹哲学思想》《绪论》及第一章《"中和新旧说"思想》，台北：东大图书公司，1998年。
②《朱子文集》卷四十。据陈来《朱子书信编年考证》（生活·读书·新知三联书店2007年版），此信写于此年，是对的。

所以要得必有事焉而勿正、心勿忘、勿助长，只要没这些计较，全体是天理流行，即人心而识道心也。……此语如何，更乞裁论。"（《朱子文集》卷三十二）张栻答云："栻近思，却与来谕颇同，要当于存亡出入中识得惟微之体（心本体），识得则道心初岂外是？不识只为人心也。然须实见方得，不识如何？"

《问张敬夫》八："存亡出入固人心也，而惟微之本体，亦未尝加益；虽舍而亡，然未尝少损；虽曰出入无时，未尝不卓然乎日用之间而不可掩也。若于此识得，则道心之微初不外此。不识，则人心而已矣。盖人心固异道心，又不可做两物看，不可于两处求也。"（《朱子文集》卷三十二附）

《答张敬夫》九："'人心私欲'之说，如来教所改字极善；本语之失，亦是所谓本原未明了之病，非一句一义见不到也。但愚意犹疑向来妄论'引必有事'之语，亦未的当。盖谓舜禹授受之际，所以谓人心私欲者，非若众人所谓私欲者也，但微有一毫把捉底意思，则虽云本是道心之发，然终未离人心之境。所谓动以人则有妄，颜子之有不善，正在此间者是也。既曰有妄，则非私欲而何？须是都无此意思，自然从容中道，才方纯是道心。'必有事焉'，却是见得此理而存养下功夫处，与所谓纯是道心者，盖有间矣。然既察本原，则自此可加精一之功，而进夫纯耳。中间仅有次第也。'惟精惟一'，亦未离乎人心；特须如此克尽私欲，全复天理；傥不由此，则终无可至之理。"（《朱子文集》卷三十二）

程颐说："人心，私欲也；道心，正心也。'危'言不安，'微'言精微。"[①] "人心私欲，故危殆。道心天理，故精微。灭私欲则天理明矣。"[②] 又说："'人心惟危，道心惟微'。心，道之所在；微，道之体也，心与道浑然一也。对放其良心者言之则谓之道心；放其良心则危矣。'惟精惟一'，所以行道也。"[③] 朱熹、张栻等的上述书信即是对程颐这些说法的讨论。值得注意的是：程颐以"心，道之所在……心与道浑然一也"释道心，可以被认为是道（理）在心外的思想。朱熹则明确地肯定道心乃人所天赋秉有

---

① [宋] 程颢、程颐：《二程遗书》（卷十九），上海：上海古籍出版社，2000年，第309页。
② [宋] 程颢、程颐：《二程遗书》（卷二十四），上海：上海古籍出版社，2000年，第369页。
③ [宋] 程颢、程颐：《二程遗书》（卷二十一下），上海：上海古籍出版社，2000年，第330页。

的"仁义之良心",以道心为"惟微之本体",直承《读余隐之〈尊孟辨〉》。把"私欲"解释为"微有一毫把捉底意思",与以后张栻论义利区分的思想一致,与孟子"勿忘""勿助"的修养工夫相一致。关于存亡的说法,出于孟子求放心的思想,故以亡即是放,存即是求,求也非从外面把它找回来,不过是恢复本心使其不为人欲所蔽,从而使"十六字心传"与孟子思想有机地成为一体。因此,可以说,由《读余隐之〈尊孟辨〉》到上述书信,朱熹的道体思想是连续地、一以贯之地发展下来的。

以上信皆讨论二程语录引起的问题,和给何氏信实为同一时期,即戊子。陈来《朱子书信编年考证》、束景南《朱熹年谱长编》系于孝宗淳熙元年,朱熹四十五岁时,似不妥。

第三小段,是淳熙元年关于吕子约《心说》的讨论。参加讨论的,有石子重、方伯谟、吴晦叔、游诚夫、何叔京等。但此次讨论的是心之"神明莫测",所谓"操则存,舍则亡,出入无时,莫知其乡,其心之谓与"的问题,与前论道心天理、人心私欲,不能混淆。

此年,吕提出"出入无时,莫知其乡"与程子"感乃心也","心岂有出入,亦以操舍而言,盖寂然常感者,心之本体,惟其操舍之不常,故其出入之无止耳"等看法,向朱熹求教。朱熹予以批答,谓:"'寂然常感'者,固心之本体也。然存者,此心之存也;亡者,此心之亡也;非操舍存亡之外,别有心之本体也。"(《朱子文集》卷四七,《答吕子约》十)又谓:"所示'心无形体'之说,鄙意正谓如此,不谓贤者之偶同也。然所谓'寂然之本体,殊未明白'之云者,此则不然。"(《朱子文集》卷四七,《答吕子约》十三)又谓:"盖操舍存亡虽是人心之危,然只操之而存,则道心之微便不外此。今必谓此四句非论人心,乃是直指动静无端、无方无体之妙,则失之矣。"(《朱子文集》卷四七,《答吕子约》十六)由此论及操舍存亡及其与道心等之关系,如《答何叔京》第二十六书:"存者道心也,亡者人心也。心一也,非是实有二心各为一物,不相交涉也;但以存亡而异其名耳。方其亡也,固非心之本然,亦不可谓别是一个有存亡出入之心,却待反本还原,另求一个无存亡出入之心来换却。只是此心,但不存便亡,中间无空隙处;所以学者必汲汲于操存,而虽舜禹之间,亦以精一为戒也。"(《朱子语类》卷十二)《答何叔京》二十五则提出"道心即真心"的说法,谓:"伏蒙示《心说》,甚善,然恐或有所未尽。盖入而存者即是真心,出而亡者亦此真心为物诱而然耳。今以存亡出入皆为物诱所致,则是所存之外别有真心,而于孔子之言,乃不及之,何耶?"(《朱子语类》卷十三)

何谓"真心"?《朱子语类》谓:

"人若要洗刷旧习都净了,却去理会此道理者,无是理。只是收放心,把持在这里,便须有个真心发见,从此便去穷理。"(《朱子语类》卷十七)

"盖人心本善,方其见善欲为之时,此是真心发见之端。然才发,便被气禀物欲随即蔽锢之,不教它发。此须自去体察存养,看得此最是一件大工夫。"(《朱子语类》卷十三)

"元思云:上蔡所谓'人须是识其真心,方乍见孺子入井之时,其怵惕、恻隐之心,乃真心也。'曰:'孟子亦是只讨譬喻,就这亲切处说仁之心是如此,欲人易晓。若论此心发见,无时而不发见,不特见孺子之时为然也。若必待见孺子入井之时,怵惕、恻隐之发而后用功,则终身无缘有此等时节也。'"(《朱子语类》卷十七)

朱熹认为人皆有真心、道德本心。此真心、本心即惟微之本体,是不可磨灭、不可能根本丧失的。但它有出入存亡的问题。存和入,指真心、本心不失,能发用流行,宰物而不物于物;但人心感物而动,真心、本心亦可以为物欲私欲所诱而呈现一出而亡的状态,此时真心、本心不能宰物,而人之言行即偏离正道。所以出和亡,亦指真心、本心的出而亡,即真心不能显现、发用流行;但此时真心、本心仍然是存在的。这里朱熹对真心、本心与操存舍亡的关系的论述,把心学的观点讲得十分清楚,这是书信讨论的一个重点问题。另一问题是心之神明不测与真心、本心的关系问题。神明不测是心的特点,此特点与心之认知功能密切相关。但真心、本心操而存,舍而亡,亦表现出心之神明不测的特点。因为操而存,而人不知其操而存;舍而亡,人亦无可追踪其舍而亡。如果心不是神明不测,就不可能如此。道德本心、真心之宰(物)与不宰、存与不存,都需通过心之神明不测之功能而起作用。因此，否认人有真心、本心，自然无所谓存心；但人若无神明不测之知觉灵明，亦无以实现其真心、本心之存及发用流行之用，所谓"流于不善者，固不可谓心体之本然，亦不可不谓之心也"。（《朱子文集》卷四十五，《答游诚之》第三书）要注意的是，虽然朱熹讲有两种心，但意思并非说，在神明不测的心以后或以外，另有一道德的本心或本体之心，与之相对而为二，而是说两者即是一心；但虽是一心，从逻辑上加以分析，则不能不析而为二。但两者虽可析而为二，然即是一心耳。故朱有时亦明确指出，人心道心以心之正与不正而异其名，人心正（操存）则是道心；道心失，（亡而舍）则是人心。非以道为一心，人又为一心，而真有二心也。工夫不是向外穷理，而是舜禹相传的"精一之戒"。

据束景南《朱熹年谱长编》①，朱熹在此年又有《观心说》，提出：

"夫谓人心惟危者，人欲之萌也，道心惟微者，天理之奥也，心则一也，以正不正而异其名耳。惟精惟一，则居其正而审其差者也，绌其异而反其同者也。能如是，则信执其中，而无过不及之偏矣。非以其道为一心，人为一心，而又有一心以精一之也。"

"夫谓操而存者，非以彼操此而存之也；舍而亡者，非以彼舍此而亡也。心而自操则亡者存，舍而不操则存者亡耳；然其操之也，亦不使旦昼之所为，得以梏亡其仁义之良心云尔；非愧然兀坐，以守其炯然不用之知觉而谓之操存也。"（《朱子文集》卷六十七）

肯定人有一超越的"仁义之良心"，道心即此"仁义之良心"。"惟精惟一"则是"不使旦昼之所为，得以梏亡"此"仁义之良心"。所以工夫是"本心以穷理，而顺理以应物"。这可以看作对以上讨论的总结。

以上这些讨论可以说是偶然的，如恰好编《二程遗书》而引发了对"道心""人心"的讨论；恰好吕子约提出了《心说》而引发了"神明不测"与道心——真心的解释。如未有这些偶然，也许就不会有对"十六字心传"之讨论了。讨论虽关乎道统，但却不是在道统意识下来进行的，也未对"十六字心传"冠以道统之名。虽然如此，它却是朱熹道统说的重要

---

① 束景南：《朱熹年谱长编》，上海：华东师范大学出版社，2001年。

发展阶段，为下一段道统说的进一步发展与完成，奠定了思想基础。

四、五十三岁以后道统思想的发展与完成

五十三岁以后是朱熹道统思想发展的另一大阶段。在这一阶段，道统说得到最终的完成，而政治斗争是推动它发展的最重要的动力。情况是这样的：

淳熙五年，侍御史谢廓然乞禁程学，谓："'近来掌文衡者，主王安石之说，则专尚穿凿；主程颐之说，则务为虚诞。……请诏有司……无得徇私，专尚王、程之末习。'从之。"（《续资治通鉴》卷一四六）这实际是"绍兴学禁"反程学的继续。接着，淳熙九年，郑丙、陈贾上疏，直指道学为伪学，开始了王淮集团有组织的对程朱道学的斗争。因此，"道学"的性质为何？为何"道学"不是"伪学"而是儒学正统，是政治的唯一正确指导思想？这些成为朱熹所迫切需要回答的问题。

在"道学"阵营内部，吕子约等浙东儒家学者正大力以史学倡导功利之说，与陈亮的功利王霸之说相呼应，对道学进行批评，这也加深了对究竟何谓正统儒学及儒学正统为何就是道学这一核心问题的回答的紧迫性。

淳熙十年，朱熹五十四岁，作《韶州州学濂溪先生祠记》，提出："秦汉以来，道不明于天下，而士不知所以为学。……是以天理不明而人欲炽。道学不传而异端起……宋兴，有濂溪先生者作，然后天理明而道学之传复续。"（《朱子文集》卷七十九）这实际是针对反道学者所进行的反击。

接着，淳熙十一年，朱熹与陈亮展开辩论。就道统说的形成而言，辩论不仅是对"十六字心传"之讨论的进一步发展，更重要的是凸显了它与政治的内在关系。

朱熹说："所谓'人心惟危，道心惟微；惟精惟一，允执厥中'者，尧、舜、禹相传之密旨也（中略），夫尧、舜、禹之所以相传者既如此矣，至于汤武则闻而知之，而又反之，以至于如此者也。夫子之所以传之颜渊、曾参者，此也；曾子之所以传之子思、孟轲者，亦此也。（中略）此其相传之妙，儒者相与谨守而共学焉，以为天下虽大、而所以治之者，不外乎此。"（《朱子文集》卷三十六）他将"十六字心传"从"舜、禹授受之际"

扩大到成汤、文、武、周公、孔子、颜渊、子思、孟轲，使之实际成为完整的道统；又提出传授密旨的说法，使其具有禅宗衣钵相传和传心的神秘色彩；更将其与政治密切结合，"以为天下虽大、而所以治之者，不外乎此"，从而使儒家的内圣外王成为一有内在关系的整体；并凸显尧舜相传的这一道统是儒学正统之所在，而孔孟是其正统的传人，从而使二程和朱熹自己的"道学"更加正统和权威。

朱熹说："夫人只是这个人，道只是这个道，岂有三代汉唐之别？但以儒者之学不传，而尧舜禹汤文武以来，转相授受之心不明于天下，故汉唐之君虽或不能无暗合之时，而其全体却只在利欲上，此其所以尧舜三代自尧舜三代、汉祖唐宗自汉祖唐宗，终不能合而为一也。"（《朱子文集》卷三十六，《答陈同甫》八）他很明确地指出，传道即是传心。此心存则此理存，此心不存则此理亡；不存亦不是被消灭了，而只不过是不能得到彰显。故汉唐之君亦有与之暗合之时。所谓"盖义理之心顷刻不存，则人道息，人道息，则天地之用虽未尝已，而其在我者，则固即此而不行矣"一方面揭穿陈亮以汉祖唐宗的功利霸道冒充三代王道的错误；一方面凸显道心对于政治的极端重要性。

朱熹说："来书'心无常泯，法无常废'一段，乃一书之关键。鄙意所同，未有多于此段者也；而其所异，亦未有甚于此段者也。盖有是人则有是心，有是心，则有是法，固无常废常泯之理。但谓之'无常泯'，即有时而泯矣；谓之'无常废'，则有时而废矣。盖天理人欲之并行，其或断或续，固宜如此；至论其本然之妙，则惟有天理而无人欲，是以圣人之教，必欲其尽去人欲而复全天理也。若心则欲其常不泯，而不恃其不常泯也；法则欲其常不废，而不恃其不常废也。""有是心，则有是法。""心"是"法"所出之本根，故心存则理存、法存；心亡则理亡、法亡。人心"梏于形体之私，道心得乎天地之正。日用之间，二者并行，叠为胜负，而一身之是非得失、天下之治乱安危，莫不恃焉。是以欲其择之精而不使人心杂乎道心；欲其守之一而不使天理得以流于人欲，则凡其所行，无一事之不得其中，而于天下国家无所处而不当。夫岂任人心之自危，而以有时而泯者为当然；任道心之自微而幸其须臾之不常泯也哉？"（《朱子文集》卷三十六，《答陈同甫》八）他强调人君必须有"惟精惟一"的修养功夫，才能"允执厥中"——政治上成为王道之治，个人修身上"无一事之不得其中"。

和陈亮的这次辩论，其现实政治意义，有如陈傅良所说："以三代枉作工夫，则是人力可以独运（指陈亮功利）；以汉祖唐宗贤于盗贼不远，则是天命可以苟得。谓人力可以独运，其弊上无竞畏之君。谓天命可以苟得，其弊下有觊觎之臣。二君子立论，不免于为骄君乱臣之地。"（《止斋集》卷三十六，《答陈同甫》三）余英时先生在《朱熹的历史世界》一书中，指出朱子此信乃是"欲以道统说限制君权"，[①] 是有根据的。因理论的逻辑确是如此。朱熹当然不会在主观意图上自觉如此；但从其《戊午谠议序》及历次上封事，特别是嗣后的《戊申封事》看，朱熹对南宋，特别是此一时期是何许样的君、何许样的臣、何许样的政治，其失望与不满是十分严重的；虽不以君为无道而人臣可取而代之，但不相信他们是天命所系，则是很清楚的。当然，朱熹强调这一点，亦有欲革新与整肃吏治，必须从端正心术、人心这一道学的根本观点的支持。朱熹曾指出："今世有二弊：法弊、时弊。法弊，但一切更改之，却甚易；时弊则皆在人，人皆以私心为之，如何变得！嘉祐间法可谓弊矣！王荆公未几尽变之，又别起得许多弊，以人难变故也。"（《朱子语类》卷一百八）"今世人才之坏，皆由于诋排道学。治道必本于正心、修身，实见得恁地，然后从这里做去出。"（《朱子语类》卷一百八）故朱熹严厉排击陈亮，既有其反"诋排道学""伪学"及"限君权"的政治动机，又是对道学与政治之根本关系之看法的始终一贯的坚持。

此年，朱熹的《四书集注》正由詹仪之在广西刊行。朱熹很怕这成为王淮集团攻击道学的口实。在《答詹帅》二中，朱熹特别提醒詹仪之，指出自己"方以虚声横遭玷黜之祸，上及前贤，为熹之计，政使深自悔匿，尚恐未能免祸……岂可遽谓今之君子，不能为前日之'一德大臣'耶？况所说经，固有嫌于时事而不能避忌者（如《中庸》九经之类），指为讪上而加以刑诛，亦何不可乎？……今日纷纷，本非为程氏发，但承望风旨，视

[①] 余英时：《朱熹的历史世界》（上册），台北：允晨出版社，2003年，第49页。余先生指出："陈傅良的观察，入木三分，朱熹所担忧的，确是陈亮议论的政治效果——'上无竞畏之君'。"

其人之所在而攻之耳。……欲力与之争，则必反以激成其势而益坚其说，或遂真为道学之害"。(《朱子文集》卷二十七）可见此时道学与反道学之政治斗争形势的严峻。在淳熙十三年的《答詹帅》三中，朱熹更指出："此道年来方为群小反目……只合杜门却扫，阴与同志深究力行，以俟道之将行。不当如此用官钱刻私书，故触其所不欲闻者，使其有所指以为病，而其祸且上流于此学，使天下钳口结舌，莫敢信乡，是则欲道之行而反以扼之，此稷下、甘陵所以基坑焚、党锢之祸也。……两年以来，节次改又已不少，其间极有大义所击，不可不改者。"所谓"大义所击，不可不改者"，主要指"《中庸》九经"之类，而特别是添入的"《中庸序》中推本尧舜传授来历"一段。(《朱子文集》卷二十七）故《中庸章句序》可说是直接对反道学的反击而发的。所添入的一段即基本取自《答陈同甫》八。

接着，有淳熙十五年朱熹的《戊申应诏封事》。上书前，兵部侍郎林栗劾朱熹"本无学术，徒窃程颐张载绪余，谓之道学，所至辄携门生数十人，妄希孔孟历聘之风，邀索高价，不肯供职，其伪不可掩"。(王白田：《朱子年谱》五十九岁条）不仅继续郑丙、陈贾对"道学""伪学"的攻击，且把矛头直指朱熹而更加激烈。朱熹在《戊申应诏封事》中对林栗严厉反击，指出："一有刚毅正直、守道循理之士出乎其间，则群讥众排，指为道学之人而加以矫激之罪……盖自朝廷之上以及闾里之间，十数年来，以此二字禁锢天下之贤人君子，复如崇宣之间所谓元祐学术者，排摈诋辱，必使无所容措其身而后已。呜呼！此岂治世之事，而尚复忍言之哉？"(《朱子文集》卷十一）朱熹尖锐地揭露："今日天下之势，如人之有重病，内自心腹，外达四肢，盖无一毛一发不受病者。"(《朱子文集》卷十一）这一如贾谊向文帝所上政论。而后朱熹郑重地提出"十六字心传"，告诫孝宗践履尧舜"惟精惟一"之戒、孔子"克己复礼"之训，以为政治危机的最终解决之道；并又一次引用了《中庸序》所添入的一段。政治必须以"道统"为指导思想，由此也愈益被凸显。

隔年，朱熹正式写成并公布《中庸章句序》，完成了道统说之经典的表述。

五、 道体、道心的诠释

那么，朱熹道统说中道体之性质究竟为何？这要从朱熹自己对"十六字心传"中什么是道心，道心、人心之区别与关系为何的解释来加以确定。现选择《朱子语类》卷七十八中最具代表性的段落，阐释如下。

朱熹说："所谓人心者，是气血和合做成，嗜欲之类皆从此出，故危。道心是本来禀受得仁义礼智之心。""虽圣人不能无人心，如饥食渴饮之类；虽小人不能无道心，如恻隐之心是。"就是说，道心即人生而禀得于天之道德本体之心、恻隐之心。人心则是现实的与个人形气相联的有喜怒哀乐及知觉取舍之心。"小人不能无道心"，指生而即有道心，也就是说，此"有"不是从后天学习得来的。

"人心者气质之心也，可为善，可为不善。道心者，兼得理在里面。"这里"兼得"不是后天学习之"得"，而是先天禀具之"得"，即"得"于天而具于心之"得"。

"唤做人，便有形气，人心较切近于人。道心虽先得之，然被人心隔了一重，故难见（指发用、发现）。道心如清水之在浊水，惟见其浊，不见其清，故微而难见。人心如孟子言'耳目之官不思'；道心如'心之官则思'，故贵'先立乎其大者'。""道心先得"，这是说道心原于天命之性，在逻辑上先于形气而得，非谓人之出生，先得道心，后得人心。浊水喻气禀之偏与私欲所造成的对道心自然发用流行的干扰。

"且如人知饥渴寒暖，此人心也；恻隐羞恶，道心也。只是一同心，却有两样。须将道心去用那人心，方得。且如人知饥之可食，而不知当食与不当食；知寒之欲衣，而不知当衣与不当衣，此其所以危也。"当与不当，即今天所谓价值判断。人心受自然生理支配，制约于自然因果法则，没有自由可言。道德理性，即朱熹所讲道心，则予它以应然与否的价值判断。不当衣，虽寒而不衣；不当食，虽饥而不食（如伯夷，义不食周粟，饿死于首阳山）。这种当与不当的判断，乃我本有之道德理性——道心所自觉作出；作出之即实行之，使人心听命而行动，这即是人心听命于道心，道心为一身之主。这也就是康德所讲的道德的自律。

"只是要得道心纯一,道心都发现在人心上。"意思是说,思虑营为的都是人心。道心只是思虑营为之当与不当的准则而已,随人心之思虑营为而发用流行。

"心则一也,微则难明。有时发现些子,使自家见得;有时则不见了。惟圣人便辨之精,守得彻头彻尾。学者则须是'择善而固执之'。"所谓"发现些子",指梁惠王见牵牛过堂下,牛觳觫而产生不忍人之心之类。

《朱子语类》卷六十二,在答学生关于《中庸章句序》的问题时,朱熹亦反复指出:

"饥塞痛痒,此人心也;恻隐、羞恶、是非、辞逊,此道心也,虽上智亦同。一则危殆而难安;一则微妙而难见。"

"此道心却杂出于人心之间,微而难见,故必须精之一之,而后中可执。然此又非两心也,只是义理、人欲之辨尔。"

"自人心而收之,则是道心;自道心而放之,便是人心。'惟圣罔念作狂,惟狂克念作圣',近之。"这本于孟子"求放心"的说法,以人心道心内在、为人所固有为前提。

"或问人心道心之别。曰:'只是这一个心,知觉从耳目之欲上去便是人心;知觉从义理上去便是道心。'""若说道心天理,人心人欲,却是有两个心!人只有一个心,但知觉得道理底是道心,知觉得声色臭味底是人心……非有两个心。道心人心本只是一个物事,但所知觉不同。"这两条似可以作道德、义理乃外在于心的解释。但以"知觉得道理底"与"知觉得声色臭味底"并列相对,可知知觉都是对本具于心底之知觉。朱熹曾说:"读书已是第二义,盖人生道理合下完具。所以要读书者,盖是未曾经历见得许多。圣人是经历见得许多,所以写在册子上与人看。而今读书,只是要见得许多道理。及理会得了,又皆是自家合下元有底,不是外面旋添得来。"(《朱子语类》卷十)所以即便这里道德义理指外在的,那也是人之本心所固有的。

庆元四年,朱熹在杂著——关于《尚书》的集注中,于《大禹谟》之"十六字心传"有一总结式的说法,谓:

"心者,人之知觉、主于身而应事物者也。指其生于形气之私者而言，则谓之人心；指其发于义理之公者而言，则谓之道心。人心易动而难反，故危而不安；义理难明而易昧，故微而不显。惟能省察于二者公私之间以致其精，而不使其有毫厘之杂；持守于道心微妙之本以致其一，而不使其有顷刻之离，则其日用之间，思虑动作，自无过不及之差，而信能执其中矣。"（《朱子文集》卷六十五）

基本思想和《中庸章句序》一致。"发于义理之公"与"生于形气之私"相对，都指生而即有的禀赋。"发"指内发，所谓"从天理上自然发出（由本心所发出）"。人心指自然生理欲求及思虑营为，它"生于形气之私"。这是心学的说法。

以后，黄榦作《圣贤道统传授总叙》说："人心形气之私也，道心性命之正也，精以察之，一以守之，则道心为主，而人心听命焉，则存之心，措之事，信能执其中。曰精曰一，此又舜之得统于尧，禹之得统于舜者也。"（《宋元学案》卷六十三，《勉斋学案》）黄榦很忠实于朱熹之道统思想，亦对"道心"作心学的解释。受朱子临终嘱托，作《书经集传》的蔡沈，在《书经集传序》中说："二帝三王之治本于道，二帝三王之道本于心，得其心则道与治可得而言矣。何者？精一执中，尧、舜、禹相授之心法也。建中建极，商汤、周武相传之心法也。曰德曰仁曰敬曰诚，言虽殊而理则一，无非所以明此心之妙用也。至于言天，则严其心之所自出；言民，则谨其心之所由施。礼乐教化，心之法也。典章文物，心之著也。家齐国治而天下平，心之推也。心之德其盛矣乎！……治乱之分，顾其心之存不存如何耳。"他不仅对"十六字心传"，亦对《书经》全书作心学的理解。朱子再传弟子真德秀在《西山读书记》中说："人受天地之中以生，道心合下先得；但有此形气，便隔了一重，所以释氏尝说，父母未死前一着，便厌弃人心，欲并去之，殊不知道心即在这里。""人心是血气和合作成。先生以手指身，嗜欲之类皆为从此出，故危。道心则本来禀受得仁义礼智之心。圣人以此两者对待而言，正欲察之精而守之一也。察之精则两个界限明。专一守着道心，不令人欲得以干犯。""道心惟微者，此心难明，有时发现些子，有时不见了。惟圣人能辨之精，守得彻头彻尾。学者则须择善而固执之。大抵人心道心只是一个，不是两个物，观下惟精惟一可见。"（真德秀：《西山读书记》卷三）他也以心学观点释朱熹所讲的道心。真德秀在《大学衍义》中又提出："人心惟危以下十六字，乃尧舜禹汤传授心法，万世圣学之渊源。人主欲学尧舜，亦学此而已矣。先儒训释虽众，独朱熹之说最为精确。"（真德秀：《大学衍义》卷三）他把朱熹道统说之"心学"思想，抬高到了"万世圣学"之本根地位。元代以后皇帝独尊朱熹，真德秀的《大学衍义》起了极重要的作用。①

六、道统说在朱思想中的纲领地位

道统说在朱熹思想体系中居于纲领、统帅的地位。这可从政治与学术思想两方面看出。

政治方面，朱熹向皇帝的上书，基本上以"十六字心传"为核心。如：绍兴三十二年的《壬午应诏封事》，兴隆元年的《癸未垂拱奏札一》，《辛丑延和奏札二》，及《戊申封事》《戊申延和奏札五》以及向光宗讲述的《尚书》讲义。孝宗去世，朱熹的哀悼诗还不忘写上"精一传心妙，文明抚运昌"②。

学术思想方面，朱熹一生贯注精力于《四书章句集注》，而道统说像一条红线，贯穿于注释之中。如《中庸章句序》所指出，"十六字心传"历尧、舜等传至孔子，由孔子传之曾参、子思、孟子，以著作论，则是《论语》《大学》《中庸》《孟子》。故《序》的这一承传说法本身即意谓道统思想乃《四书》之纲领。而《四书章句集注》确亦贯穿道统说的心学思想。

如《论语》，朱熹在《戊申封事》中即以"克己复礼"与"十六字心

---

① 元仁宗重视儒学，定朱子《四书集注》为科考标准经典，从而树立朱子学说之权威地位。《元史》载：大德十一年，仁宗为皇太子，"时有进《大学衍义》者，命詹事王约节而译之，曰：'治天下，此一书足矣。'因命与《图像孝经》《列女传》并刊行，赐臣下"。（《元史·本纪》第二十四）仁宗延祐五年，以"以浙江省所印《大学衍义》五十部赐群臣"。七年，英宗即位，"以《大学衍义》印本颁赐群臣"。（《元史·本纪》第二十六、二十七）《明史·宋濂传》："帝（明太祖）尝问以帝王之学，何书为要。濂举《大学衍义》。乃命大书揭之殿两庑壁。"（《明史》卷一百二十八）杨廉，成化末年进士，"尝以帝王之道，莫切于《大学》……进讲宜先《大学衍义》，至是首进《大学衍义节略》。帝优诏答之"。（《明史·儒林一》）由《大学衍义》而使《四书》成为帝王之学，凸显了儒学之内圣外王一体两面之性格，亦使朱子学成为帝王之学而愈益权威。

② 《朱子文集》卷九《孝宗皇帝挽歌词》。余英时先生对此有详细考证解读，参见《朱熹的历史世界》（下册），台北：允晨出版社，2003年，第590—600页。

传"并列，视为同一性质的思想。在《朱子语类》中一再指出：

"仁者，人之本心也。"（《朱子语类》卷三十四）

"依于仁，仁是个主，即心也。依于仁，则不失其本心。"（《朱子语类》卷三十四）

"惟精者，精审之而勿杂也；惟一者，有首有尾，专一也。此自尧舜以来所传，未有他议论，先有此言。圣人心法，无以易此。经中此意极多，所谓'择善而固执之'，择善即惟精也；固执，即惟一也。又如'博学之，审问之，谨思之，明辨之'，惟精也；'笃行'，又是惟一也。"（《朱子语类》卷三十四）

"问'克己复礼'，曰：'天理、人欲两途，不是天理，便是人欲。即无不属天理，又不属人欲底一节。且如"坐如尸"是天理，跛倚是人欲。克去跛倚而未能如尸，即是克得未尽；却不是未能如尸之时，不系人欲也。须是立个界限，将那未能复礼时底都把做人欲断定。'又曰：'礼是自家本有底，所以说个"复"，不是待克了己，方去复礼。克得那一分人欲去，便复得这一分天理来；克得那二分己去，便复得这二分礼来。且如箕踞非礼，自家克去箕踞，稍稍端坐，虽未能如尸，便复得这些个来。'"（《朱子语类》卷二十三）

"问：'察其所安云，今人亦有做得不是底事，心却不安又是如何？'曰：'此是良心终是微，私欲终是盛，微底须被他盛底胜将去，微底但有端倪，无力争得出。正如孟子说非无萌蘖之生一段意。当良心与私欲交战时，须是在我大段与着力与他战，不可输与他。只是杀贼一般。一次杀不退，只管杀，数次时，须被杀退了。私欲一次胜他不得，但教其真个知道他不好了，待得熟时，私欲自住不得。'"（《朱子语类》卷二十三）

这些都显示朱熹对《论语》关于工夫与本体的理解，贯彻着道统心学思想。

关于《孟子》。如前所述，朱熹道统说奠基于孟子的"仁义本心""心体"之上。反过来，由于道统说，朱熹对孟子心学思想之诠释，其内圣外王之一体两面性格，也更加凸显。

关于《大学》。朱熹解"明明德",以"明"指工夫,"明德"指道体或本体,而内涵即是"良知"。故《格致补传》以"良知"释"已知之理",以推广扩充良知释"益穷之",如谓:"穷理者因其所已知而究其所未知,人之良知本所固有,然不能穷理以至于物格知至者,不能穷且尽也。故见得一截却又不曾见得一截,此其所以于理不精。"(《朱子语类》卷十八)"他所以下格字、致字者,皆是为自家元有是物,但为他物所蔽耳。而今便要从那知处推开去,是因其所已知而推之,以至于无所不知也。"(《朱子语类》卷十五)他把《大学》的解释纳入了道统说的心学体系。①

关于《中庸》。朱熹特为作《序》,以清楚陈述全书的指导思想,并明确指出:"其曰'天命率性',则'道心'之谓也。其曰'择善固执',则'精一'之谓也;其曰'君子时中',则'执中'之谓也。……所以提挈纲维,开示蕴奥,未有若是其明且尽者也。"(《朱子文集》卷六十七)由此,《中庸章句》中许多重要命题皆贯彻"十六字心传"之思想。如卷首:"此篇乃孔门传授心法……其书始言一理,中散为万事,末复合为一理。放之则弥六合,卷之则退藏于密。""始言一理"即《中庸章句序》所谓"人心惟危,道心惟微;惟精惟一,允执厥中"这一道理。"言"即"尧之一言","舜复益之为三言"。"退藏于密"亦即"退藏于心"。工夫方面,"戒惧不睹,恐惧不闻""慎独"是《中庸》的核心思想,而朱熹以"惟精惟一"解释之,谓:"两事皆少不得'惟精惟一'底工夫。不睹不闻时,固当持守(指持守道心、本心),然不可不察(指精察道心人心之别,天理人欲之别);慎独时固当致察,然不可不持守。"(《朱子语类》卷六十二)而"若能识得全体大用皆具于心,则两者工夫不待勉强,自然进进不已矣。"(《朱子语类》卷六十二)注"中也者天下之大本也",说:"大本者,天命之性,天下之理皆由此出,道之体也。""中"不指抽象的天理,而是指"状性之体段者"。抽象的"形而上之理"无体段可言,故"体段"指心合一之"性体",也即心体,因其不偏不倚,故谓之"中"。因此,所谓"中"——"大本",已非抽象的天理而实是本心、心体或性体。"天下之

---

① 参见金春峰:《朱子〈格致补传〉的疏解》,《人文论丛》特刊《萧萐父教授八十寿辰纪念文集》,武汉:湖北教育出版社,2004年。

理"则指仁义礼智。故又说："道者日用事物当行之理，皆性之德而具于心，无物不有，无时不然，所以不可须臾离也"。(《中庸章句》第一章注) 在"致中和，天地位焉，万物育焉"注中，朱熹总结地指出："致，推而极之也（即扩充之意）。位者，安其所也；育者，遂其生也。自戒惧而约之，以至于至静之中无少偏倚、而其守（所守者道心、心本体）不失，则极其中而天地位矣。自谨独而精之，以至于应物之处，无少差谬而无适不然，则极其和而万物育焉。盖天地万物本吾一体，吾之心正则天地之心亦正矣。吾之气顺则天地之气亦顺矣。故其效验至于如此。此学问之极功，圣人之能事，初非有待于外（特别强调'初非待于外'），而修道之教亦在其中矣。"(《中庸章句》第一章注) 可以说以"十六字心传"之心学思想对《中庸》全书指导思想做了另一概括。

要之，朱熹"道统说"不仅是《中庸章句》之纲维、纲领，亦是全部《四书集注》之纲维、纲领，朱熹哲学思想之纲维、纲领。

（原载于《九州学林》2006年春季号，原标题为《朱熹道统说的建立与完成——从思想史所作的分析》）

朱陆"心学"及其异同

宋明理学的问题意识是回答佛禅的挑战，扬弃并吸收佛禅以为己用，以重新挺立中华文化与儒学的主体地位。故从北宋二程到南宋的朱熹和陆九渊都转向了"心学"，只是表现形态和为学方法有所不同而已。透过下面几个问题的观察分析，可以看到朱陆"心学"及其为学方法的不同与互补。

一、朱何以批陆是禅

禅宗之所以能风靡天下，一是继承与吸收了中国心性为宗的儒学传统，为中国士人喜闻乐见；一是佛教基本教义"缘起性空，物无自性""色即是空，空即是色"等为之扫清了宇宙客观存在的障碍。禅宗所讲的"明心见性""佛即是心，心即是佛""自性清净"等，即是在上述基石上建立起来的。

宋儒反佛，首先挺立了天道和宇宙的客观真实性。周敦颐的《太极图说》和《通书》起到了奠基作用，故程朱的心性论总是从"天命""天道""太极"讲起，不骤讲"心即理"。在先秦儒学中，孟子的心性学说——"性善"亦是首出。性善与天命、天道相联系，下贯于心，才有"仁义礼智根于心""存心养性以事天""尽心知性以知天"的超越命题。但陆象山直讲"心即理"，和禅宗骤讲"心即是佛"形式上极为类似。朱熹认为陆九渊之学是禅，这是首要原因。

再者，陆九渊之学和禅宗在方法上确有近似处。禅宗在六祖慧能以后，强调"不立文字，直见本心"，发展出棒喝、狮子吼等教人法门，视读经明理为邪门魔障："看经看教皆是造业，厌喧求静是外道法。""佛法无用功处，只是平常无事，屙屎送尿，著衣吃饭，困来即眠。"这与陆象山讲的"到我这里来，只是减担""苟此心之存，则此理自明，当恻隐处则恻隐，当羞恶、当辞逊，是非在前，自能辨之"①确有相似之处。只是禅宗的宣讲对象是佛门弟子，这些人剃度出家，名利世俗关早已打破，所求只是身心解脱，得大自在清净涅槃境。"顿悟""去为心之累""适意"，确是上乘法门。儒学讲道德，道德是体之于身的切实践履。陆九渊强调躬行实践，是切合儒学实际的。但只讲直悟本心，并不符合孔门儒学传统。朱熹批评陆九渊是禅，这也是重要原因。

此外，中国哲学重天人合一，以"道德性理"即"善的意志"生而具于"气之灵之心"中。孟子以后，荀子、董仲舒、扬雄、韩愈等皆以"性"为人之自然本性，"心"为神明之君、思虑情感的主体，没有在理论上提出天命道德之性与心之内在关系问题。小程讲"性即理"，随即下一转语："性之有形者谓之心。"②张载讲"心统性情"，"合性与知觉有心之名"。③朱熹说："性即理也，在心唤作性，在事唤作理。"④"理之在心谓之性。"⑤这排除了离心而言性（指道德之善性），以为性在心外，是一抽象的理之"共相"的可能性，也排除了"心即是性"混人心与道德本心为一的可能性。⑥陆九渊不然。他讲"心"为"气之灵之心"，却不讲先天禀具"性理"，于是成了"神识即理"。陆九渊笼统地讲"心即理"，故朱熹认为陆九渊是告子、是禅。

然而，应当看到的是，尽管朱熹批评陆九渊是禅，但作为朱熹思想逻辑起点的新旧"中和之悟"，亦是吸收佛禅"明心见性"而达致的。"某年十五六时，亦尝留心于禅。一日在病翁所会一僧，与之语，其僧只相应和了，说也不说是不是；却与刘说，某也理会得个昭昭灵灵底禅。"（《朱子语类》，第2620页）由此看，朱熹在十五六岁时，已对佛禅的心性观有天才

---

① [宋]陆九渊：《陆九渊集》，北京：中华书局，1980年，第396页。下引该书，仅随文标注书名与页码。
② [宋]程颢、程颐：《二程集》，北京：中华书局，2004年，第318页。下引该书，仅随文标注书名与页码。
③ [宋]张载：《张载集》，北京：中华书局，1978年，第9页。
④ [宋]黎靖德编：《朱子语类》，北京：中华书局，1986年，第82页。下引该书，仅随文标注书名与页码。
⑤ [宋]朱熹：《朱熹集》，成都：四川教育出版社，1996年，第2838页。下引该书，仅随文标注书名与页码。
⑥ 参见金春峰：《宋明新儒学论纲（二）——牟宗三先生〈心体与性体〉评述》，《社会科学动态》2019年第1期；《朱熹哲学思想的重新认识》，《中国文化书院八秩导师文集·金春峰卷》，东方出版社，2016年。

式的领悟。绍兴中，朱子《与开善道谦师书》云："向蒙妙喜开示，应是'从前记持文字，心识计较，不得置丝毫许在胸中，但以狗子话时时提撕'。愿受一语，警所不逮。"（《朱熹集》，第 5698 页）显然朱是深受佛禅影响的。

朱熹论佛教三门曰："佛家有三门，曰教，曰律，曰禅。禅家不立文字，只直截要识心见性……吾儒若见得道理透，就自家身心上理会得本领，便自兼得禅底；讲说辨讨，便自兼得教底；动由规矩，便自兼得律底。事事是自家合理会。"（《朱子语类》，第 141 页）朱子认为儒家应三门兼综，其中禅居首位，所以说"儒释之分，只争虚实而已"（《朱子语类》，第 2975 页），在"惟明一心""心为大本""心生万法"上，儒佛是一致的。

依此看朱批陆为禅，是因为陆把"教"和"律"丢掉了。陆之心学性格近于杨歧派禅师白云守端所说的"一拳拳倒黄鹤楼，一踢踢翻鹦鹉洲。有意气时添意气，不风流处也风流"。[1] 陆九渊《少时作》云："从来胆大胸膈宽，虎豹亿万虬龙千，从头收拾一口吞。有时此辈未妥帖，哮吼大嚼无毫全。朝饮渤澥水，暮宿昆仑巅，连山以为琴，长河为之弦。万古不传音，吾当为君宣。"（《陆九渊集》，第 299 页）此与白云守端诗同一气概。而朱熹之"心学"性格，则近于神秀的"身是菩提树，心如明镜台。时时勤拂拭，勿使惹尘埃"[2]。

二、朱陆鹅湖分歧之误解

淳熙二年（1175 年），朱陆在鹅湖相会。陆象山诗云："墟墓兴哀宗庙钦，斯人千古不磨心。涓流积至沧溟水，拳石崇成泰华岑。易简工夫终久大，支离事业竟浮沉。欲知自下升高处，真伪先须辨只今。"（《陆九渊集》，第 427 页）见墟墓起悲哀，见宗庙则钦敬，这是孝亲敬祖之心。陆九渊认为，为学当以此为根基。然朱熹实早有此说。其《答何叔京》第七书："兄弟之亲，天理人伦，盖有本能之爱矣，虽有不令之人，傲狠斗阋于其间，而亲爱之本心则有不可得而磨灭者。"（《朱熹集》，第 1852 页）陆之用辞几

---

[1] 郭生旭编：《禅诗三百首》，长春：时代文艺出版社，2005 年，第 388 页。
[2] 《金刚经·坛经》，延吉：延边大学出版社，2003 年，第 80 页。

与此相同。此书写于乾道三年。同年，朱熹有"中和新悟"，谓："未发之中，本体自然，不须穷索，但当此之时，敬以持之，使此气象常存而不失，则自此而发者，其必中节矣。"（《朱熹集》，第3722页）"本体"即心本体，亦即本心。这与陆九渊强调"本心"其实是一致的。

陆象山抨击朱子"支离事业竟浮沉"，朱子本人也早有觉察。其《答何叔京》第十一书：

> 向来妄论持敬之说，亦不自记其云何，但因其良心发见之微，猛省提撕，使心不昧，则是做工夫底本领。本领既立，自然下学而上达矣。若不察于良心发见处，即渺渺茫茫，恐无下手处也……所谕多识前言往行，固君子之所急，熹向来所见亦是如此。近因反求，未得个安稳处，却始知此未免支离。如所谓因诸公以求程氏，因程氏以求圣人，是隔几重公案，曷若默会诸心以立其本。（《朱熹集》，第1942页）

鹅湖之会前一年，朱熹曾与何叔京、吕子约等人讨论《心说》。其《答何叔京》第二十五书："伏蒙示及《心说》，甚善，然恐或有所未尽。盖入而存者即是真心，出而亡者亦此真心，为物诱而然耳。今以存亡出入皆为物诱所致，则是所存之外别有真心，而于孔子之言，乃不及之，何耶？"（《朱熹集》，第1957页）朱熹强调："盖人心本善，方其见善欲为之时，此是真心发见之端。然才发，便被气禀物欲随即蔽锢之，不教它发。此须自去体察存养，看得此最是一件大工夫。"（《朱子语类》，第229页）此一件大工夫，即陆九渊所谓"先立乎其大"。《象山年谱》载："鹅湖之会论及教人，元晦之意，欲令人泛观博览而后归之约；二陆之意，欲先发明人之本心，而后使之博览。朱以陆之教人为太简，陆以朱之教人为支离。此颇不合。"（《陆九渊集》，第491页）《象山年谱》的概括并不准确。因为在人有"本心"、应"发明本心"这一点上，二人是相同的。钱穆先生说："《朱子文集》卷四十有《答何叔京》共三十二通，最先当在孝宗隆兴二年甲申，朱子年三十五，正值李延平卒后。其与叔京相交，先后历十二年。此十二年间，朱子先获交于张栻，次同游于吕东莱，正为朱子一生学问思想创端开基最主要之阶段。今即专一细玩其所与叔京诸书，亦可约略窥见朱子当时学问思想之大概。而鹅湖初会时，朱子之思想体系与其学术规模已大体确立矣……凡象山之所持，朱子在鹅湖相会以前多已先言之，则双方之异同，宜别有在，亦可知矣。"① 这是合乎实际的。

三、陆学亦经过程朱

陆九渊自谓"心即理"之说，学无所受，"因读孟子而自得之。"(《陆九渊集》第471页）其实陆学不仅受到二程的影响，也受到了朱熹的影响。从陆九渊前期的一些书信，如《与张辅之》讨论程颢《定性书》，《与曹立之》谈"致知知止，正心诚意，知至至之，知终终之次序"时，说"程先生说得多少分明"(《陆九渊集》，第39页）来看，陆九渊是熟悉二程著作的。

陆学受到程朱的影响可谓是多方面的。最早讨论道心、人心的是二程，朱熹则对二程"人心即私欲"之说有所纠正。陆九渊乾道八年中举《易卷》文曰："狎海上之鸥，游吕梁之水，可以谓之无心，不可以谓之道心！"(《陆九渊集》，第341页）陆讲"道心"，本于程朱。"夫大中之道固人君之所当执也。然人心之危，罔念克念为狂为圣，由是而分。道心之微，无声无臭，其得其失，莫不自我；曰危曰微，此亦难乎其能执厥中矣。"(《陆九渊集》，第378页）"罔念克念"亦是朱熹的说法。朱熹说："自人心而收之，则是道心；自道心而放之，便是人心。'惟圣罔念作狂，惟狂克念作圣'，近之。"(《朱子语类》，第2012页）《象山语录》："解者多指人心为人欲，道心为天理，此说非是。"(《陆九渊集》，第396页）朱熹与张栻亦早有此说。

关于"心即理"，陆九渊说："人皆有是心，心皆具是理，心即理也。"(《陆九渊集》，第149页）"心具众理"是朱熹的表述。朱子谓："心具众理，变化感通，生生不穷，故谓之易。"(《朱熹集》，第1408页）陆九渊中举文《论天地之性人为贵》曰："孟子言'知天'，必曰'知其性则知天矣'，言'事天'，必曰'养其性，所以事天也'。《中庸》言'赞天地之化育'，而必本之'能尽其性'……诚以吾一性之外无余理，能尽其性者，虽欲自异于天地，有不可得也。""人生天地之间，禀阴阳之和，抱五行之秀，其为贵，孰得而加焉？"(《陆九渊集》，第347页）这与程朱言"性即理"

---

① 钱穆：《朱子新学案》（第3册），北京：九州出版社，2011年，第390页。

及"天以阴阳五行化生万物,气以成形而理亦赋焉"①的说法一致。究其根本,"心即理"还是以天道为源头。

鹅湖之会上,朱熹、吕祖谦、陆九渊曾论及"三陈九卦"。朱、吕二人对陆氏见解甚为佩服,盖此说与朱熹思想完全一致。王弼讲"天地以无为心",以"静""寂然至无"解复卦。程颐解复卦云:"动之端,乃天地之心见也。"(《二程集》,第819页)朱熹则以人之本心对应"天地之心",即"复"是复人之本心。陆亦以"本心"解复卦,与朱一致。讨论工夫的许多内容,与朱熹所强调的"涵养用敬""进学致知"也是一致的。陆九渊论履卦与谦卦云:"'履,德之基',是人心贪欲恣纵,君子以辨上下定民志,其志既定,则各安其分,方得尊德乐道。'谦,德之柄',谓染习深重,则物我之心炽,然谦始能受人以虚,而有入德之道矣。"(《陆九渊集》,第472页)这与朱熹所讲的"道问学"精神亦是相通的。

陆九渊论天理的种种说法,如"此心之灵,此理之明,岂外铄哉!明其本末,知所先后,虽由于学,及其明也,乃理之固有,何加损于其间哉"(《陆九渊集》,第96页),"此理塞宇宙,谁能逃之?顺之则吉,逆之则凶;其蒙蔽则为昏愚,通彻则为明知。昏愚者不见是理,故多逆以至凶;明知者见是理,故能顺以致吉"(《陆九渊集》,第418页),"道在天下,加之不可,损之不可,取之不可,舍之不可。要人自理会。"(《陆九渊集》第434页)实则都是二程"不为尧存,不为桀亡。人得之者,故大行不加,穷居不损。这上头来更怎生说得存亡加减?是它元无少欠,百理俱备"(《二程集》,第29页),"万物皆备于我,不独人尔,物皆然。都自这里出去,只是物不能推,人则能推之。虽能推之,几时添得一分?不能推之,几时减得一分?百理俱在,平铺放着。几时道尧尽君道,添得些君道多;舜尽子道,添得些孝道多?元来依旧"(《二程集》,第34页)等说法的翻版。

正因如此,陆九渊说:"韩退之言'轲死不得其传',固不敢诬后世无贤者,然直是至伊洛诸公,得千载不传之学,但草创未为光明,到今日若不大段光明,更干当甚事?"(《陆九渊集》第436页)此实已承认其思想经二程而来。伊洛诸公是草创,他的使命则是将其发扬光大。

---

① [宋]朱熹:《四书章句集注》,北京:中华书局,1983年,第17页。

四、朱陆在为学工夫上互补

朱陆在"尊德性"与"道问学"的问题上存在分歧,两人为此互有批评。朱批评陆自信太过,陆则以朱为支离。正是这些差异,使得朱陆在为学工夫上相互借鉴、补益。

陆九渊对朱熹的《四书章句集注》等传注工作持否定态度,以之为支离事业。《象山语录》云:"圣人之言自明白,且如'弟子入则孝,出则弟',是分明说与你入便孝,出便弟,何须得传注。学者疲精神于此,是以担子越重。到某这里,只是与他减担,只此便是格物。"(《陆九渊集》,第441页)这显然是批评朱熹"道问学"的格物工夫。事实上,朱熹虽在"道问学"上甚为用力,但亦强调"先立乎其大"的重要性。《象山年谱》淳熙七年(1180年)载,朱熹在与林择之的书信中指出:"陆子静兄弟其门人有相访者,气象皆好。此间学者却与渠相反。初谓只在此讲道渐涵,自能入德。不谓末流之弊只成说话,至人伦日用最切近处,都不得毫末气力,不可不深惩而痛警之也。"(《陆九渊集》,第492页)

淳熙八年(1181年),陆九渊访朱熹于南康,朱请陆至白鹿洞书院,升讲席,陆以"君子喻于义,小人喻于利"章发论。象山的讲演并非高头讲章,而是将义理与实际相结合,对士人之大弊痛下针砭,听众甚为感动。讲毕,朱熹叹曰:"熹当与诸生共守,以无忘陆先生之训。"又再三表示:"熹在此不曾说到这里,负愧何言!"(《陆九渊集》,第492页)朱子遂请象山书其讲词,而为《白鹿洞书院讲义》。直至晚年,朱熹对学生论述义利,几乎完全发挥陆九渊的观点。如淳熙八年《延和奏札》云:"人主所以制天下之事者本乎一心,而心之所主,又有天理人欲之异,二者一分而公私邪正之途判矣……舜禹相传,所谓'人心惟危,道心惟微;惟精惟一,允执厥中'者,正谓此也。"(《朱熹集》,第425页)这不仅与陆九渊的义利说精神一致,还为其补充了心性论的根据。

项平父本学陆学,后求教于朱熹。朱熹《答项平父》第二书云:"大抵子思以来,教人之法惟以尊德性、道问学两事为用力之要。今子静所说,专是尊德性事,而熹平日所论,却是道问学上多了,所以为彼学者,多持守可观,而看得义理全不仔细,又说别一种杜撰道理遮盖,不肯放下;而熹自觉虽于义理上不敢乱说，却于紧要为己为人上多不得力，今当反身用力，去短集长，庶几不堕一边耳。"（《朱熹集》，第2843页）这里对朱陆二人关于尊德性与道问学的分歧进行了反思，并提出去短集长的想法。

淳熙十三年（1186年），朱熹《答吕子约》云："日用功夫不敢以老病而自懈，觉得此心操存舍亡，只在反掌之间，向来诚是太涉支离；盖无本以自立，则事事皆病耳。"（《朱熹集》，第2427页）这显然是对此问题的进一步反省。朱熹晚年训示学生，愈加强调"立本"的重要性："根本须先培壅，然后可立趋向。""今且要收敛此心，常提撕省察。且如坐间说时事，逐人说几件，若只管说，有甚是处！便截断了，提撕此心，令在此。凡遇事应物皆然。"（《朱子语类》，第2739－2740页）"本领上欠了工夫，外面都是闲。须知道大本若立，外面应事接物上道理，都是大本上发出。如人折这一枝花，只是这花根本上物事。"（《朱子语类》，第2764页）由是可见，朱熹对陆九渊"先立乎其大"的"本心"说是完全肯定的，越到晚年越是如此。

陆九渊否认注疏工夫，对儒门而言，其实是剑走偏锋。朱子《答张敬夫》云："子寿兄弟气象甚好，其病却是尽废讲学而专务践履，却于践履之中要人提撕省察，悟得本心，此为病之大者。要其操持谨质，表里不二，实有以过人者。惜乎其自信太过，规模窄狭，不复取人之善，将流于异学而不自知耳。"（《朱熹集》，第1361页）朱子批评陆九渊自信太过，是合乎实际的；但谓其"尽废讲论与读书"，则不合实情。陆九渊虽主发明本心，但亦讲"道问学"。

关于读书，陆九渊曾说：

束书不观，游谈无根。（《陆九渊集》，第419页）

读书固不可不晓文义，然只以晓文义为是，只是儿童之学，须看旨意所在。（《陆九渊集》，第432页）

读书之法，须是平平淡淡去看，仔细玩味，不可草草，所谓优而柔之，厌而饫之，自然有涣然冰释、怡然理顺底道理。（《陆九渊集》，第432页）

这些看法与朱熹基本相同。陆九渊亦讲"格物是穷理"，并引邵尧夫诗"当锻炼时分劲挺，到磨砻处发光辉"，强调平时磨炼用功："磨砻锻炼方得此理明，如川之增，如木之茂，自然日进无已。"(《陆九渊集》，第 432 页)他也强调教与学的重要性。其《论语说》云："田野陇亩之人未尝无尊君爱亲之心，亦未尝无尊君爱亲之事，臣子之道，其端在是矣。然上无教，下无学，非独不能推其所为以至于全备，物蔽欲泊，推移之极，则所谓不能尽亡者，殆有时而亡矣。"(《陆九渊集》，第 265 页)论孔子"十有五而志于学"至"七十而从心所欲不逾矩"时，陆九渊更是阐发了"尊德性"与"道问学"、义理与学问交相养之义。

陆九渊晚年愈发强调"道问学"，如淳熙十二年（1185 年）辞归讲学，"学者辐辏、乡曲长老亦俯首听诲"(《陆九渊集》，第 499 页)。淳熙十五年（1188 年），对学者"或教以涵养，或教以读书之方"，谓："先欲复本心以为主宰，既得其本心，从此涵养，使日充月明。读书考古，不过欲明此理，尽此心耳。"(《陆九渊集》，第 502 页)与朱熹辩《太极图说》"无极而太极"，亦属"道问学"事。其所作《荆门军上元设厅皇极讲义》《大学春秋讲义》，都是"尊德性"与"道问学"结合的范例。

陆九渊不废"道问学"，其哲学依据同样在于"理"乃宇宙固有，非学无以明之。《与陶赞仲书》云："吾所明之理乃天下之正理、实理、常理、公理，所谓'本诸身，证诸庶民，考诸三王而不谬，建诸天地而不悖，质诸鬼神而无疑，百世以俟圣人而不惑者也。'学者正要穷此理，明此理。"(《陆九渊集》，第 194 页)在知行关系上，他也强调不先明理，便是冥行妄作。其《与赵泳道》云："'欲修其身者，先正其心；欲正其心者，先诚其意；欲诚其意者，先致其知；致知在格物。'自《大学》言之，固先乎讲明矣。自《中庸》言之，'学之弗能，问之弗知，思之弗得，辩之弗明，则亦何所行哉？'未尝学问思辨，而曰吾唯笃行之而已，是冥行者也。"(《陆九渊集》，第 160 页)

要之，朱陆虽相互批评，但亦相互补益。

五、何谓"本心"

"心"字有器官之心、主宰之心、思想情欲之心、道德本心等多重含义。陆九渊所谓"心即理"，实乃道德本心即理。"理"字亦多义，有自然原理、自然规律之义，亦有道德准则之义。陆九渊的"理"指道德准则，具体指仁义礼智，即价值义之所应然，不包括自然法则、客观规律等必然性的内容。借用康德的划分，陆氏之"理"属于"实践理性"或"道德理性"领域，不属于理论理性范围。陆九渊反复讲"本心"，如云：

"人之所以异于禽兽者几希，庶民去之，君子存之。"去之者，去此心也，故曰："此之谓失其本心。"（《陆九渊集》，第 149 页）

"万物皆备于我矣，反身而诚，乐莫大焉。"此吾之本心也。（《陆九渊集》，第 5 页）

这些说法中的"本心"，相当于康德所谓"善的意志"。冯友兰先生 20 世纪 30 年代出版的《中国哲学史》，说陆象山所讲的"心"即是朱熹所讲的"气之灵之心"。但这样的"心"，包括了人欲、情欲、情感，可以恻隐，也可以情欲充塞，以利为义，或者思虑混乱，"意必固我"，如何能与道德之理同一？到出版《中国哲学史新编》，冯先生则把陆九渊的"心"解释为"宇宙的心"，而非个人的心。① 何谓"宇宙的心"，冯先生并未赋予其确切含义。牟宗三先生解为"神圣的心"。② 王阳明讲"满街都是圣人"，圣人指道德完满之人。牟于"圣"前加一"神"字，成了无所不知、无所不能的圣人，成了"满街都是上帝"了。学界亦有以"本体论"解之者，谓陆乃"心本体论"，以"心"为形而上。按此说法，则个人现实的心即"气之灵之心"，是分有"心本体"而来的。以这样的"心"为宇宙和道德之源，显然与陆之"本心"说不相应。吕大临《中庸解》谓："取准则以为中者，本心而已。"③ 人心所发有是非善恶，"本心"则是判定是非善恶的准则。混"本心"与"人心"为一，准则便不成其为准则了。

朱熹晚年在《答廖子晦》第十八书中对"本心"做了经典性的论述：

盖原此理之所自来，虽极微妙，然其实只是人心之中许多合当做底道理而已。但推其本，则见其出于人心，而非人力之所能为，故曰"天命"。虽万事万化皆自此中流出，而实无形象之可指，故曰"无极"耳。（《朱熹集》，第 2306 页）

"理"即"人心之中许多合当做底"。"做"指人伦日用实践及其所遵

---

① 冯友兰：《中国哲学史新编》（下册），北京：人民出版社，2001 年，第 226 页。
② 牟宗三：《从陆象山到刘蕺山》，长春：吉林出版集团有限责任公司，2013 年，第 9 页。
③ [清] 莫友芝：《十先生中庸集解》，北京：中华书局，2017 年，第 61 页。

循的当然之则,不包括自然界之必然规律、原理,更非彼岸世界、形而上之共相。朱熹认为,它们皆是"自此(心)中流出"的。"出于人心,而非人力之所能为",是说它们是先验的、生而具于人心的,如见孺子入井而有恻隐之心,无论圣愚、贤不肖,皆是如此。此先验、先天,即是"天命"。早年,朱子于《答张钦夫》第十书中也表达了类似的意思:"释氏虽自谓惟本一心,然实不识心体,虽云心生万法,而实心外有法,故无以立天下之大本,而内外之道不备。……若圣门所谓心,则天序、天秩、天命、天讨、恻隐、羞恶、是非、辞让,莫不皆备,而无心外之法。"(《朱熹集》,第1332页)参照康德的说法,道德理性为自己立法。此立法的"善的意志",是与生俱来而非后天所得者,即"天命"。此种种"合当做底道理",因其无形无象,故称"无极"。就此而言,朱熹这段话可谓是对其"天命""无极""本心"思想最完整、最经典的概括与总结。

陆氏弟子杨简曾向陆请教何谓"本心",陆以实事指点:

> 象山曰:"君今日所听扇讼,彼扇讼者,必有一是有一非,若见得孰是孰非,即决定为某甲是,某乙非,非本心而何?"先生(杨)闻之,忽觉此心澄然清明,亟问曰:"止如斯邪"?象山厉声答曰:"更何有也!"先生退,拱坐达旦,质明,纳拜,遂称弟子。[①]

听狱判案首先需如实了解案情,然后据法律判定孰是孰非,这是理性、理智的事。据此如实判之,不掺杂个人私利和偏见,才是道德本心之发用。如果一方行贿,甚至买通上级强压判案者以非为是,而判案者仍能"直道而行",则更加体现出道德本心的价值与力量。此处,陆九渊的指点实是认定"本心"兼有全善、全知、全能的功能与作用,与"上帝之心"或"神圣心"近似。陆象山自谓:"我无事时,只似一个全无知无能底人。及事至,方出来,又却似个无所不知,无所不能之人。"(《陆九渊集》,第455页)陆确是以全善、全知、全能看待"本心"的。

杨简大悟以后,作《己易》一文,文中说:"言吾之变化云为深不可测谓之神,言吾心之本曰性,言性之妙不可致诘,不可以人为加焉曰命。"

[①] [清]黄宗羲原著,[清]全祖望补修:《宋元学案》,北京:中华书局,1986年,第2466页。下引该书,仅随文标注书名与页码。

(《宋元学案》，第2470页）以性为心之本，但性又以不可见、不可知之"命"为"主宰"。天地变化、思虑营谋皆不能离开此一主宰，此主宰即真我、本我。《绝四记》言："此心之神，无所不通。此心之明，无所不照，昭昭如鉴。不假致察，美恶自明，洪纤自辨。"（《宋元学案》，第2467页）只要没有"意必固我"的干扰蒙蔽，心便全善、全知、全能了。问题在于，心既然无所不照、昭昭如鉴，意必固我又何以能使之暗而不明？

针对陆门后学的这一问题，朱熹有过专门批评：

> 正如荀子不睹是，逞快胡骂乱骂，教得个李斯出来，遂至焚书坑儒。若使荀卿不死，见斯所为如此，必须自悔。使子静今犹在，见后生辈如此颠蹶，亦须自悔其前日之非。（《朱子语类》，第2619页）

牟宗三先生曾为陆九渊辩护：

> 陆《与胡季随书》中并无"只是有一念要做圣贤便不可"之意，统观《象山全集》亦无此语句。这只是"或说"之人凭其所闻于禅家之风光所加之诬枉之联想，借以为讥笑之资。而朱子即借此"或说"之言，说了一大套禅家奇诡之风光而加之于象山。此亦全是诬枉之联想。（牟宗三《从陆象山到刘蕺山》，第125页）

其实朱子此段文字是在象山去世后针对其后学而言的。

宋宁宗时期韩侂胄专权，将朱熹等五十九人打成"伪学""逆党"，上书言事者被流放编管。乱政横行，此固然有韩侂胄的罪过，但也与宁宗之师心自用有关。① 宁宗的"英断"，与杨简"是非贤否自明"之说是有内在关联的。史载，杨简与宁宗有如下对话："'陛下自信此心即大道乎？'宁宗曰：'然。'问：'日用如何？'宁宗曰：'只学定耳。'杨简曰：'定无用学，但不起意，自然静定，是非贤否自明。'"（《宋元学案》，第2467页）宁宗的"英断"而自信，思想上即来源于此。

陈淳在《答陈师复书》中说，杨简及其门人"不读书，不穷理，专做打坐工夫，求形体之运动知觉者以为妙诀，又假托圣人之言，牵就释意，以文盖之。"（《宋元学案》，第2478页），形象地指出了其学风特点。此种

---

① 《朱子语类》载："上即位逾月，留揆以一二事忤旨，特批逐之，人方服其英断。"（《朱子语类》，第3062页）

学风及杨简"本心说"在政治上的流弊，在宁宗朝终于带来了大灾难，这是值得深思的。

结语

综上，朱陆之分歧，并非朱学是"理学"，求道德性理于心外；陆学是"心学"，求理于吾心。二者其实都讲道德本心，分歧只在"尊德性"与"道问学"的关系上。朱子强调二者相辅相成，实则在"道问学"上用力较勤；象山强调"先立乎其大""发明本心"，但亦未废"道问学"。两人实相对而互补。陆门后学杨简之流弊，不能完全归咎于象山本人。

（原载于《周易研究》2020年第1期，收入本书时有删节）

宋明新儒学论纲

牟宗三先生是研究宋明理学的大家。在儒学面对西学挑战，艰难危困之际，唐君毅及牟宗三等港台儒家学者为儒学发新声，争地位，令人尊敬①。牟先生之《心体与性体》三大册，或赞扬，或反对，研究宋明理学者几无人能绕过此书。故深入地分析其研究进路、方法及得失，对推进宋明理学研究有重要意义。我曾著《朱熹哲学思想》一书②，不赞成先生对朱熹哲学之定性，但只是就朱论朱，未对牟先生对理学之整体理述加以评析。现予以补述。

一、儒学的定性

牟先生对宋明理学的论述，基于对儒学本质何在的看法。他的《心体与性体》首先从对儒学的定性开始。故分析他对宋明理学的看法也首先要从这里开始。

儒学如何定性？当代的研究著作极少概括性的讲法。任继愈先生认为儒学乃儒教，是类似基督教与佛教的宗教。牟宗三先生则定性儒学乃"内圣成德之教"，谓："'内圣'者，内而在个人自己则自觉地作圣贤工夫（作道德实践）以发展完成其德性人格之谓也。"③"道德即通无限。道德行为有限，而道德行为所依据之实体以成就其道德行为者则无限。"④"自觉地作道德实践，本其本心性体彻底以清澈其生命"，此即"即道德即宗教"之"道

---

① 笔者1994年访问台湾，即蒙李明辉先生陪同，拜访了牟宗三先生。1995年先生去世。1998年我到台湾"中央研究院"中国文哲研究所做访问学者。1999年清明节，随李明辉先生等去先生墓地祭拜。
② 参见金春峰：《朱熹哲学思想》，台北：东大图书公司，1998年。
③ 牟宗三：《心体与性体》（第1册），台北：正中书局，1969年，第4页。
④ 牟宗三：《心体与性体》（第1册），台北：正中书局，1969年，第5页。

德宗教"。"践仁以知天即是'成德之教'之弘规。"① "儒家之政治思想尚只在朦胧之发展中","只以尧舜三代寄托其外王之理想。"② 故将儒学"与政治划开,如普通宗教然,亦未尝不可"③。

牟先生对儒学的这种定性,笔者认为是含混而不恰当的:

第一,儒学本质上是"内圣外王一体两面"之学。余英时先生称之为"内圣与外王的连续体"④。《庄子·天下篇》谓,春秋战国以降,"内圣外王之道暗而不明","道术将为天下裂",认为中国文化学术的根本特质是"内圣外王"一体两面。《汉书·艺文志》谓儒家:"祖述尧舜,宪章文武,……于道为最高"。其所谓"道"乃"内圣外王一体两面"之"道",非仅指内圣或外王。孔子赞尧,说:"大哉尧之为君也!巍巍乎!唯天为大,唯尧则之。"(《论语·泰伯》)"则天"谓其道德如天(天无私覆),并像"天"一样地辅养万物(敬授民时,建立五教等等)。"如有博施于民而能济众……何事于仁,必也圣乎!尧舜其犹病诸?"(《论语·雍也》)"修己以安百姓,尧舜其犹病诸?"(《论语·宪问》)这是尧之内圣外王统一之境界。孔子赞美舜:"无为而治者其舜也与?……恭己正南面而已矣。"(《论语·卫灵公》)舜之能如此,亦因其具"恭己"之崇高德性。"无为而治"则是其"外王"的功德圆满。孔子赞美禹,说:"禹,吾无间然矣。菲饮食而致孝乎鬼神;恶衣服而致美乎黻冕;卑宫室而尽力乎沟洫。禹,吾无间然矣。"(《论语·泰伯》)又:"禹稷躬稼而有天下。"(《论语·宪问》)对鬼神的"孝","致美乎黻冕",尽力于农事以提高人民的生活,既是禹之"内圣",又是其"外王",是两者的统一。

儒学与基督教及佛教的本质区别,即在于"外王"与"内圣"之是否切割。后两者皆切割之,使"内圣"纯为个人生命之事,甚至弃家才能信主,弃家才能信佛。儒学则谨守非"内圣"无以成就"外王";非"外王"无以成就"内圣"。"内圣"之成即成在齐家治国平天下之"外王"中。

---

① 牟宗三:《心体与性体》(第 1 册),台北:正中书局,1969 年,第 6—7 页。
② 牟宗三:《心体与性体》(第 1 册),台北:正中书局,1969 年,第 5 页。
③ 牟宗三:《心体与性体》(第 1 册),台北:正中书局,1969 年,第 4 页。
④ 文谓:"只有在'内圣'之学大明后,'外王'之道才有充分实现的可能。""理学其实是一个'内圣外王的连续体'。""'内圣''外王'为一连续体而归宿于秩序重建,是一个经得起反复勘查的断案。"参见余英时:《我摧毁了朱熹的价值世界吗?——答杨儒宾先生》,《当代》2004 年第 1 期。

"担水砍柴,无非妙道",禅宗有此话头,却要"出家",远离尘世烦恼;儒学则谓不担水砍柴,离人伦日用,即无妙道可言。离开"尧舜"之"博施于民而能济众",以个人之"践仁知天"成就一宗教境界为"孔子之教之弘规",就从本质上偏离了儒学与孔子。王阳明谓:"只说'明明德'而不说'亲民',便似老、佛。"(《传习录》上)即谓此也。牟先生解尧舜仅仅是礼乐与政治的"外王",是一种错解。儒学的最高境界是以德治国、平天下,使天下无一人不得其所、不安其位。但孔子有其德而无其位,儒家以之为最大的不幸。然孔子一生行义达道,其"道"仍乃"内圣外王一体两面"之道。

宗教之为宗教,"外王"是它所不关心的,甚至认为"外王"作为灵魂以外之尘世与肉体世界,对个人成德、得救是有害的。此一与"外王"截然分割之成德学说乃宗教之为宗教的立足点与归宿。宗教所对应的不是政治的混乱无道、伦常的失序,而是个人灵魂或心灵的堕落。"外王"的"暗而不明",正是宗教成长之沃土。儒学则恰与之相反,政治乃儒学发展的内在动力。

第二,信仰是可以达致道德的。此道德,康德称之为他律道德。但在其为道德这一点上,它与自律道德是没有区别的。但有道德并不能一定就有宗教。因宗教的本质是信仰。道德的本质是人际关系之具有普遍性的处理格准。按康德的说法,此格准乃理性之实践的运用,乃理性之纯粹地为自己立法而自己实行之具有普遍性的格律。道德可以使人享有尊严,但不会使人享有神性,走向所谓无限、永恒;不论如何在字句上谓个人生命由此而能超越有限,达致无限,都不过是自说自话、文字上的戏论而已。在宗教中,肉体有限,灵魂不死就是无限。中国传统以"立德、立功、立言"三不朽为无限。所谓"立德"是"泽及生民""博施于民而能济众";"立功"指功业,亦是以道德为基础;"立言"指文章,但"文以载道",非离道而有文,个人的德亦是基础。三句话体现的都是内圣外王之一体两面的精神。

中国文化自殷商起,即有上帝与祖灵的两大崇拜,此信仰虽未发展为正式的宗教,却具有宗教的性格。祖灵崇拜的萌芽与胚胎,远在仰韶半坡文化之人面鱼纹图案彩陶中就有明确的表现,它反映当时人对生死问题的关注，企盼生命不死、灵魂回归①。随时代的发展，这一观念即定型为祖灵崇拜。甲骨文中，祖灵崇拜是隆重的，与之并列的还有上帝崇拜。《礼记·表记》谓："殷人信鬼，率民以事神。"周人继承了这两大崇拜，形成了两大规范化了的宗教性祭祀。"天"成为上帝的称谓，有主宰性和意志。孔子文化心灵中的"天"仍有此种意义。"文王既没，文不在兹乎？天之将丧斯文也，后死者不得与于斯文也。天之未丧斯文也，匡人其如予何？"（《论语·子罕》）仪封人说："天将以夫子为木铎。"（《论语·八佾》）孔子谓"君子有三畏"，"畏天命"是首要的。这些都凸显出对"天"之为人格神的信仰。

曾子说："《诗》云：'战战兢兢，如临深渊，如履薄冰。'而今而后，吾知免夫！"（《论语·泰伯》）此乃宗教虔诚之真实体验，虔敬于生命之所自；此非由道德提升而生之宗教之敬畏，乃由敬畏而生之道德之情怀。曾子是宗教感极重的人。"任重而道远。仁以为己任。""可以托六尺之孤，可以寄百里之命，临大节而不可夺也。"（《论语·泰伯》）皆是由宗教之感所生之敬畏，乃是在外王中完成其内圣，而无愧于天。

《中庸》谓："天命之谓性"，天命有其真实的宗教意义。孟子谓："天不言，以行与事示之而已。"（《孟子·万章上》）此即对孔子所言"天"之宗教义之继承与应用。孟子曰："生，亦我所欲也；义，亦我所欲也。二者不可得兼，舍生而取义者也。"（《孟子·告子上》）这并非求个人生命之无限与永恒，乃舍生忘死，求民族"大我"生命之安顿与长存。此亦有宗教意义，但却是以践仁取义为个人之所当为、之所应该。它的文化背景即上述两大信仰与崇拜。

《易传·乾·文言》谓："大人者，与天地合其德，与日月合其明，与四时合其序，与鬼神合其吉凶。先天而天弗违，后天而奉天时。""德"指天之生养万物之德，"明"指光照万物，以睿智惠及百姓与万物。此即体现"内圣外王一体两面"之精神，谓其为"宗教情怀"亦可。

"五四"弘扬民主与科学，视宗教为迷信，更鄙视天地与祖灵崇拜。

---

① 参见金春峰：《中国文化的特性与"三统"史观——考古学的人文密码》，《衡水学院学报》2017年第2期。

"五四"后之现代学人此种宗教感已荡然无存。牟先生以对个人生命之永恒感代替孔孟之真实的宗教情感,变孔孟为现代学人,变孔孟时代之宗教式信仰为现代流行之个人终极关怀,可谓时代之偷换与倒置。

"五四"于扫荡真实的宗教以后,学者纷纷提出以科学代宗教,以美育代宗教,以哲学代宗教,以道德立宗教。牟先生之"即道德即宗教",就反映了这一思潮。它与孔孟儒学恰恰是不相融的。

第三,"个人"这个观念是近代的。社会由个人组成,这是事实上的"个人"。远古,在意识中,个人不仅与社会与氏族没有分开,与自然也没有分开,图腾崇拜即其表现。在祖灵与天地崇拜中,个人以自然血缘与族群及天地宇宙相联系。人即伦理血缘关系的总和。在西方,个人观念的出现,一是借助基督教的信仰力量,把人从家族血缘网络中拉出来,以个人身份成为上帝的子女;一是近代商品市场经济的普遍化,人从封建网络中被破坏性地拉出来,成为自由的个人。传统中国,自然经济一直居统治地位,家族伦理血缘关系根深蒂固,儒家越是强化伦理道德,则"个人观念"越被削弱而自我消失。代之而起的不是个人的"宗教境界"的实现,而只是"天理充盈",在伦理中而不知其为伦理,在网络中而不知身有网络。若说这就是从"有限"跃进到了"无限",实与宗教之真正以个人身份、个人观念而得解脱,是不同性质的事。

"清彻个人生命"这一提法,以基督教的救赎与佛教的"无明"为背景,是与之相类比而说的,这说辞可以说是把儒学性质变得混淆不清了。

第四,牟先生认为儒学本应提出和建立比"封建帝制"更为民主、法治且能有效运作的制度(所谓"理性之外延与架构"),而儒学未能于此努力[1]。"孔子亦只举出禅让之美而未及如何实现之,后人亦未能继之以思也,是以终为一泛之理想。"[2] 中国封建社会的专制、不民主,牟先生都归之于儒者"思想义理之不转弯,撑不开,亦正是其根本症结之所在。"[3] 这不仅是对儒学"内圣外王一体两面"之根本误解,亦且可谓是"异想天开"。中国政制之皇帝专制独裁乃势所必至,亦理所必然。要求儒学提出"政权

---

[1] 牟宗三:《政道与治道》,台北:广文书局,1974年,第3页。
[2] 牟宗三:《政道与治道》,台北:广文书局,1974年,第8页。
[3] 牟宗三:《政道与治道》,台北:广文书局,1974年,第13页。

民主"之设计而实行之,是一种完全的空想。以"禅让"为"政权民主",更是完全的误解。

第五,牟先生视孟子之所讲"心"为"本心性体",为形而上,为绝对,所谓"本心性体必须是绝对的普遍者",乃"绝对普遍之实体。"① 这把"性体"视为如有一物,"内在超越"成了真正的"内信内仰"。但以此解释孔子,是己意的强加。以此解释孟子,也是一种强加。孔子讲"性相近也,习相远也。"(《论语·阳货》)"性与天道,不可得而闻也。"(《论语·公冶长》)显然不能作此解。牟先生所引孟子的几段话,也难于作此解。②

如:"从其大体为大人,从其小体为小人。"牟先生改文易字,变后天的"从"为先天的"得"。而孟子指出:"耳目之官不思,而蔽于物。物交物,则引之而已矣。心之官则思,思则得之,不思则不得也。此天之所与我者。先立乎其大者,则其小者不能夺也。此为大人而已矣。"(《孟子·告子上》)以"得"易"从",牟先生实际上是变"心之官"为"本心性体",这是随意改变原文而牵合之以为己用。

又如:"君子所性,仁义礼智根于心。"(《孟子·尽心上》)这里孟子以"性"有两种为前提:一是"生之谓性",食色之性;一是仁义礼智之性。孟子说君子选择后一种"性"为性。"心"意谓道德理性,也即理性自觉作道德实践的能力。"心"具此能力,君子则真正发挥其作用,使仁义礼智成了自己的"性"。小人则反是。牟先生解"心"为先验"本心性体",是不符孟子此话原意的。

再如:"君子所性,虽大行不加焉,虽穷居不损焉,分定故也。""分"乃"本分""天职"之意,意谓仁义礼智成了君子的"本分"和"天职",穷达的变化不会改变它分毫。"分定"不能解为先天"性体"之为"绝对普遍者"。而"存其心,养其性,所以事天也。夭寿不贰,修身以俟之,所以立命也"(《孟子·尽心上》),此乃表达对生命所自之上天的崇敬,认为如此才是事奉于天,亦是自我生命意义之所在。虽以"心有四端"和本性善

---

① 牟宗三:《政道与治道》,台北:广文书局,1974年,第7—8页。
② 牟宗三:《政道与治道》,台北:广文书局,1974年,第6页。

为依据，但绝未将"本心"和"性"本体化为内在之彼岸世界，内在之形而上。

本文以为，参照西方古希腊至文艺复兴以前的情况，儒学可定性为人本主义与人文主义的思想体系。人本主义与人文主义在欧洲文艺复兴时，所指是一个意思（humanism），本文特予并列。前者指对人的关爱与尊重，所谓"仁者爱人""人为贵"，人是目的，不是手段。后者指人不只是道德的产物，亦是文化的产物，所谓"君子博学于文，约之以礼，亦可以弗畔矣夫！""质胜文则野，文胜质则史。文质彬彬，然后君子。"（《论语·雍也》）"臧武仲之知，公绰之不欲，卞庄子之勇，冉求之艺，文之以礼乐，亦可以为成人矣！"（《论语·宪问》）"仁""爱人"所体现的是人本主义；而特重诗教、乐教、礼教、书教、易教之人文主义，则使中国社会完全避免了西方中世纪那样的黑暗干枯时期，让人一直享有情感丰富的人性的生活。以为只要挺立了道德，就自然地会有诗、书、礼、乐的人的文化，这种想法是错误的。看看柏拉图设计的"理想国"和古罗马及欧洲的中世纪，事情就十分清楚。当唐宋八大家活跃于历史舞台的时候，欧洲还处在神权统治之下，两者的对比何其鲜明。

孔孟对"内圣成德"有充分的论述，外王则以德治、教化为基本，以"老者安之，朋友信之，少者怀之"为目标，内外结合，所谓"极高明而道中庸"，不必另立新奇，反失其真。必不得已，用一句话概括，"修己以安百姓"，可视为孔子立教之宏规。"自由为体，伦理为用"亦可概括儒学的精神。

牟先生对儒学性质的错误解读，导致对宋明儒学的根本误判。如谓"朱子歧出"，"别子为宗"，等等。

二、朱子"歧出说"之谬误

近代以前，宋代儒学一般分为濂、洛、关、闽四系。"洛学"统称二程。近代，冯友兰先生划分二程为两大系，一是程颢心学，一是程颐理学。牟先生承此说法，扩而大之，以周敦颐、程颢、张载、陆象山、胡宏、王阳明、刘蕺山之心学为一系（从中又划出胡宏、刘蕺山为另一系）；程颐、朱熹理学为一系。前者以《论语》《孟子》《中庸》《易传》为经典，是孔孟儒学之继承，本质上不新；后者以《大学》为经典，主智穷理，乃"宋明新儒学""新"之所在，谓："（伊川、朱子）'致知'为致吾人心气之灵之知，'格物'为即物而穷其存在之理（穷究实然者之所以然之理）。"①"此于孔孟儒学为歧出"，"此是以荀子之心态讲孔子之仁……及道体与性体。"②"其所成就者是主智主义的以知定行……是康德所谓'他律道德'。""心认知地摄具理，理超越地律导心，则其成德之教固应是他律道德，亦是渐磨渐习之渐教。"③朱子"开出这一新传统，取得儒学正宗之地位，而实只是别子为宗也。"④"其真能继承者，亦只是伊川也。"⑤

关于朱子的这一"歧出"而能"别子为宗"，牟先生讲不出所以然，强调这是基于事实。但他却扭曲了事实。

第一，宋明儒学之发展过程是围绕建立"儒学道统"展开的。"道统说"是韩愈首先提出的。它的提出不只是为了排佛，而实是企图对儒学思想之内在本质做一界定，并提高其神圣性。但"道统"的核心内容——道体，韩愈对它的了解十分肤浅。北宋伊始，胡瑗、孙复、石介、欧阳修继承韩愈，高举反佛大旗，但都未达于哲学高度。苏辙以欧阳修为"道统"在宋代的承继者。李觏《常语》将孟子排除在外，认为孟子亦是"言伪而辨"者，与孔子之道不同。故"道"传至孔子，"孔子死，不得其传矣。"（《李觏集》）再以后程颐作《明道先生墓表》，提出："周公没，圣人之道不行；孟轲死，圣人之学不传。道不行，百世无善治；学不传，千载无真儒……"（《二程文集》卷第十一《伊川先生文七》），以程颢上承孟子，认为是"道统"的真正传人，排除了韩愈。但何谓圣人之道，程颐并未有新的提法。

围绕"道统"的确立，宋代儒学既与佛、道激烈争辩，又在儒学内部展开争辩，并发展为"政治"的斗争。朱熹在这一斗争中建立与完成了"新道统说"。他的新儒学的"新"是由其"新道统说"确立的。朱熹在儒学中的嫡传、正宗地位亦是由此奠定的。朱熹之《中庸章句序》（非《大学

---

① 牟宗三：《政道与治道》，台北：广文书局，1974年，第15页。
② 牟宗三：《政道与治道》，台北：广文书局，1974年，第45页。
③ 牟宗三：《政道与治道》，台北：广文书局，1974年，第50页。
④ 牟宗三：《政道与治道》，台北：广文书局，1974年，第19页。
⑤ 牟宗三：《政道与治道》，台北：广文书局，1974年，第51页。

章句序》）则是其"新道统说"的经典表达，是新儒学建立与完成之真正的标志。所谓"宗"的观念亦是由此提出和确定的。朱熹哲学思想之性质亦由此一经典文本所确定①。在牟先生《心体与性体》三大册中，"道统说"却是根本不存在的，朱熹之"新道统说"和朱熹之《中庸章句序》也是根本不存在的。故从事实出发云云，对牟先生而言，是恰恰相反。这是由于牟先生不知宋代儒学实际是以"道统说"为轴心展开和发展的。既然不知这一关键点，当然也就不知何谓正宗，何谓"歧出"了。对朱熹之《中庸章句序》及有关《语录》，牟先生觉得难于曲解，故干脆从其《心体与性体》三大册中彻底地一字不留地全部勾销了。这与其自诩的"客观了解"，对文献下"坚壁清野""细针密缝"的死硬功夫，完全是相反的。

第二，建立"新道统说"的努力贯穿朱熹思想发展的全过程，为此，朱熹可谓耗费了全部心血，亦付出了巨大的政治代价，最终以"庆元党禁"中之"伪学巨魁"而被禁锢、迫害，直至生命最后一息；有如耶稣之被视为异端邪说而蒙难一样，亦有如苏格拉底之因特异思想而被雅典公民处死一样，朱熹之蒙难性质是类似的，都是因思想而受迫害②。宋朝有不杀士人的禁条，朱熹得免于一死，但被戴上"伪学""党人"帽子的朱熹的学生、同党却有人被迫害死了。没有刑场，流放之途就是看不见的刑场。朱熹是可以致死而未死的。朱熹之被"摘掉帽子"，解除"党禁"，是在他死了几十年以后。他在"道统"中的宗主地位的真正确立也是在他死了几十年以后，由他的再传弟子朱派学人真德秀、魏了翁完成的。黄榦及真德秀、魏了翁之思想亦直承朱熹《中庸章句序》。不知有此而谈朱熹之"别子为宗"，就是"不知有汉，无论魏晋"了。

黄榦思想的基本点是讲朱子之"道统"思想。真德秀的基本著作是《心经》与《大学衍义》，后者在元明两代政治中发挥了巨大影响；而其纲领与指导思想即是朱熹《中庸章句序》之"十六字心传"。魏了翁则以"心为太极"，此非融合朱陆，而系直承朱子"道统说"所做的概括。

---

① 参见金春峰：《〈中庸章句〉的诠释思想及其方法论》，《中国哲学与文化》（第3辑），桂林：广西师范大学出版社，2008年；《中国文化书院八秩导师文集·金春峰卷》，上海：东方出版社，2014年。
② 参见金春峰：《宋代的学派与政派——从"绍兴学禁"到"庆元党禁"》，《湖南科技学院学报》2007年第3期。

元代，仁宗重视儒学，定朱子《四书章句集注》为科考标准经典。《元史》载：大德十一年，仁宗为皇太子，"时有进《大学衍义》者，命詹事王约等节而译之，曰：'治天下，此一书足矣。'因命与《图像孝经》《列女传》并刊行，赐臣下。"（《元史·本纪》第二十四）仁宗延祐五年，"以浙江省所印《大学衍义》五十部赐朝臣"。七年，英宗即位，"以《大学衍义》印本颁赐群臣"（《元史·本纪》第二十六、二十七）。《明史·宋濂传》："帝（明太祖）尝问以帝王之学，何书为要。濂举《大学衍义》。乃命大书揭之殿两庑壁。"（《明史》卷一百二十八）杨廉，成化末年进士，"尝以帝王之道，莫切于《大学》……进讲宜先《大学衍义》，至是首进《大学衍义节略》。帝优诏答之。"（《明史·儒林一》）。《大学衍义》成为帝王之学，凸显了儒学之"内圣外王"一体两面之性格，亦使朱学成为帝王之学与儒学正宗而愈益权威。

南宋时期，朱学高扬君父大义，主张抗金；对皇帝要求正心诚意，"存天理，灭人欲"，"清君侧，除近习"，整顿官场吏治，苏解民困。故与当权统治者的矛盾不断激化，终于导致东汉"党锢之祸"的重演！朱熹之"道统说"及《中庸章句序》是这一斗争的产物，也是其被打成"伪学""党禁"的重要原因。只局限、蒙蔽于"内圣成德"，当然对这一惊心动魄的儒学蒙难就会视而不见。

第三，在北宋，程颐作《明道先生墓表》，为程颢盖棺论定，即称其是"道统"在宋代的传人。因为不纳入"道统"，不由"道统"来论定儒者之地位，即便讲得最多最好，也是无以定性其对儒学的贡献及地位的。但程颐于其"道统说"中未定性儒学为"内圣外王一体两面"之学，而仅为"内圣成德之教"；对"道统"也未由孔子、周公上溯至尧舜，并以"十六字心传"为内容，可以说仍是老的"道统说"[①]。故与朱熹比较，两者的差距是很大的。这种差距也是北宋儒学与南宋儒学之重大区别。这一关键之点亦是牟先生未指明的。

盖程门道学南传时，其弟子如谢上蔡和杨时等都已大量吸收佛禅思想，转向"心学"了。故刘屏山首先提出"新道统"思想。朱熹37岁的"丙戌

---

① 参见金春峰：《朱熹"道统说"的建立与完成》，《九州学林》2006年春季号。

之悟"由张栻启迪，亦是在儒佛关系的纠缠困扰中解悟出来，放手吸收佛禅心性思想以为己用，从而在心性问题上转向了"心学"。40岁的"己丑新悟"亦保留了这个基点，故能承继刘屏山，而在《中庸章句序》中确定地以《尚书·大禹谟》之"人心惟危，道心惟微；惟精惟一，允执厥中"之"十六字心传"为"道统"的内容，紧扣"内圣外王一体两面"这一儒学之基本点而与佛禅从根本上划清界限。牟先生之定程颐、朱熹以《大学》为主要经典，为主智穷理派，是基于对北宋至南宋儒学之演变轨迹不了解；对"道统说"不了解；同时对朱熹"己丑新悟"亦有错误解读，认为朱子"新悟"中觉"旧悟"之非而全盘否定与放弃之，回到了以前的"主智穷理"之为学之路。此种误解我在《朱熹哲学思想》一书中已详为剖析。读者可参看，兹不重述。

从情理言之，一个人经几十年的摸索困折而遽得之"悟"，前几个月还与张栻盟誓，终生守之；几个月过去就突然全盘反悔，又回到老路，这是不可能的。从事实上说，"新悟"寄张栻，张栻亦未觉不妥。盖从根本点言：（1）朱熹在《已发未发说》等新悟中，一再肯定"旧悟"于"心性之实，未始有差"，只是文字上对何谓"已发"、何谓"未发"未能做清楚正确的界定。（2）指明"未发之中，本体自然（自如之意），不须穷索（程颢所谓'识得此理，不须穷索'），但当此之时，敬以持之（程颢所谓'识得此理，以诚敬存之'；程颐所谓'涵养须用敬'），使此气象常存而不失，则自此而发者其必中节矣。"中节与否并不从主智穷理来。（3）工夫上，"旧悟"只注意在"已发"处"察识端倪"上用功，未能强调在"未发"时要"涵养本原"，"新悟"为之纠正。（4）在已发处"察识端倪"，朱熹认为这是"致扩充之功"，故"进学则在致知"即"致扩充之功"，非所谓以格外物穷理为工夫之路。牟先生批评朱熹为主智穷理，是曲解了。

第四，"中和之悟"是基于《中庸》而发的，故此后朱熹对《中庸》极为用力。《中庸首章说》（《朱子文集》卷六十七）完成于乾道八年他43岁时。朱子44岁为石子重所编《中庸集解》作《序》（《朱子文集》卷七十五）。45岁完成编订《大学》《中庸》新本。其《书〈中庸〉后》谓："窃惟是书，子程子以为孔门传授心法。"（《朱子文集》卷八十一）同年九月，他修订完成了《大学章句》《中庸章句》①。

"己丑之悟"以后，朱熹写了许多论文，如《元亨利贞说》《易寂感说》《舜典象刑说》《中庸首章说》《乐记动静说》《程子观养说》《观过说》《尽心说》《太极说》《明道论性说》《定性说》《观心说》等等，其中许多皆发挥"中和之悟"见解，皆围绕《中庸》而发。如《观心说》云："夫谓人心惟危者，人欲之萌也，道心惟微者，天理之奥也，心则一也，以正不正而异其名耳。惟精惟一，则居其正而审其差者也，绌其异而反其同者也。能如是，则信执其中，而无过不及之偏矣。非以其道为一心，人为一心，而又有一心以精一之也。""夫谓操而存者，非以彼操此而存之也；舍而亡者，非以彼舍此而亡也。心而自操则亡者存，舍而不操则存者亡耳；然其操之也，亦不使旦昼之所为，得以梏亡其仁义之良心云尔；非愧然兀坐，以守其炯然不用之知觉而谓之操存也。"（《朱子文集》卷六十七）《观心说》之心学思想如此明确清楚，先生却硬将其曲解为了"以认知心穷客观外物之所以然之理"。

朱熹50岁时分守南康军，以"十六字心传"为"道统"。58岁与陈亮辩论，"十六字心传"即为其排击陈之功利之说的有力武器。60岁完成《中庸章句序》最后修改定稿。修改处即是补加"十六字心传"。

牟先生对以上朱熹之学术思想历程视而不见，对其"心学"论述则一概以"主智穷理"这一"定性"进行"汰滤"②、处置、裁定，或抹杀，或加上"认知地管摄"之特殊限定词，如"认知地管摄"之"仁义良知也"，"认知地管摄"之"明德也"。对朱熹《仁说》"天地生物之心""温然爱人利物之心"则以理气解构之，谓其为"虚脱"之说。如此等等，朱子地下有知，将鸣冤不已。学术的本质在于求真，而非任意的宣判和裁定，一旦如此，就不是学术了。

三、二程思想为对立两派之不能成立

冯友兰先生定性程颢为心学，程颐为理学。冯先生说："程颐所讲

---

① 束景南：《朱熹年谱长编》，上海：华东师范大学出版社，2001年。
② 牟宗三：《心体与性体》（第2册），台北：正中书局，1969年，第3页。

'理'是一类事物的规定性,有多少类事物,就有多少理。哪一类的事物就是哪一个理的例证,哪一个理和哪一类具体事物的关系,是一般和特殊的关系,是一个概念的内涵和外延的关系。……程颐极重视形上形下的区分。"① 就是说程颐所讲是柏拉图的"共相说"思想。"程颢所说的道是自然之道,是自然趋势,这种趋势所生的东西也都有其自然趋势,每一种东西所有的自然趋势就是它的性。所以他虽然也讲天理,但不注重形而上和形而下的分别。程颐极度注重这种分别,这是因为他们兄弟二人的思想,在根本上有所不同。"② 牟先生即依据冯先生此说而划程颢与程颐、朱熹为两派。说"依朱子,此理只是一理,一太极,一个绝对普遍的、存有论的、纯一的极至之理。"③ "格物为即物而穷其存在之理,(穷客观实然者之所以然之理。)"④ 对程颢思想,牟先生以"理体、性体、心体、神体"皆一,乃"即存有即活动"者概括,也即所谓"心学";但这种"二派"的分法,实难以成立。

第一,柏拉图的"共相"说是由数学、几何与"物理学"抽象提升成为形而上的。其共相、"理"即一类物体之"类"本质——表述此"类"本质的名词之内涵。这是认识论的进路。二程对"形上形下"的看法,则是伦理道德的进路,且由阐释《周易·系辞》而来。故前者之"理"——"共相"具客观、普遍之必然性,因数学、物理定律是具客观、普遍性的;而后者则不具这种性质。道德不能成为物体之"类"本质及其名词之"内涵",是很显然的。道德乃"应然",本质上是自由的,是心——理性认为应该做的具普遍性品格的标准,故不可以"共相"视之。朱熹以后讲"理一分殊"亦是从道德至善上讲的,与"共相""类本质"及其"分有"之说,性质不同。

第二,二程讲天道、天理的语录,可分为三小部分:(1)关于天理的论述;(2)关于形上形下的论述;(3)关于自然规律(冯先生所谓"自然趋势")的论述。三部分皆非"共相论"思想。第三部分更与道德性理

---

① 冯友兰:《中国哲学史新编》(下),北京:人民出版社,1999年,第115页。
② 冯友兰:《中国哲学史新编》(下),北京:人民出版社,1999年,第124页。
③ 牟宗三:《心体与性体》(第1册),台北:正中书局,1969年,第90页。
④ 牟宗三:《心体与性体》(第1册),台北:正中书局,1969年,第17页。

无关。

就（1）来看，二程关于天理的论述，主要语录如下：

"天理云者，这一个道理，更有甚穷已，不为尧存，不为桀亡。人得之者，故大行不加，穷居不损。这上头来更怎生说得存亡加减？是它元无少欠，百理俱备。"这讲的是"天理""道理"的永恒性、不随人的主观意志而转移的客观性普遍性。而内容则指道德之性理。禅宗形容佛性，谓："有物先天地，无形本寂寥，能为万物主，不逐四时凋。"二程这里的说法与佛禅是类似的。

"'不能反躬，天理灭矣，'天理云者，百理俱备，元无少欠，故'反身而诚'。""万物皆备于我，不独人尔，物皆然。都自这里出去，只是物不能推，人则能推之。虽能推之，几时添得一分？不能推之，几时减得一分？百理俱在，平铺放着。几时道尧尽君道，添得些君道多；舜尽子道，添得些孝道多？元来依旧。""天理""百理""君道""孝道"指伦理、道德之理。

"理则天下只是一个理，故推至四海而准。须是质诸天地，考诸三王不易之理。""这个义理，仁者又看做仁了也，知者又看做知了也，百姓又日用而不知，此所以'君子之道鲜矣'。此个亦不少，亦不剩，只是人看他不见。""义理""仁""知""君子之道"更非"共相"或"一般"了。

"'寂然不动，感而遂通'者，天理具备，元无少欠。不为尧存，不为桀亡。父子君臣，常理不易，何曾动来？因不动，故言寂然。虽不动，感便通，感非自外也。"以上为《二程遗书》（《二程集》，《河南程氏遗书》卷第二上）中"二先生语"，可以视为程颢所说，亦可视为程颐所说。其中，"天理"所指皆仁义礼智道德之理。以"天理"名之，取其是自然的道理、非天意安排，亦非人力所可左右之意。程颐说："莫之为而为，莫之致而致，便是天理。"（《二程遗书》卷第十八）谢良佐说："所谓天理者，自然的道理，无毫发杜撰。今人乍见孺子将入于井，皆有怵惕恻隐之心，方乍见时，其心怵惕，即所谓天理也。要誉于乡党朋友，纳交于孺子父母，恶其声而然，即人欲耳。……所谓天者，理而已。只如视、听、动、作，一切是天。天命有德，便五服五章，天讨有罪，便五刑五用。浑不是杜撰做作来。学者只须明天理是自然的道理，移易不得。"（《上蔡语录》上）这对应二程所谓"天理""百理",亦是符合其原意的解释。

照二程的说法,动物也有"天理"。程颐说:"物有自得天理者,如蜂蚁知卫其君,豺獭知祭。礼(天理)亦出于人情(自然)而已。"(《二程遗书》卷第十七)但禽兽不能"推",只是一种本能,人则对之有自觉,能推广扩充;但这些道德准则却不增不减,所谓"几时道尧尽君道,添得些君道多;舜尽子道,添得些孝道多?元来依旧"。这些"天理"虽谓"放之四海而准","质诸三王不易",但它终究不能离开人群、"人心"而为客观之必然。仁义礼智、君仁臣忠、父慈子孝等虽"质诸三王而不易",却不能质诸佛陀与耶稣而不易,"放之四海而皆准"也是落空的说法。《礼记·祭义》说:"夫孝,置之而塞乎天地,溥之而横乎四海,施诸后世而无朝夕,推而放诸东海而准,推而放诸西海而准,推而放诸南海而准,推而放诸北海而准。"但它不过是家族血缘道德,无所谓放诸四海而准。佛和基督都是要破除此道德的。禽兽亦具此"天理",只是不能"推广""扩充"。这与"共相论"思想,是性质完全不同的说法。

上述二先生语,牟先生亦无法区分何者为程颢语,何者为程颐语。盖二先生思想本无冯、牟两先生所强加的区分。标明为程颐所说者,如:"冲漠无朕,万象森然已具。未应不是先,已应不是后。如百尺之木,自根本至枝叶,皆是一贯,不可道上面一段事无形无兆,却待人旋安排,引入来教入涂辙。既是涂辙,却只是一个涂辙。"(《二程遗书》卷第十五)这是本末贯通之说。"自根本至枝叶,皆是一贯",即所谓"只是一个涂辙"。程颐说:"性命孝弟只是一统底事,就孝弟中便可尽性至命。至于洒扫应对与尽性至命,亦是一统底事,无有本末,无有精粗,却被后来人言性命者别作一般高远说。"(《二程遗书》卷第十八)这即"一个涂辙"之意。程颢说:"洒扫应对便是形而上者,理无大小故也。"(《二程遗书》卷第十三)亦此意。程颢又说:"'其为气也,配义与道。'道有冲漠之气象。"(《二程遗书》卷第十一)这与程颐"冲漠无朕,万象森然已具",意思相类。

"夫有物必有则。父止于慈,子止于孝,君止于仁,臣止于敬。万物庶事,莫不各有其所。得其所则安,失其所则悖。圣人所以能使万物顺治,非能为万物作则也。"(《艮·象辞传》,《易传》卷四,《二程遗书》卷第十一)"理"和"则"虽为"天则",但亦是相应于君臣父子之人际关系而有。它预设了君臣父子之人际关系,属于应用伦理学范畴。

就(2)来看,二程关于形上形下的论述,皆由诠释《系辞》"一阴一阳之谓道,继之者善也,成之者性也","形而上者谓之道,形而下者谓之器"而来。其"形上、形下"皆非"共相论"所讲的"形而上"。

程颐的语录如下:

"一阴一阳之谓道,道非阴阳也,所以一阴一阳,道也。如一阖一辟谓之变。"(《二程遗书》卷第三)"一阴一阳之谓道……所以阴阳者道。既曰气则便是二。言开阖已是感。既二,便有感。所以开阖者道,开阖便是阴阳。老氏言感而生气,非也。阴阳开阖本无先后。不可道今日有阴,明日有阳。如人有形影,盖形影一时,不可言今日有形,明日有影,有便一齐有。"(《二程遗书》卷第十五)"一阴一阳"指阴阳之气的前后相继的运行,其所以然(道)在于两者形成了相互"感""应"的关系,成为不可分割的对立统一体。这就是"道"。故程颐谓:"天地之间只有一个感与应而已,更有甚事。"(《二程遗书》卷第十五)"阴阳二气,相感相应而和合,是相与也。""天地二气交感而化生万物……观天地交感化生万物之理,与圣人感人心致和平之道,则天地万物之情可见矣。感通之理,知道者默而观之可也。"(《周易程氏传》卷第三,《咸卦》解)"道""形而上"指阴阳感通之理。《周易·泰卦》卦形:乾下坤上,天、阳在下,阴、地在上,故发生感应交流关系而通泰。程颐上面所讲即发挥《周易》思想。

"离了阴阳更无道,所以阴阳者是道也。阴阳气也,气是形而下者也,道是形而上者。形而上者则是密也。"(《二程遗书》卷第十五)"密",袭用《系辞》"圣人以此洗心,退藏于密"之语。故程颐说:"'退藏于密',密是用之源,圣人之妙处。"(《二程遗书》卷第十五)牟先生解程颢"生生之谓易",谓:程颢"常是由变易之相指点到所以能成此变易之相之真机,即生而又生之真机,简言之,即生之真机。"①。这和程颐讲"形而上者则是密也"是一样的意思。"密"与寂感相联系,可作"真机"讲。

"维天之命,于穆不已,忠也。乾道变化,各正性命,恕也。"(《程氏外书》胡氏本拾遗,伊川语)"尽己之谓忠","推己及人谓之恕"。"忠"

---

① 牟宗三:《心体与性体》(第2册),台北:正中书局,1969年,第136页。

即天命不已之流行，"恕"即在流行中让万物自正其性命，所谓"成之者性"。程颢说："'一阴一阳之谓道'，自然之道也。'继之者善也'。出道则有用，'元者善之长也'。'成之者性'，却只是性，'各正性命者也'。"（《二程遗书》卷第十二）又谓："'成之者性也'，成却待它万物自成始得。"（《二程遗书》卷第五）此即程颐"乾道变化，各正性命，恕也"的思想。

程颢关于形上形下的语录，一见于批评张载以"清虚一大为天道"，说此"则乃以器言而非道也"。又一则为："一阴一阳之谓道，阴阳亦形而下者也，而曰道者，惟此语截得上下最分明，元来只此是道，要在人默而识之也。"（《二程遗书》卷第十一）其形上形下之两分，与程颐是完全一致的，非柏拉图两个世界的思想。"道"即理、即性，为形而上；气禀成形为器，乃形而下。但性即在气禀之中，两者是不即不离的关系。

故"形上""形下"之义，二程是通用的。但用在程颐处，牟先生解为气化与其所以然之理；用在程颢处则解为乃"既存有既活动"之神体、寂感真机，"是心，是神，亦是理，是心神理为一者"①。这种强分为二的说法是不能成立的。

从（3）来看，关于自然规律的论述，程颢语录如下：

"天地万物之理元自有对，皆自然而然，非有安排也。每中夜以思，不知手之舞之，足之蹈之也。""夫天之生物，有长有短，有大有小。君子得其大矣，安可使小者亦大乎？天理如此，安可道哉！""服牛乘马皆因其性而为之，胡不乘牛而服马乎？理之所不可。"（《二程遗书》卷第十一）"圣人致公心尽天地万物之理，各当其分。佛氏总为一己之私，是安得同乎？圣人循理，故平直而易行。异端造作，大小大费力，非自然也。"（《二程遗书》卷第十四）"无独必有对"就是辩证法讲的"对立统一"规律。万物之自然本性不同，故要用它，须顺其本性，不能违其本性。这也是一条规律（原理）。

程颐亦有类似说法。如：

"天之气亦自然生生不穷，至如海水，因阳盛而涸，及阴盛而生水，亦

---

① 牟宗三：《心体与性体》（第2册），台北：正中书局，1969年，第259页。

不是将已涸之气却生水！自然能生！往来屈伸只是理也！盛则便有衰，昼则便有夜，往则便有来！""道则自然生生不息。""道则自然生万物。""近取诸身，百理皆具。屈伸往来之义只于鼻息之间见之。屈伸往来只是理，不必将既屈之气复为方伸之气。生生之理，自然不息。"(《二程遗书》卷第十五）据这些语录，也可看出两兄弟的思想实质是类似的。

第三，程颐有"性即理"的说法。程颐说："性即理也。所谓理，性是也。天下之理原其所自，未有不善。"(《二程遗书》卷第二十二上）但实际上这也是张载、程颢都有的说法。张载讲"形而后有气质之性，善反之则天地之性（性即理之性）存焉"。(《正蒙·诚明》)程颢讲"人生而静以上不容说，才说性时（已是气质之性）便已不是性（本然之性）也。"(《二程遗书》卷第六，《二程语录》第六）"理"，主要指仁义礼智之道德范畴。"性"为"君子所性""天命之谓性""天地之性"。"性即理"，二程称为"天理"。任何具体的个人，进入其位，必遵其理。以后陆象山、王阳明讲"心即理"，"理"也指这种"天理"。王阳明说"良知只是知个天理。""以此纯乎天理之心，发之事父便是孝。发之事君便是忠。发之交友治民便是信与仁。""天理即是明德。""此心全体廓然，纯是天理，方可谓之喜怒哀乐未发之中，方是天下之大本。"(《传习录》上）口口声声不离"天理"。其"天理"即二程所讲"天理"，亦是取其为道德准则，自然如此，非天意安排与人力造成之意。

约而言之，二程兄弟的思想具体讲法虽有不同，但并无所谓"心学""理学"的对立，更不能以西套中，解为"共相说"之形上形下思想。

四、 程颐《论中书》与程颢《定性书》之正解

就心性关系言，《中庸》有两个命题：一是"天命之谓性"；一是"喜怒哀乐之未发谓之中，发而皆中节谓之和。中也者，天下之大本也；和也者，天下之达道也。"前者是就"性"而讲的普遍性命题；后者是就"人心"而讲的命题。性体不能有喜怒哀乐，这是常识。故研究《中庸》，有"天命之性"与"人心"的关系问题。有"未发之谓中"，何谓"中"，"中"何以是"天下之大本"，"发而皆中节"何以可能等问题。程颐和吕本中在《与吕大临论中书》(《二程集》,《河南程氏文集》卷第九）中讨论

了这些问题。程颐的意见是:"天命之性"在人受命以后,即禀赋在人之"心"中,成为心中之"性体"。"未发之谓中"的"中",是由名词转变而成的形容词,所谓"中也者所以状性之体段(所谓性有体段亦不可,姑假此以明彼)。"就是说,心在喜怒哀乐未发时,"性体"即处于"不偏不倚"的"中"的状态。故真正为"天下之大本"者乃心之"性体"。此性体即道德本心。心有喜怒哀乐,这是人心、生理自然之心;心中之"性体"——道德本心则使心如明镜,"不将不迎",照物而不累于物。程颐说:"心一也,有指体而言者,寂然不动是也。有指用而言者,感而遂通天下之故是也。惟观其所见如何耳。"吕大临说:"窃谓'未发之前,心体昭昭具在,已发则心之用也。'此所深疑,未谕。"程颐这种以"性"为未发,心为已发之说,确有不妥;但亦证明程颐确有"中乃状性之体段""心体昭昭具在"之说。故他亦有下面的说法,即:"自理言之谓天,自禀受言之谓性,自存诸人言之谓心。"(《二程遗书》卷第二十二上)"在天为命,在义为理,在人为性,主于身为心,其实一也。心本善,发于思虑,则有善有不善。"(《二程遗书》卷第十八)"心"指"道德本心",也指人心。"发于思虑"指意、意念。意念有善有不善,心——道德本心皆可知之节之,使之"中节而和"。故程颐《论中书》所表述的是很清楚的"心学"论述。但牟先生却批评说"此见伊川蔽固之甚"[1]。"与叔思理非常清楚,而伊川则胶着别扭。"[2]"伊川只是将'中'收缩于实然的心之一层,只就其不发未形而说也。"[3]

吕大临说:"喜怒哀乐之未发,即赤子之心。"语确有病。"赤子之心",吕大临只取其"虚""纯一不伪"言,但"本心性体"则不仅"纯一不伪",且含有实理,非"虚"也。程颐对吕的批评是对的。牟先生却反其道而行之。

程颐上述心性关系之论述亦乃程颢《答横渠先生定性书》(《程氏文集》卷第二,简称《定性书》)的思想。《定性书》谓:"天地之常,以其心普万物而无心;圣人之常,以其情顺万物而无情。""情"是人心感于外物而

---

[1] 牟宗三:《心体与性体》(第2册),台北:正中书局,1969年,第356页。
[2] 牟宗三:《心体与性体》(第2册),台北:正中书局,1969年,第357页。
[3] 牟宗三:《心体与性体》(第2册),台北:正中书局,1969年,第363页。

生的，有喜怒哀乐，常动而不静；但喜于物之当喜，怒于物之当怒，则喜而无喜（无动），怒而无怒（无动），也即超乎喜怒动静而无累于心。何以能"当理"？此"理"从何而来？即来自心中"性体""本心"之以理照物也。圣人心与理一，心与性一，其无累境界能自然如此，这是"圣人之常"，一般人则常常自私和用智，不能有"圣人之常"，须努力于道德修养才能进至于此。自私和用智即来自人心——"气之灵之心"。程颢比张载高明，即在于对《中庸》心性关系思想之圆融的运用。《定性书》实际是《性定书》。朱熹作《定性说》，谓："定性者，存养之功至而得性之本然也。"（《朱子文集》卷六十七）是正确的解说。

牟先生对《定性书》一则曰："究是'定性乎'？抑是'定心乎'？究是'性无内外'抑是'心无内外乎'？"很感惶惑，最后认为"实是'定心'，因文中皆是说心故也。"① 如何"定心"？牟先生说，"表现或体现性体必须要靠心之自觉活动，没有心之自觉活动，性体只潜存而无法彰显。"②"无法彰显"也就是"只存有而不活动"，这与其坚持的"即存有即活动"完全矛盾了。于是"定心"要靠那"能作主宰"之"心"定那"心理学上的经验的感性的心"③。这"自作主宰的心"牟先生认为即"道德本心"，也即"本心性体"。于是"本心性体"一下被说成始终是贞定的，有如揽船的石柱，船动而它始终不动，不能彰显、活动；一下又说船动靠这"本心性体"出来作主宰而定。真正是矛盾纠结，无以自圆其说了。

按朱熹的"心统性情"之说，"性"——道德理性是"心"所本具的。"盖天命之性纯粹至善，而具于人心者，其体用之全本皆如此，不以圣愚而有加损也。"（《中庸或问》）故它可以定那"自私用智"之心，使物各付物，一切当理而无累于心。在《中庸章句》中，朱熹说："'天命之谓性'即'道心'之谓也。""道心"即"性体"——"道德理性"。它为心所内具，故可以定"人心"之流为"自私用智"者。在晚年《答廖德明第十八书》中，朱熹谓："盖原此理之所自来，虽极微妙，然其实只是人心之中许多合当做底道理而已。但推其本，则见其出于人心，而非人力之所能为，

---

① 牟宗三：《心体与性体》（第2册），台北：正中书局，1969年，第11页。
② 牟宗三：《心体与性体》（第2册），台北：正中书局，1969年，第235页。
③ 牟宗三：《心体与性体》（第2册），台北：正中书局，1969年，第236页。

故曰天命。虽万事万化皆自此中流出，而实无形象之可指，故曰无极耳。"（《朱子文集》卷四十五。此文极重要，而牟先生亦将其删除了）"人心之中许多合当做底"即道德准则、规范等。这些并非真来自"天命"，而是皆"自此（心、道德理性）中流出"的。"天命"乃指其"出于人心，而非人力之所能为"，也就是说它们是先验的；因有"人欲"的干扰，故要使喜怒当"理"，须有"存天理，灭人欲"的道德实践工夫。这过程就是"定性"。两相比较，朱熹这里所说，比之牟先生对《定性书》之矛盾纠结的解释，不仅简易明白，且要高明得多了！

《定性书》是程颢极重要的一篇著作。《论中书》则是程颐一篇极重要的著作。两者思想实质实是一致的。由此亦可见，像牟先生那样强分二人为思想对立的两家，是无法成立的。

五、 程颢《识仁篇》之解读

《识仁篇》是程颢另一篇重要著作。程颢说："学者须先识仁。仁者浑然与物同体，义、礼、知、信皆仁也。识得此理，以诚敬存之而已，不须防检，不须穷索。若心懈则有防，心苟不懈，何防之有？理有未得，故须穷索，存久自明，安待穷索？此道与物无对，大不足以名之。天地之用皆我之用。孟子言：'万物皆备于我'，须反身而诚，乃为大乐。若反身未诚，则犹是二物有对，以己合彼，终未有之，又安得乐？《订顽》意思乃备言此体。以此意存之，更有何事？'必有事焉而勿正，心勿忘，勿助长'，未尝致纤毫之力，此其存之之道。若存得便合有得。盖良知、良能，元不丧失。以昔日习心未除，却须存习此心，久则可夺旧习。此理至约，惟患不能守。既能体之而乐，亦不患不能守也。"（《二程遗书》卷第二上）"浑然与物同体"指仁者的精神境界。所谓"识得此理"，是指学者求仁，须对"仁者浑然与物同体，义、礼、知、信皆仁也"这个道理有真实的体认，以"诚敬存之于心"，一直到不须再有防检穷索的工夫而能自然如此。强调"义、礼、知、信皆仁也"意思是，仁包含义、礼、知、信。"义"讲"义刑义杀"，对危害人的犯罪犯法行为，不能姑息包容；"礼"讲贵贱亲疏，"爱有等差，施由亲始"，不能是墨子式的"兼爱"；"知"讲自觉，明晓其当行之理；"信"讲真实无妄。故"仁"之实施包含如上许多节目。"识得此理"

的"理"是这一整个的道理。仁者达到了仁的境界，则"天地万物与我为一"，既是"一"，"物"就不在其外。故《识仁篇》和《定性书》讲"性无内外"是同一道理。

牟先生对《识仁篇》解为："仁体、仁理、仁道、或仁心，此四词通用。'识得此理，以诚敬存之而已。'此是说'仁'为'理'，故可曰'仁理'。"① 和《识仁篇》所指的关于仁的整个道理完全不一致了。牟先生以自己所理解的孔子之"仁"解《识仁篇》，强调孔子是就"觉润"、"创生"、不忍、不安之情，恻怛之感，不麻木说"仁"。仁"'觉'润至何处，即使何处有生意，有生长"，仁"以感通为性，以润物为用"②，好像把仁解得极好，殊不知这实际是把孔子仁说之精义抹杀了。

孔子讲"仁"，话很平实，而其核心是"恕"——"己所不欲，勿施于人"；是"忠"——"己欲立而立人，己欲达而达人"。就伦理学或实践理性言，这忠和恕是一"道德格律、绝对命令"，是实践理性或道德理性所定之具普遍性和实践性之品格的格律和格准。牟先生则始终停留在感情、情感的范围，而不知道德不可以情感论，必须由此上升至理性，成为普遍性的格准，以此格律为自己立法并强制自己自觉实行之，如同基督教讲"爱人如己"亦是道德格准一样。虽然两者有他律、自律之别，但同为格准，同为绝对命令则是一致的。康德指出，仁爱、同情，作为情感，并不能成为绝对命令，因而不能成为"道德"。"在谈到《四福音》中的有关'爱邻人'的律令时，康德注明说，爱作为一种情绪（affection）即是他所说的 pathological love 而言，是不能被命令的。但只为义务而施行仁爱［即是所谓实践的爱（practical love）］则可以命令。"③ 你必须去爱人，才是命令，才是道德。故命令、格准一定是理性的。

就孔子言，如果不讲出"仁者爱人"及"己欲立而立人""己所不欲，勿施于人"这道德的金律，其他的话讲得再多，也是无以使其成为孔子的；悲天悯人，不忍不安之情再强烈，也是无以使其成为孔子的。孟子不讲出

---

① 牟宗三：《心体与性体》（第2册），台北：正中书局，1969年，第219页。
② 牟宗三：《心体与性体》（第2册），台北：正中书局，1969年，第223页。
③ ［英］柯普斯登：《西洋哲学史》（第6卷），陈洁明、关子尹译，傅佩荣校订，台北：文化事业公司，1993年，第421页。

"仁者，人也""仁，人心也。义，人路也""无四端之心，非人也"这些格准，其他的话如"万物皆备于我，乐莫大焉"等，即便讲得再多，也是无以使其成为孟子的。因为只有把情感上升到理性，成为格准，才是道德。《识仁篇》强调"义、礼、知、信皆仁也"，"识得此理，以诚敬存之"，这都是情感上升到理性，变成道德自觉和命令。牟先生的说法离开了这个基点。

《识仁篇》与《定性书》思想是一致的。《定性书》说："圣人之喜，以物之当喜；圣人之怒，以物之当怒；是圣人之喜怒，不系于心而系于物也。是则圣人岂不应于物哉？乌得以从外者为非而更求在内者为是也？今以自私用智之喜怒，而视圣人喜怒之正为何如哉？……于怒时遽忘其怒而观理之是非，亦可见外诱之不足恶，而于道亦思过半矣。"此"定性"之境界即是"浑然与物同体"。但圣人有喜有怒，对物有赏有罚，其喜怒赏罚皆为仁心仁德之流行发用。"义刑义杀"是"仁"之"浑然与物同体"。"礼"之贵贱亲疏，"爱有等差，施由亲始"，亦是"浑然与物同体"。如果只讲"觉润""生意""成长"，上面这些义、礼就会被排除了。《二程遗书》中有一条说："万物皆只是一个天理，己何与焉？至如言：'天讨有罪，五刑五用哉；天命有德，五服五章哉'。此都只是天理自然当如此，人几时与？与则便是私意。有善有恶，善则理当喜，如五服自有一个次第，以章显之。怒则自当怒，彼自绝于理，故五刑五用，曷尝容心喜怒于其间哉？"（《二程遗书》卷第三上，此条未标明为二程中何人所说，但其大意，与程颢《定性书》意同。）这也是《识仁篇》的精神。

程颐说"仁"，突出的是"公"，说"公而以人体之谓仁"。"公"有公平、公正之意，是偏重"理""理性"而言的。"公"亦可释为"天无私覆，地无私载"，廓然大公；"以人体之"也即与天地万物为一体。如从前者，可以划为理学；如从后者，则与程颢一致。这是须另做具体分析的。

朱熹则扣紧"心"字说"仁"。如《仁说》谓："天地以生物为心者也，而人物之生又各得乎天地之心以为心者也，故语心之德虽其总摄贯通无所不备，然一言以蔽之，则曰仁而已矣。"（《朱子文集》卷六十七）归结为"仁者心之德而爱之理"。"德"指"心"所得于天的德性，即作出

"仁"之道德准则的能力;"爱"指根据"仁"的准则而发之为"爱"的行为。在《四书集注》中,朱熹对程颐之"仁说"多所批评,典型的如"人而不仁如礼何,人而不仁如乐何"(《论语·八佾》)之注。程颐说:"仁者天下之正理,失正理则无序而不和。"(《伊川先生·论语解》,《河南程氏经说》卷六)朱熹说:"程子说固好,但少疏,不见得仁。仁者本心之全德。人若本然天理之良心存而不失,则所作为自有序而和。若此心一放,只是人欲私心做得出来,安得有序,安得有和。"(《朱子语类》卷二十五)直指程颐"不见得仁",因为朱熹强调仁是天然本有之良心,人之良心不存,则作为失序、不和,当然就谈不上礼乐了。朱熹之说本于游氏(游酢):"人而不仁,则人心亡矣,其如礼乐何哉;言虽欲用之,而礼乐不为之用也。"(《论语集注》)此章朱熹注以游氏置程颐之前,说明朱熹对程颐的批评是深思熟虑的。《朱子语类》卷二十五中有:"道夫问:'《集注》举三说,若游氏则言心,程氏主理,李氏谓待人而后行。'曰:'所疑者何?'曰:'今观前二说与后说不相似。'曰:'仲思以为如何?'曰:'此正苟非其人,道不虚行之意。盖心具是理,而所以存是心者则在乎人也。'曰:'恁地看得是。'"道夫突出游氏、程氏的区别是心与理的区别,这是很准确的。朱熹对道夫的回答则充分予以肯定。

牟先生说朱子"只就存在之然推证其所以生之实然之理以为其定然之性……阴阳气化是实然的存在,有存在有不存在(有生灭变化),而其所以然之理则只是存有,无所谓存在不存在。'仁性爱情',仁是对应爱之情之实然而为其所以然之定然之理,而此定然之理即是其性。任何实然之存在皆有其定然之理即皆有其性。心之知觉之实然亦有其所以然为此知觉之理即性"[1]。完全套柏拉图"共相"说,不知"仁"作为"心之德"是指"心"所得于天(天赋)之生而即具之作道德格律的能力。此道德格律其内容总称是"仁者爱人"。其表现(发用)为"情"则是恻隐;对危害人之行为,表现为"义",甚至"大义灭亲";面对父母则表现为孝;等等。这是牟先生牵强地套用柏拉图"共相论"。

---

[1] 牟宗三:《心体与性体》(第1册),台北:正中书局,1969年,第82页。

六、牟先生论程颢之"一本圆融"

牟先生谓程颢思想是其"体贴""妙悟"之"仁心、仁体、仁理、仁道……此四词亦同一指谓,仁即心即体即理即道也。"① 此天、性、心、神圆融为一之理境,牟先生以"本体宇宙论的实体之道德创造或宇宙生化之立体地直贯系统"② 来定性,强调这是程颢的"一本论";但牟先生的论述实际是矛盾混乱的。

第一,"本体宇宙论的实体之道德创造或宇宙生化之立体地直贯",这令人很难理解,而所以如此,并非因其思想深奥,而是因宇宙生成论与本体论是两种不相容的概念,牟先生把它搅在一起了。"实体"这名词也未定义,"立体地直贯"更含混糊涂。用这种融合了哲学名词而又含混不清的概念表达哲学思想,是不符合哲学论述应概念明晰的要求的。

《诗经·周颂·维天之命》曰:"维天之命,于穆不已。于乎不显,文王之德之纯!"诗的原意说天命是神圣、庄严肃穆的:天赐文王以明德,文王自己修德精进不已,而大显耀。二程《语录》:"'维天之命,于穆不已。'此天之所以为天也。'文王之德之纯。'盖曰文王之所以为文也。然则文王之德直是似天。"牟先生把"天命"讲成"本体宇宙道德创生"之不已,实际也不过是说"天命"是一永不停止的过程。《象传》说:"复其见天地之心。"董仲舒说:"仁,天心,察于天之意无穷极之仁也","天地以生物为心",讲的都是天命之"于穆不已"地创生万物。"无穷极"既指空间,又指时间。朱熹释"天命之谓性",说:"天以阴阳五行化生万物,气以成形而理亦赋焉,犹命令也。"这"命令"也是永不停止、无处不在的,实际意思即"于穆不已"。如采"圆融一本"之解释模式,也可解为天体、理体、性体、神体、气体融涵为一,"即存有即活动"也。

第二,牟先生说,这直贯之"性体""诚体"能"随感而显现于万事之中以成事之为实事,如对父便显现为孝以成孝行,对子便显现为慈以成慈行,对君便显现为忠以成忠义"③,"通体达用,使道德创造成为定然而必

---

① 牟宗三:《心体与性体》(第2册),台北:正中书局,1969年,第11页。
② 牟宗三:《心体与性体》(第2册),台北:正中书局,1969年,第17页。
③ 牟宗三:《心体与性体》(第2册),台北:正中书局,1969年,第62页。

然，为真实的呈现"①。这是很令人惊异的。道德是人之"善的意志"自作主宰的自由的活动——"应该如此"，我即如此，而此"格准"具有普遍的意义。这才是道德，是人之为人之所在，人的自由和尊严亦在于此。现在道德成了"性体"的"立体地直贯"之"定然而必然"的"呈现"了。有如一智能机器人，被设计者安置一道德软件，你以父亲、老者的身份出现在它面前，它就显出"孝义"，做"孝"的反应；以君的身份出现在它面前，它就显出"忠义"，做"忠"的反应。人成了道德的玩具，而"性体"则成了"圣灵"。人的"意志"和自由完全不见了。这乃神学的道德学，而非"道德形上学"，是不符合程颢思想的。

第三，牟先生说，"本心假事现假气行，假事与气而示显其相"②。有如佛可以假石以显相，假树以显相，上帝可以假事、气、疾病、瘟疫以显相一样，"气"成了"本心性体"显相的场所与工具。佛、上帝与其显相之工具、场所是偶然的关系。"气"之与"本心"照牟先生看也是这种关系。牟先生不知离"气之灵之心"所发之情，恻隐之情是无以显相，更无以能发为救孺子之行动的。故"道德本心"与"恻隐之情"绝非仅仅"显相"的关系，而是"根"与"苗"的关系，种子、核仁与植株之生意萌发的关系。牟先生生怕"本心""本情"与"气"沾上关系，强调"直贯""呈现"，故只能这样进行说教了。

牟先生说："属心之恻隐相，是无形无影的相，是虚说，若假疾首蹙额、或忧形于色、伤痛在怀等以现，则假疾首蹙额等是事、是相、是气，此相是实说。羞恶、辞让、是非之心亦然。"③ 所谓"虚说"是名词定义式地说；"实说"是实际地就发用过程说。此"实说"之"恻隐、羞恶、辞让、是非之心"，牟先生也承认"是气"，不能离了"气"（气之灵之心），那不就是朱熹的说法吗？但牟先生批朱熹时，忘记了自己也是有这种说法的。

牟先生说："此诸德（指仁义礼智等——引者）之当机呈现（指发用、表现——引者），如果因其中有情的意义而可以说情，则亦是即心即理即性

---

① 牟宗三：《心体与性体》（第2册），台北：正中书局，1969年，第57页。
② 牟宗三：《心体与性体》（第2册），台北：正中书局，1969年，第211页。
③ 牟宗三：《心体与性体》（第2册），台北：正中书局，1969年，第211页。

之情，此可曰本情，而不是与性分开的那个情，尤其不是其自身无色而属于气的那个情。本情以理言，不以气言，即以仁体、心体、性体言而为即心即理即性之情。此非朱子之境界也。"① 但这样述说的"本情"，只是一种理论分析的说法，可以用于名词定义；如要涉及实际发用过程，则"本情"如不指已发之恻隐、羞恶、辞让、是非之情，它还能是指什么？而如果是指这种情，那么它不借助"气之灵之心"所具有的情感机能，又怎么能表现出来？如果像牟先生那样强调它是与"气"完全无关的，那就不可能是人的有血有肉的、形而下的、在气化的现实世界进行的"情感活动"，而只能仍是形而上的"动而无动"，因而仍然是"不能生育"、不能引发出"恻隐"的行动的。

王阳明说："良知不由见闻而有，而见闻莫非良知之用。故良知不滞于见闻，而亦不离于见闻。""性善之端须在气上始见得。若无气，则无可见矣。恻隐、羞恶、辞让、是非即是气。"（《传习录》中）"良知亦是这口说，这身行，岂能外得气，别有个去行去说？"（《传习录》下）王阳明知道离"气之灵之心"所发之情，恻隐之情无以显相，更无以能发为救孺子之行动。牟先生似未能明白。

第四，牟先生说：在明道，"形而上之理道并不是只是理，心神并不可一条鞭视为气，视为形而下，而后始可言心理为一，心性为一，乃至圆顿化境也"②。但既采用形而上形而下的名词，就不能随意变更其含义。像牟先生这样地"圆顿"，就是变戏法了。"心神并不可一条鞭视为气"，什么叫"一条鞭"呢？"心神"可视为"气"，视为"形而上"，只是不能"一条鞭"地视为"气"。"气"也可以成为形而上，只是不能一条鞭地视为"形而上"。就是说"气"同时也是理，是心，是神。这解释得难以理解而又矛盾了。

牟先生说："明道言'气外无神，神外无气'，此亦圆顿语也。分解言之，阴阳是气，神、易、理是道，浊者固是气，即清者亦是气。"③ 可圆顿又可分解，随你的便。"气"在明道这里，本来就是实在的阴阳之气，如

---

① 牟宗三：《心体与性体》（第3册），台北：正中书局，1969年，第270页。
② 牟宗三：《心体与性体》（第2册），台北：正中书局，1969年，第26页。
③ 牟宗三：《心体与性体》（第2册），台北：正中书局，1969年，第51页。

《乾·文言》所谓"阳气潜藏",汉儒所谓"天地之气,合而为一,分为阴阳",周敦颐所谓"动而生阳,静而生阴"。"神"即是"气之神",在"气"中而不在气外。气与神不可分割。没有什么圆顿的"神"既是"形而上",又是"形而下"。牟先生的"圆顿化境"式的说法加之于明道,是不合适的。

牟先生说:"明道并未以心神属于气,以太极或天命实体只是理。性只是理也。"① 到底明道以"心神"属于什么?牟先生不加明说。但既然不属于气,就只能是形而上的无知觉灵明和情感意志的"心神"了。这"心神"如果不是概念、理型,就只能是"神"的"心"了。然明道明明说"耳目能视听而不能远者,气也,心则无远近也"。"耳目视听"乃"心"之功能,它们既属于"气","心"何以能不属于"气"?"天者,理也。"(《二程遗书》卷十一)"天""理"当然不属于"气"。明道说"心具天德",这"心"是"气之灵之心",故有"心有不尽处,便是天德处未能尽"之语(《二程遗书》卷五)。"天德"的内涵就是仁义礼智。硬要说明道讲的"心神"不指"气之灵之心",而另指什么不属于"心气神"之逻辑或虚设的"心",这是违反明道原意的。

第五,牟先生说,象山、阳明"以心摄性摄理,心性天是一"②。这里的"心"应该也是程颢、朱熹所讲"心具天德""心具众理""心统性情"之"心"。用一"摄"字更说明心性本非一物。"心摄性摄理"还不如朱熹"心具众理""心统性情""天命个心了方谓之性"(《朱子语类》卷五),"理之在心谓之性"(《答方宾王》,《朱子文集》卷五十六)讲得圆融恰当。牟先生前面讲"主宰之心",笔者原以为应该也是指孟子所讲"心之官"、荀子所讲"天君"、朱熹所讲"气之灵之心",没想到牟先生说不是此种"心",而是道德本心,也即"性体"。也许在这里他讲的"心"又是"道德本心",又要弄出"道德本心摄性摄理"这种矛盾纠结的话来。是否如此?先生已作古,无以向其请教了。"摄",牟先生常解为"横摄"。他说朱熹讲的"心统性情"就是"心"认知地横摄性和情。朱熹讲的"心具众

---

① 牟宗三:《心体与性体》(第2册),台北:正中书局,1969年,第4页。
② 牟宗三:《心体与性体》(第2册),台北:正中书局,1969年,第117页。

理"也是认知地横摄众理以为性。现在他自己用起"摄"字,应该也是"横摄"之意,那就很不能自圆其说了。

本文前已指出,程颐等讨论《中庸》"中和"问题时,其结论的关键点是将"天命之谓性"落实于"人心",以"中"状"性之体段"。这"性之体段"即"道德本心"。他们能称其为"道德本心",因"天命"转入了人的心内。张载、朱熹讲"心统性情(喜怒哀乐)"本意即在指明这点。牟先生对此大加否定,一定要把"性""本心"与气之灵之"心"完全分开,两者各自成体,各自为用,矛盾纠结也就不可避免了。

第六,牟先生反复讲,心学所讲性体、心体、理体等皆"即存有即活动"。所谓"存有",自不待言;所谓"活动"则有形上形下之分。含混为说,是不符哲学要求的。

就神学言,神学是可以说上帝"即存有即活动"的。上帝有话语,造天造地,其活动可以直贯到形而下,成为在时空中之具体的创生活动。"易体"在《系辞》作者的宗教式信仰描述中,其道德创生活动也是直贯到形而下,成为万物之现实地创生活动。但就人而言,人是时空的存在,人之性亦是时空的存在,如果说"性即存有即活动",而"活动"是在时空中进行的真实的活动,那一定不能与"气之灵之心"分开,如发为恻隐之心,并实践之——救落井之孺子,事父孝等。因为只有"气"具有喜怒哀乐等情感与行动机能,"性体"是不具有此机能的。牟先生割断"本心""性"与"气之灵"之心的任何关联,却又大讲其"活动"。这"活动"也就只是虚说了。

第七,明道谓"'成之者性也',成却待它万物自成始得。"(《二程遗书》卷五)牟先生斥明道这句话"简直无法说得通"①!实际上,明道是强调德性的成长不是本能地由"真机"创生直贯而现成的。

《二程遗书》卷一中有段话说,气即性,性即气,凡人说性皆是就气禀说,故有善有恶,有好有不好。如水流向下,有流得远的,有流得近的。有清的,有浊的。浊的须加克治之功。这段话一般认为乃程颢所说,与程颢上面的话一致。可见程颢强调"性"之自成与须加克治,确是其思想之

---

① 牟宗三:《心体与性体》(第2册),台北:正中书局,1969年,第140页。

本质点，但这与自动呈现说矛盾，故牟先生难于理解而加以斥责了。

要之，笔者认为，牟先生所讲明道之"一本圆融说"是混乱矛盾的，既不能自圆其说，又是强加于明道的。

七、牟先生关于明道天人境界和工夫的论述

牟先生强调明道肯认人乃全幅"天理呈现"，天人本自是一、无间，"呈现"乃本有地自然地"呈现"，故修养工夫唯在"顿悟"。这方面的论述更片面而远离儒学和明道精神。

第一，孔子谓："七十而从心所欲不逾矩。"（《论语·为政》）胡寅注谓："心为律而身为度矣。"（朱熹《论语集注》引）此境界中，天即人，人即天。但七十以前孔子自谓并未达此境界。"下学而上达，知我者其天乎？"（《论语·宪问》）天与人还是有间。孟子说："我善养吾浩然之气。……其为气也，至大至刚，以直养而无害，则塞于天地之间。"（《孟子·公孙丑章句上》）直养的工夫是"集义"。又谓："可欲之谓善，有诸己之谓信，充实之谓美，充实而有光辉之谓大，大而化之之谓圣，圣而不可知之之谓神"（《孟子·尽心章句下》），这既是对这些不同名词所做的界定，同时也是对修养阶段和阶梯上升的境界所做的区分。为学的起步是在"可欲之谓善"。朱熹《论语集注》对孔子"吾与点也"之天人境界描绘说："人欲净尽，天理流行。"《中庸》讲"诚者，天之道也；诚之者，人之道也。……诚则明矣，明则诚矣。""诚之者"是人的努力。又谓"惟天下至诚为能尽其性，能尽其性则能尽人之性，能尽人之性则能尽物之性，能尽物之性则可以赞天地之化育，可以赞天地之化育，则可以与天地参矣。"人只能以"至诚"赞"天地之化育"，而非代天地之化育。程颢讲"道心，天理；人心，人欲。"以后朱熹、张栻批评其"人心人欲"太重，人心不即是人欲，人心之"故为"才是"人欲"，人心之自然流行则是天理，故有"理之自然者谓之天"之说。但"人欲"与"道心"是并存的，故人非"全幅天理呈现"者。这些，在儒学和二程都是常识和定论。但在《心体与性体》第二册第四节中，二程语录中有一些话，如"合天人已是为不知者引而致之，天人本无间。""如化育则只是化育，更说甚赞。""穷理尽性以至于命，三事一时并了，元无次序！不可将穷理作知之事，若实穷得理，即性命亦

可了！"（《二程遗书》卷第二上）等等，牟先生都挑出来证明程颢是"天人无间"论者。实际上，伊川也说："理也，性也，命也，三者未尝有异！穷理则尽性，尽性则知天命矣！天命犹天道也。以其用而言之，则谓之命。命者，造化之谓也。"（《二程遗书》卷二十一下）和程颢是一样的说法。但"穷理"是必须的工夫。

但程颢还有许多说法不是讲天人无间，自然呈现的。如："尽心知性知天是圣人事；存心养性事天是贤人事"；"理则须穷，性则须尽（强调道德工夫），命则不可言穷与尽，只是至于命也。"（《二程遗书》卷第六）"生之谓性，性即气，气即性。生之谓也。……水之清即性善之谓也。"（《二程遗书》卷第一）"学者不必远求，近取诸身，只明人理，敬而已矣，便是约处。《易》之《乾》言圣人之学。《易》之《坤》言贤人之学。"（《二程遗书》卷第二）等等。故牟先生实是以偏概全，得出的结论是不符合程颢思想实际的。

第二，儒学始终强调道德修养的真实过程是天理与人欲的搏斗；有如两军对战，须灭得一份人欲，才能长得一份天理。故孔子强调"克己复礼为仁"，谓颜渊"其心三月不违仁，其余则日月至焉而已"（《论语·雍也》）。《中庸》则讲"慎独"，"戒惧其所不睹，恐惧其所不闻"。孟子以救孺子为例，指出此行为如果是为了要誉于乡党，内交于孺子之父母，那就是私心人欲，救了也非真的道德行为。故道德必是天理人欲搏斗取胜的结果。孟子讲"求放心"，心之放即因被人欲外诱牵引，不灭掉私心人欲，心（道德之心）也是不能复归的。周敦颐强调"无欲"。"无欲"是克尽了私欲。陆象山强调"义利之辨"。朱熹更强调"慎独""精一操存"。"问：'察其所安云，今人亦有做得不是底事，心却安又是如何？'曰：'此是良心终是微，私欲终是盛，微底须被他盛底胜将去，微底但有端倪，无力争得出。正如孟子说非无萌蘖之生一段意。当良心与私欲交战时，须是在我大段着力与他战，不可输与他。只是杀贼一般。一次杀不退，只管杀，数次时，须被杀退了。私欲一次胜他不得，但教其真个知道他不好了，待得熟时，私欲自住不得。'"（《论语集注》，《朱子语类》卷二十三）王阳明说："须教他省察克治，省察克治之功则无时可间，如去盗贼，须有个扫除廓清之意。无事时将好色好货好名等私欲逐一追究，搜寻出来,定要拔出病根,永不复起,方始为快。"(《传习录》上)"致良知"的过程也是"只在此心去人欲、存天理上用功便是"。自谓:"此间讲学,却只说个'必有事焉',不说勿忘、勿助。'必有事焉'者,只是时时去集义。若时时去用'必有事'的工夫,而或有时间断,此便是忘了,即须勿忘。时时去用'必有事'的工夫,而或有时欲速求效,此便是助了,即须勿助。其工夫全在'必有事焉'上用,勿忘、勿助,只就其间提撕、警觉而已。""努力做困知勉行的功夫,便是做生知安行之始,吾侪用功,却须专心致志在'夭寿不贰、修身以俟'上,只此便是做尽心知天功夫之始:正如学起立移步,便是学奔走千里之始。"(《传习录》中)牟先生却片面强调"自体呈现","事之所在,即体即与之而俱在而曲成之……所谓浑沦顺适,一体而化也"①。此乃"自然活泼,生机盎然,一团和气"②,"并无修之可言。一言修,便落习心,便是渐教。……必须顿悟"③。把孟子到王阳明都打入渐教了。

禅宗强调"担水砍柴,无非妙道",该吃即吃,该眠即眠,一切顺其自然即得真解脱、真自由。牟先生一力强调道德乃"自然呈现","沛然莫之能御",实已堕入禅宗之说教而不自知,于工夫上完全走了偏锋了。

八、牟先生之以气质说哲学

牟先生谓:程颢有"真实生命之独特感受,创辟智慧之独特洞悟"。"关于仁体、性体、道体之体悟以及关于工夫入路之讲法"④皆程颢的生命智慧所致,为伊川、朱子所未有⑤。"明道心态具体活泼,富幽默,无呆气。""二先生语中,凡语句轻松透脱,有高致、无傍依、直抒胸臆,称理而谈而有冲虚含混之意味者,大体皆明道语也。"⑥ 这种气质决定哲学之说,是难以成立的。

第一,哲学的本质是以概念清晰地表达关于形上原理、最高原理的思

---

① 牟宗三:《心体与性体》(第 2 册),台北:正中书局,1969 年,第 127 页。
② 牟宗三:《心体与性体》(第 2 册),台北:正中书局,1969 年,第 126 页。
③ 牟宗三:《心体与性体》(第 2 册),台北:正中书局,1969 年,第 239 页。
④ 牟宗三:《心体与性体》(第 2 册),台北:正中书局,1969 年,第 2 页。
⑤ 牟宗三:《心体与性体》(第 2 册),台北:正中书局,1969 年,第 4 页。
⑥ 牟宗三:《心体与性体》(第 2 册),台北:正中书局,1969 年,第 5 页。

想。感受并不能成为哲学。如"仁体、性体、道体",你不讲清它的含义究竟是什么、"圆明洞彻之义理"何以是"圆明洞彻",就不能是哲学。黄宗羲、黄百家也喜讲学者气质,如上蔡刚决明快,朱子刚决明快,朱子近上蔡之类。用这种讲法划哲学派别是很危险的。在北京,张岱年先生近明道,冯友兰先生近伊川,能说这决定了他们哲学路向的不同吗?

第二,伊川一生讲经注经,朱熹也一样,故重文理密察,"逐条点读,着实理会"①。这与其哲学性质是没有直接关系的。《定性书》也文理密察,幸好注明是程颢讲的,否则牟先生恐怕会把著作权划归伊川了。

第三,朱熹论述中的许多重要话语,实都引自明道,是明道思想的发挥。如:"人心莫不有知,惟蔽于人欲,则亡天德。""知"为良知。朱熹《格致补传》发挥此义。"万物之生意最可观,此元者善之长也,斯所谓仁也。"其意谓,"生意"是万物自然生生,生机盎然;但此生意亦天道之"元亨利贞"四德之"元德"使之然,故"生意"即表现"元者善之长也"。朱熹《仁说》发挥此意。"耳目能视听而不能远者,气也,心则无远近也。"朱熹《心说》有此意。"《中庸》之言,放之则弥六合,卷之则退藏于密!"朱熹在《中庸章句》中直接引用。"道心,天理;人心,人欲""'人心惟危',人欲也;'道心惟微',天理也。'惟精惟一',所以至之。'允执厥中',所以行之。"朱熹发挥为《中庸章句序》。"天者,理也。神者妙万物而为言也,帝者以主宰事而名。"(以上引明道语皆出于《二程遗书》卷十一)这是分解之语,朱熹亦引用。"生之谓性,性即气,气即性。生之谓也。……水之清即性善之谓也。"朱子讲性善发挥此义。"知仁勇三者,天下之达德,学之要也。""人最可畏者是便作,要在烛理。""知至则便意诚,若有知而未诚者,皆知未至尔。"(《二程遗书》卷第六,《二程语录》第六)朱熹强调"知在先",重视知,亦本于此。

如按牟先生的以气质论哲学,这些就讲不通了。实际上,朱熹是通过上蔡了解二程的。《上蔡语录》主要发挥明道思想。朱子对之读了又读,潜移默化。朱子引用与发挥明道上述见解,原因在此。这是不能用气质说来说明的。

---

① 牟宗三:《心体与性体》(第2册),台北:正中书局,1969年,第10页。

九、程颐论性

程颐论"性",其根本或基础性的命题是"性即理"。字面上,"性"泛指天地万物之性(全称判断);"理"泛指规律、原理、本质属性。冯友兰、牟宗三先生解之为柏拉图式的"理型""共相"。实际上,这是一特殊性命题(特称判断),所指是孟子所谓"君子所性"之善性。"理"指道德,内涵为仁、义、礼、智、信。按康德的划分,这属实践理性领域,因而它有心性关系与道德实践及修养的问题。程颐在"性论"中论述了这些问题。

程颐论"性"的言论很多,可归纳为两大类:一类涉及心性情关系;一类涉及性与气或气禀的关系。程颐论"性"的一条纲领性语录是:

> 称性之善谓之道,道与性一也。以性之善如此,故谓之善性。性之本,谓之命,性之自然者谓之天,自性之有形者谓之心,自性之有动者谓之情。凡此数者皆一也。(《二程遗书》卷二十五,伊川先生语十一)

对这条语录,牟先生套用"共相"说,谓:此"性善"之"善"为"绝对的善,纯然的善,善之自己。外乎此,皆不得说为绝对的善,皆是因这绝对的善(善之标准)而有善的意义"[①]。"共相"说认为,动、静、美、丑、圆、方等等"共相",乃形而下之现实世界中动、静、美、丑、圆、方等等之绝对的标准。如冯友兰先生常讲的,现实中的"圆"总是不够"圆",达不到"共相"的绝对的"圆"。这是摹本与原本的区别。牟先生即发挥这一说法。在此说法下,现实的"性善"就是相对的不够"善"的"性善"。显然,这于程颐是完全不相应的。在程颐语录中,"性"是主词,"善"是形容词。它源于"道"、与"道"同一。"道"并非柏拉图"共相"说的"彼岸世界"——"绝对的善",以彼套此是错误的。

"性之有形者谓之心",这肯定了"性"为"心之体"。孟子说"心之官则思","心之有形"即因"心"之为"官"是有形的。"性"作为

[①] 牟宗三:《心体与性体》(中),上海:上海古籍出版社,1999年,第229页。

"理",无形无象,但"性"为"心"所秉受,内具于"心",成为"心之体段"(见程颐《中庸》"中和"说),它也就有"形"了。以镜做比喻,"照之理"无形无象,但镜有形,从镜子之有形,可见照之性理。故二程、朱熹常以镜做比喻,说明性心关系。如程颐回答"'不迁怒,不贰过',何也?"的提问时说:"须是理会得因何不迁怒。如舜之诛四凶,怒在四凶,舜何与焉?盖因是人有可怒之事而怒之,圣人之心本无怒也。譬如明镜,好物来时便见是好,恶物来时便见是恶,镜何尝有好恶也?……圣人心如止水。"① 程颢《定性书》说,"性"如明镜,物来自应,善恶美丑无所遁其形。朱熹说,"心犹镜,仁犹镜之明"。此皆类似说法。推而广之,坚之有形者谓之石,流之有形者谓之河等等,亦如此。但牟先生认为程颐所讲"心"只是且只能是认知心,故不从"性"为"心之体段"立论,而谓在程颐,"心"无形,但其"觉识活动"有形,故"心之有形即以觉识活动定"②。但"觉识活动"来无影,去无踪,"出入无时,莫知其向",以之定"心之有形",是不通之词。

牟先生说:"盖性只是理,而理之具体表现一般言之,不能不有赖于心之觉识活动。如无心之觉识活动贯注于性理上,则性理之为理只是自存、潜存,而不是呈现地现实的具体的理。"③ "一般言之",即泛而言之,"性理"只是自存、潜存,而不能是"呈现地现实的具体"的"存",这与牟先生常讲的性体、理体"即存有即活动",自己呈现,"沛然莫之能御",完全矛盾了。

"觉识活动"即是眼耳口鼻等感觉器官之见、闻、口说等感性活动及在此基础上的心之分析综合活动,有此能力的只能是"气之灵之心",道德本心或性体是不可能有此能力的。"性"既然有赖于此才能呈现,则"性"应在"气之灵之心"中而不能在其外。程颐说"性之有形者谓之心",正是有见于此;但牟先生却谓,在程颐,"心之形著而形象化性理是认知地形著而

---

① [清]黄宗羲:《宋元学案》卷十五《伊川学案上》,北京:中华书局,1986年,第618—619页。
② 牟宗三:《心体与性体》(中),上海:上海古籍出版社,1999年,第230页。
③ 牟宗三:《心体与性体》(中),上海:上海古籍出版社,1999年,第230页。

形象化之"，"是依动静之情之存在之然而推证其所以然而形著而形象化之"①，将道德性理完全解构成动静之理了。实际上，"性"本无动静可言，因"理"无动静。程颐讲"性动"，是省略的说法，意谓"性"内含于"心"，为"心之体段"，心有动静，即可谓性有动静。"心之静"即"喜怒哀乐未发之谓中"。心感物而动，即"发而为情"，"性体（善性）"发挥节制的作用，使之皆为道德之情而谓之和。牟先生所讲"动静之然"，指形而下的现实、具体的动静，如牛马之动静，草木之动静，球体之动静，认知心之动静等；其所以然之理或是机械力学定律，或是生物之生理心理活动规律，或是柏拉图式的"共相"，都是与道德性理及道德情感无关的。以此解彼，可谓风马牛不相及。

牟先生进而说："心之觉识活动是道德本心之实践的活动。"② 这更是混淆概念、自相矛盾了。"觉识活动"与道德实践性质完全不同。看见一个孩子掉进井里，这是觉识活动；不计功利，奋不顾身去援救，这是"道德实践"。两者并无必然内在联系。有前面的觉识，却视而不见，见死不救，做出反乎道德之事的人，也是有的。"道德实践活动"只能指具有觉识活动的人依照道德本心之绝对命令而活动。"道德本心"即康德所谓"善的意志"，它仍是人之"理性"的一种功能，而非在其外的另一种"心"之功能。

整体而言，程颐这段话从"道"与"性善"一路说下来，意谓道、性、心、情都是善的。"道"就天言，就客观普遍的意义言，就其自然存在、自己存在而言；"性"就人之禀受于天而具有之善性言；"心"就人之知觉、情欲及意志主宰言（"性"授受于"心"，为心之体）；"情"就心之发为情感言。程颐用一个"善"字把天道心性直贯起来。牟先生喜言"直贯"，却对程颐这种真正的"直贯"完全错解。

程颐类似的语录还有很多，如："在天为命，在义为理，在人为性，主于身为心，其实一也。心本善，发于思虑，则有善有不善。"（《二程遗书》卷第十八）"自性而行，皆善也（性指义理之性的善性）。圣人因其善也，则为仁义礼智信以名之；以其施之不同也，故为五者以别之。合而言之皆

---

① 牟宗三：《心体与性体》（中），上海：上海古籍出版社，1999年，第231页。
② 牟宗三：《心体与性体》（中），上海：上海古籍出版社，1999年，第231页。

道；别而言之亦皆道也。"(《二程遗书》卷第二十五)"自理言之谓之天，自禀受言之谓之性，自存诸人言之谓之心。""性即理也，所谓理，性（指道德性）是也。"(《二程遗书》卷第二十二上)（此条原文甚长，此处所录是依《宋元学案·伊川学案》只节录其末段，辞句与《二程遗书》原文稍异。）这些话和上面第一条语录是一样的思想，"理"指"天命之谓性"之性理（非泛指物之本性、生理），内涵是仁义礼智信；"心"指人心，其体为"道德本心"；"发于思虑"指人心所发之"意"、意念。意念有善有不善，心之体——道德本心皆可知之节之，使之"中节而和"而皆为善。贯穿其中的要点，是天命之善性为心所禀受而成为"心之体"。由此，心性是一而非二。在《中庸解》中，程颐说："人心至灵，一萌于思，善与不善莫不知之。""情之未发，乃其本心。本心元无过与不及，所谓'物皆然，心为甚。'所取准则以为中者，本心而已。"又谓："故君子之学将以求其本心。本心之微，非声色臭味之可得，此不可得而致力焉！"(《二程集·河南程氏经说》卷第八。)把人有道德本心的思想讲得十分明确。

关于性与气的关系，程颐的主要语录有：

气有善不善，性则无不善也。人之所以不知善者，气昏而塞之耳。孟子所以养气者，养之至则清明纯全，而昏塞之患去矣。或曰养心，或曰养气，何也？曰：养心则勿害而已，养气则在有所帅也。(《二程遗书》卷第二十一下，伊川先生语七下)

论性不论气，不备；论气不论性，不明。（本此下云：二之则不是。）(《二程遗书》卷第六，二先生语六。未定谁语。)

问："性之有喜怒，犹水之有波否？"曰："然。湛然平静如镜者，水之性也。及遇沙石，或地势不平，便有湍激；或风行其上，便有波涛汹涌。此岂水之性哉？人性中只有四端，又岂有许多不善底事？然无水安得波浪，无性安得情也？"(《二程遗书》卷第十八，伊川先生语四)

综合这些语录，其所讲"性"为"善性"，认为性善是性之本然。现实中，圣、愚、贤、不肖等等的差异是"气禀"使然。因"气"有清浊，得气之清可保持"性之本然"，为圣为贤；得气之浊则为愚、不肖。孔子讲"性相近"是指气禀不同之性。气禀（包括质料及其生理或形构之理）虽为命定，但人可通过学而改变气质。扬雄、韩愈所讲"性"皆为气禀之性，非本来之善性。故总结地说，"论性不论气，不备"——不完备，后天的差别未能说明；"论气不论性，不明"——不明白性之本然，而徒见后天性的种种差异。禽兽亦有善性，有如纸上的一小孔，阳光亦照射进来，但只有一小孔，故性善也只有一点点。以后朱子解析"气犹相近而理绝不同"说："气相近，如知寒暖，识饥饱，好生恶死，趋利避害，人与物都一般。理不同，如蜂蚁之君臣，只是他义上有一点子明；虎狼之父子，只是他仁上有一点子明；其他更推不去。恰似镜子，其他处都暗了，中间只有一两点子光。"（《朱子语类》卷第四）此即发挥程颐以上思想。

孟子讲性有两种：生理食色之性与"君子所性"的仁义礼智之性。程颐把生理之性基本忽略不讲（归入气禀），主要以善性为性，以气禀的不同讲现实的"性"的差别。程颢、张载及以后朱熹讲"性"也是如此。这是读者要特别注意的。如张载说："气质之性，君子弗谓性也。"气质之性包括生理食色之性，孟子说这也是性，但张载说"君子弗谓性也"即本于此。张载又说："形而后有气质之性，善反之则天地之性存焉。"天地之性即仁义礼智之性。"气质之性"则包括善恶良莠不齐之现实之性。

程颐说，"天下之理，原其所自未有不善"。这与"共相说"的说法不同。"共相说"中，"理"自本自根，没有"所自来"的问题。程颐讲"理"——人之善性有所自来。来于何处？来于天道、天命。天道、天命是最终本源。因其如此，禽兽也是有善性的。程颢讲"生之谓性"，人与物皆禀善性，更凸显这点。程颐又谓"理之自然者谓之天"，就是说善性皆出于自然，非有神造。这实际是说孝弟慈爱等善性皆出于血缘亲情，是自然形成的。这与"共相论"思想亦是完全不同的。而牟先生用"共相论"套宋明理学和程颐的性论，其不相应和牵强附会是必然的。

程颢的性论和程颐基本是一致的，如谓："告子云'生之谓性'则可。凡天地所生之物，须是谓之性。皆谓之性则可，于中却须分别牛之性、马之性，是他便只道一般，如释氏说蠢动含灵，皆有佛性，如此则不可。'天命之谓性，率性之谓道'者，天降是于下，万物流形，各正性命者，是所谓性也；循其性而不失，是所谓道也。此亦通人物而言。循性者，马则为马之性，又不做牛底性；牛则为牛之性，又不为马底性。此所谓'率性'也。人在天地之间，与万物同流，天几时分别出是人是物？'修道之谓教'者，此则专在人事。以失其本性，故修而求复之，则入于学。若元不失，则何修之有？是由仁义行也。则是性已失，故修之。'成性存存，道义之门'，亦是万物各有成性存存，亦是生生不已之意。天只是以生为德。"（《二程遗书》卷第二上，二先生语二上。未注谁语。牟先生认为系明道语）程颢这里的讲法，理念或概念的使用不够严谨，但人性善这一基本点是明确的。牟先生说，在程颢，性善是"性体自己之本然而粹然者"，"性之本然与粹然""即是那'于穆不已之真几'也"[1]。而程颐所讲"性理"或"性体"乃动静之然与所以然之理[2]。两者完全不同。但考之实际，这种不同不过是牟先生主观虚构的，在文本上没有经得起推敲的根据。

十、程颐论心

按康德的讲法，理性是一个，但有认知的运用，有实践的运用。前者即理论理性，后者即实践理性。康德所讲"理性"即孟子和二程通常所讲的"心"。孟子说"心之官则思"，"思"有认知之思，成就知识；有道德之思，成就道德；有情感之思，所谓"思念""想念"，成就诗歌、文学，还包括情欲等。成就道德之思的"心"，《尚书·大禹谟》称之为"道心"，程颢、程颐、朱熹亦称之为"道心"或"心体"，陆象山称之为"本心"，王阳明称之为良知、明德。"道心"与"人心"相对（人心指生理认知情欲之心），但两者都是"心"的功能作用。程颐论"心"即包括上述两方面，如：

  孟子言："尽其心者知其性也，知其性则知天矣。"心也、性也、天也，非有异也。（《二程遗书》卷第二十五，伊川先生语十一）

  正叔言："不当以体会为非心。"以体会为非心，故有心小性大之说。圣人之神，与天为一，安得有二？至于不勉而中，不思而得，莫

---

[1] 牟宗三：《心体与性体》（中），上海：上海古籍出版社，1999年，第141页。
[2] 牟宗三：《心体与性体》（中），上海：上海古籍出版社，1999年，第231页。

不在此。此心即与天地无异，不可小了他。不可将心滞在知识上，故反以心为小。(《二程遗书》卷第二上，二先生语二上)

"人心惟危，道心惟微。"心，道之所在；微，道之体也。心与道，浑然一也。对放其良心者言之，则谓之道心；放其良心则危矣。"惟精惟一"，所以行道也。(《二程遗书》卷第二十一下，伊川先生语七下)

"滞在知识上"即认知心；与"天地无异"之心即道德心。"心，道之所在"，"在"是本质地在，分析地在，本原地在；非后天经格物致知而"在"。故"道心"即人生而即具之"仁义良心"。程颢谓："'人心惟危'，人欲也。'道心惟微'，天理也。'惟精惟一'，所以至之。'允执厥中'，所以行之。"(《二程遗书》卷第十一)这是与程颐一样的说法。牟先生却说程颐是"心与道为二、而非即道也。其'浑然一也'虽加浑然，亦是关联的合一。……放其良心，则不顺理、不合道，即谓之'人心'"，且此良心非孟子本意之良心①。这是据己意对程颐的曲解。

在《二程遗书》卷第十八《伊川先生语四》中，程颐谓："心譬如谷种，生之性便是仁也。"用今天的话说，使稻发育为稻，麦发育为麦的"基因遗传信息"是"性"，"谷种"则是"心"。谷种因内具这种遗传信息而能发育为麦为稻，有如"仁"之性使人成为人一样。这"心"中的仁性或"生之性"，按康德的讲法就是"善的意志"，这"善的意志"使人成为享有道德尊严的人。遗传信息和谷种是融为一体的。非谷种（心），遗传信息（性理）无以存；非具遗传信息（性理），谷种亦无以遂其发育为稻为麦之功。牟先生以"共相论"套入，将两者解为阳气生发之情（自然生理）与其所以然之理的关系②，将"性善"解为自然生理，这显然是曲解程颐了。

程颐说："心具天德，心有不尽处，便是天德处未能尽，何缘知性知天？尽己心，则能尽人尽物，与天地参，赞化育。赞则直养之而已。"(《二程遗书》卷第五，《宋元学案》列于《伊川学案》)"心具"是内在地生而即具，非后天学习而具。"天德"即道德性理。故又谓："如四端固具于

---

① 牟宗三：《心体与性体》(中)，上海：上海古籍出版社，1999年，第281页。
② 牟宗三：《心体与性体》(中)，上海：上海古籍出版社，1999年，第285页。

心。""固具"者，生而即具也。程颢谓："人心莫不有知，惟蔽于人欲，则亡天德也。"（《二程遗书》卷十一）"天德"即仁义礼智。"圣人致公，心尽天地万物之理，各当其分。佛氏总为一己之私，是安得同乎？圣人循理，故平直而易行。"（《二程遗书》卷第十四）显然，两人的思想是一致的。而牟先生认为程颐的上述"心"论思想都非程颐的"本质思想"。程颐的"本质思想"在哪里呢？我们要反问了。

十一、程颐论涵养

程颐认为道德源自性体——道德本心，故提出"涵养须用敬，进学则在致知"（《二程遗书》卷十八），作为全部工夫的概括。这两句话虽有联系，但却是两件事。涵养与心性相联系，《近思录》列为"存养"，与"格物穷理"是并列的。

程颐关于"涵养"的论述，由讨论《中庸》而起，见于下面这段论述。

（苏季明）或曰："喜怒哀乐未发之前求中，可否？"曰："不可。既思于喜怒哀乐未发之前求之，又却是思也。既思即是已发，思与喜怒哀乐一般。才发便谓之和，不可谓之中也。"又问："吕学士言：'当求于喜怒哀乐未发之前。'信斯言也，恐无著摸，如之何而可？"曰："看此语如何地下。若言存养于喜怒哀乐未发之时，则可；若言求中于喜怒哀乐未发之前，则不可。"又问："学者于喜怒哀乐发时固当勉强裁抑，于未发之前当如何用功？"曰："于喜怒哀乐未发之前，更怎生求？只平日涵养便是。涵养久，则喜怒哀乐发自中节。"……或曰："先生于喜怒哀乐未发之前下动字，下静字？"曰："谓之静则可，然静中须有物始得，这里便是难处。学者莫若且先理会得敬，能敬则自知此矣。"（《二程遗书》卷十八）

为什么"言存养于喜怒哀乐未发之前，则可"？盖因"中，状性之体段"，心未发时含具有性体——道德本心，故可言存养，而不可言求之。"求之"则以之为一物而在心外了。程颐讲"涵养"与孟子讲"存心养性以事天"是一致的。如果无道德本心而讲"存养""涵养"，就真正是无本原的"涵养"了。比之孟子，程颐讲得更为细致。牟宗三先生说程颐所讲

"心"只是且只能是实然的生理之"心",其讲"涵养",落实处只是后天工夫之"居敬穷理"而已。这显然是曲解。

程颐说:"闲邪则诚自存,不是外面捉一个诚将来存著。今人外面役役于不善,于不善中寻个善来存著,如此则岂有入善之理?只是闲邪,则诚自存。故孟子言性善,皆由内出。只为诚便存。闲邪更著甚工夫?但惟是动容貌、整思虑,则自然生敬,敬只是主一也。主一,则既不之东,又不之西,如是则只是中。既不之此,又不之彼,如是则只是内。存此,则自然天理明。学者须是将敬以直内,涵养此意,直内是本。"(《二程遗书》卷第十五,伊川先生语一,《入关语录》)牟先生说:"此言存诚存敬,其背景仍是就实然的心理学的心施以后天的振作、整肃、凝聚之工夫以贞定之。诚敬只是工夫字,即就振作、整肃、凝聚而说。振作、整肃、凝聚亦只是这实然的心之经验地表现。其实处即是'动容貌、正思虑'。'但唯是动容貌,正思虑,则自然生敬'……'涵养'者涵泳优悠以滋长此敬心,使之习久如天成也。涵养久,则此心常贞定,即由实然的状态转至道德的状态,故自然能如理合度,而作为理与度的'天理'亦于焉彰明矣。"① 但理论上,一个实然的生理之心,不管如何专一,如何主一,如何诚敬,如何闲邪,都是不可能转生出一个道德之心的。天天专注骑马,整齐装束,严肃容貌,心无旁骛,那也只能提高骑术,绝不可能转出一个道德心,变成一个道德高尚的人。"千山鸟飞绝,万径人踪灭,孤舟蓑笠翁,独钓寒江雪。"这是够主一、专一以从事钓鱼之事了,但能由此转出一个道德之心吗?当然是不可能的。钓者可以以此为乐,但这并非道德境界。牟先生说"由敬来经验地直此实然的心使之转成道德的",只能是胡扯了。程颐当然绝不会有这种糊涂不通的思想,故他一再强调:"孟子言性善,皆由内出。只为诚,便存。""便存"之所以可能即因本有性善之仁义良心在"内"也。"存此,则自然天理明",盖天理即仁义性理也。"人只有个天理,却不能存得,更做甚人也?"(《二程遗书》卷第十八)"天理"是生而即有的道德性理。这都是极明确的本质性思想。再如:

---

① 牟宗三:《心体与性体》(中),上海:上海古籍出版社,1999年,第321页。

呼问:"每常遇事,即能知操存之意,无事时,如何存养得熟?"曰:"古之人,耳之于乐,目之于礼,左右起居,盘盂几杖,有铭有戒,动息皆有所养。今皆废此,独有理义之养心耳。但存此涵养意,久则自熟矣。敬以直内是涵养意。"(《二程遗书》卷第一)

"理义之养心"即孟子所讲"礼义之悦心"。"敬以直内",因为有"内",故可如此。"内"即内在之"道德性体"也。对"涵养"的理解,程颢亦与程颐一致。《二程遗书》卷第一至第十"二先生语"中,有许多关于"涵养"的论述,如:"'思无邪''无不敬',只此二句,循而行之,安得有差?有差者,皆由不敬不正也。"(《二程遗书》卷第二上)"若不能存养,只是说话。"(《二程遗书》卷第一)所谓"只是说话"指只知而不行者。"学者全体此心,学虽未尽,若事物之来,不可不应,但随分限应之,虽不中,不远矣。"(《二程遗书》卷第二上)"学"是后天功夫,但亦以"全体此心"为基本。"学者须敬守此心,不可急迫,当栽培深厚,涵泳于其间,然后可以自得。但急迫求之,只是私己,终不足以达道。"(《二程遗书》卷第二上)"圣贤千言万语,只是欲人将已放之心,约之使反,复入身来,自能寻向上去,下学而上达也。"(《二程遗书》卷第一)这些都是两人共有的思想。而牟先生论程颢时,将程颢关于"涵养"的论述都删除了,因为不合他臆造的"程颢思想圆融一本论"与"逆觉体证"——遇事则内省、顿悟以"明心见性"而达致"无限"的工夫论。

十二、 程颐"格物致知"的"心学"论述

程颐关于"格物致知"的论述,可分为两部分:一部分是明确的"心学"论述;一部分讲如何格物及读书明理,通晓修齐治平的道理。前一部分见于牟先生所引程颐下列六条语录:

入道莫如敬。未有能致知而不在敬者。(《二程遗书》卷第三,二先生语三。谢显道记忆平日语。标明为伊川语。)

知者吾之所固有,然不致则不能得之。而致知必有道,故曰:"致知在格物。"(《二程遗书》卷第二十五,伊川先生语十一)

"致知在格物",非由外铄我也,我固有之也。因物有迁,迷而不

知,则天理灭矣。故圣人欲格之。(《二程遗书》卷第二十五,伊川先生语十一)

闻见之知,非德性之知。物交物则知之,非内也,今之所谓博物多能者是也。德性之知,不假闻见。(《二程遗书》卷第二十五,伊川先生语十一)

格犹穷也。物犹理也,犹曰穷其理而已也。穷其理,然后足以致之,不穷则不能致也。格物者适道之始,欲思格物,则固已近道矣。是何也?以收其心而不放也。(《二程遗书》卷第二十五,伊川先生语十一)

随事观理,而天下之理得矣。天下之理得,然后可以至于圣人。君子之学,将以反躬而已矣。(《二程遗书》卷第二十五,伊川先生语十一)

这六条语录是以《礼记》"不能反躬,天理灭矣"及《说卦》"穷理尽性以至于命"为背景的。"天理"与"理"指德性之理。"知者,我固有之也",即德性之知乃我所固有。"致"是致力于,达致。"物"指物欲、外物,如声色货利等。"因物有迁,故迷而不知,则天理灭矣",即《乐记》所讲:"夫物之感人无穷,而人之好恶无节,则是物至而人化物也。"故"格物"是不使德性之知为物所迁,不使"天理"为物欲所灭。如何"格物"?方法是"穷理",是"求放心"。"穷理"的"理"即"天理",即"德性之知"的内容。"穷"是穷尽,全副体现。"格"训为"至",又训为"穷";也即在"物"——接物或物欲萌发处,使天理、良知不为其所迁,即所谓"穷理尽性至命,只是一事。才穷理便尽性,才尽性便至命"(《二程遗书》卷第十八,伊川先生语四)。因"理"所指即天理、德性之知,故"尽其心者自尽其心。尽心则自然知性知天矣。如言'穷理尽性以至于命',以序言之不得不然,其实只能穷理,便尽性至命也"(《二程遗书》卷第二十二上,伊川先生语八上)。"尽心"亦是"心"不为物欲所迁、所蔽,使其所具天德能全副呈现,所谓"尽其心者自尽其心",如此则可回复到"天命之所与"。综合这些论述,核心是通过道德修养功夫,达致德性之知和"天理"的朗现与存而不失。

牟先生采取主观断案的方法，将程颐上面讲的"知"解为心之认知能力与活动。谓："'致'者，推致其'知之能'（指认知能力——引者），使之步步有所成，有所得（指得外物之物理知识），而至于其极也。""'致'是送到的意思。有一个'知之能'，并不能算是明理也。知之能在与物接上而具体的表现方可有明理之成果，此即是'致'也。故曰：'不致，则不能得之。''得'一在得明理之成果，一在使知成其为知（有具体的表现）。此两层皆在与物接上成就，此即'致知在格物'也。"① 这是将程颐思想解构为认识论所讲关于外物的认知问题，完全违背程颐思想的原意。程颐明白地指出有两种知：一是"闻见之知"，一是"德性之知"。前一种乃物交物之"知"，由外得来，"今之所谓博物多能者"是也。"德性之知不假见闻"，是由内产生的"性理、天德"。程颐明确指出，他所讲的"知"与认识论所讲物理知识、博物多能之知，性质完全不同。白纸黑字，如此清楚确定，牟先生却明目张胆，硬将其定为"物理之知"。这只能说是自欺欺人。

牟先生解"知"为认知能力，逻辑上不通，也违反语言常识。人们不会说，"耳，我所固有；听力，吾所固有。眼，吾所固有；视力，吾所固有。……如果不'致'，则得不到听力视力，就会听不到声音，看不到外物"。因听力视力是天生的，不存在"固有、不固有"的问题，讲"固有"是多余的。程颐之所以要特别提出"知，吾所固有"，因讲的是一种特别的"知"——良知或德性之知。有些人是否认有这种"知"的，如告子、荀子。此种"知"很容易丧失，为物欲所迁，故必须有"致"的工夫。如果"知"指认知能力，则根本不存在丧失的问题，也不存在"致"才能得到的问题。牟先生把"知"解成认知能力，又引申成知识的获得和积累。这种曲解是荒谬的。

以此曲解，牟先生认为程颐所讲"德性之知"乃依据敬心之涵养而起②，"涵养此敬心使之常常能振作、整肃而凝聚，不滞于见闻与见闻之对

---

① 牟宗三：《心体与性体》（中），上海：上海古籍出版社，1999年，第326页。
② 牟宗三：《心体与性体》（中），上海：上海古籍出版社，1999年，第395页。

象，而能提起来以其心知之明（指认知能力）去知那超越之理也"①。所谓"超越之理"即物的"共相"或"理型"。而"共相"或"理型"和"德性之知"是性质完全不同的。硬把这种东西称之为"德性之知"，就如同把竹子之为竹子的"共相"之知称为"德性之知"。这是真正混知识为道德了。

心理学上的认知之心是绝不可能发出德性之知的。这是常识。告子、荀子讲的"心"是这种认知心，故道德在他们的体系中都是由外灌输而成的。"化性起伪"之后，始有道德之知。这种道德之知实际仍是以功利为心的，与孟子及程颐所讲"我所固有"之德性之知，本质上完全不同。

道德的敬心实际上也不可能由认知心格物致知而起。见鬼神而敬畏，敬畏天命与大人之言，可以是功利的敬畏。"道德的敬心"如果是自发的、原于内心的，则是德性之敬，这与由认知心明理而成的"敬"，性质亦不同。

牟先生说："惟至伊川始正式言《大学》，正式言致知格物，格物穷理……由《论》《孟》《中庸》《易传》之纵贯型转化而为静涵静摄之横列型。朱子极力完成之。"② 实际上，言《大学》，程颢是首倡，《大学章句》就是程颢首先新编定的。程颢谓："《大学》乃孔氏遗书，须从此学则不差。"（《二程遗书》卷第二上）关于"格物致知"思想，程颢有下述语录：

"致知在格物。"格，至也。或以格为止物，是二本也。（《二程遗书》第卷十一）

致知在格物。格，至也。穷理而至于物，则物理尽。（《二程遗书》卷第二上，二先生语上，《宋元学案》列于明道学案，牟先生从之。）

人心（即气之灵之心）莫不有知，惟蔽于人欲，则灭天德也。（《二程遗书》卷第十一，明道先生语一）

"致知在格物"，物来则知起。物各付物，不役其知，则意诚不动。意诚自定则心正。始学之事也。（《二程遗书》卷第六，二先生语六。未定谁语。牟先生认为此当是明道语，认为《宋元学案》列入《伊川学案》，非是。）

---

① 牟宗三：《心体与性体》（中），上海：上海古籍出版社，1999 年，第 329 页。
② 牟宗三：《心体与性体》（中），上海：上海古籍出版社，1999 年，第 331 页。

其中第3条即程颐"知，吾所固有"之思想。"天德"即程颐所讲"德性之知""天理"。第4条即《定性书》思想。第1条，为什么训"格"为"止"是"两本"？程颢未加说明。以后王阳明训"格"为"正"。《定性书》讲以"理"照物、处物，能使物各付物，即因"物"乃"理"所应对之物。如果是"止物"，就不是"物各付物"了。要之，程颢"格物致知"的心学论述实际上和程颐是完全一致的。而牟先生采所谓"一本论"的解释大讲"穷究"，说："如果照'一本'义去想，则'致知'之知不是无规定的泛说之'知'，乃是致的'天理遍在'之知（也即良知。引者注）……依此一本义而言，则'致知在格物'意即欲致其'天理遍在'之知，必须能'至于物'而知此天理之通澈，或致天理遍在之知即在乎'至于物'而能明知此天理之通澈于物也。……故第4（本文为3。引者注）条云：'格，至也。穷理而至于物，则物理尽。'意即穷究此遍在之天理而能至于物以知其通澈于物而不隔于物，则物之理亦尽。"① 而"穷究"是属于认识论的范畴，如穷研竹子之理：何时种竹子合宜，竹子有何特性等等。说穷究天理良知，这是完全不通的。

十三、程颐对"格物致知"的一般论述

孔子仁智并重，以仁智勇为三达德，三德各有独立的意义。仁属于道德；智属于理论理性，认识范畴；勇属于意志。德性好，不一定智能好。反之亦然。勇亦如此。但三者亦可相辅相成。德性好，尽忠报国，无所畏惧，可以急中生智；智识多而高可以辅益德性修养，不致无知冥行；勇于担当，可以更勇于道德实践。程颐许多语录讲研究或穷至事理、物理，即有以智辅仁之意。"理"的含义有道德的、知识的、外在的、己身的。因儒学的本质是"内圣外王一体两面"，故天下事事物物该当理会，不能如佛老一样，只讲"内圣"了事。

程颐格物致知的言论很多，如：

或问："进修之术何先？"曰："莫先于正心诚意。诚意在致知，

---

① 牟宗三：《心体与性体》（中），上海：上海古籍出版社，1999年，第342—343页。

'致知在格物'。格，至也，如'祖考来格'之格。凡一物上有一理，须是穷致其理。穷理亦多端：或读书讲明义理；或论古今人物，别其是非；或应接事物而处其当；皆穷理也。"问："格物须物物格之，还只格一物而万理皆知？"曰："怎生便会该通？若只格一物便通众理，虽颜子亦不敢如此道。须是今日格一件，明日又格一件，积习既多，然后脱然自有贯通处。"（《二程遗书》卷第十八，伊川先生语四）

今人欲致知，须要格物。物不必谓事物然后谓之物也，自一身之中，至万物之理，但理会得多，相次自然豁然有觉处。（《二程遗书》卷第十七，伊川先生语三）

问："观物察己，还因见物反求诸身否？"曰："不必如此说。物我一理，才明彼即晓此，合内外之道也。语其大，至天地之高厚；语其小，至一物之所以然，学者皆当理会。"又问："致知，先求之四端，如何？"曰："求之性情，固是切于身，然一草一木皆有理，须是察。"（《二程遗书》卷第十八，伊川先生语四）

这些论述与"敬以直内""涵养本心"有相辅相成的关系。明理有助于提高道德觉悟和道德境界，这是常识。近现代，无数志士仁人献身革命，赴汤蹈火，前仆后继，往往都是先明理，懂得了"三民主义"与共产主义之真理，坚定了信仰而能如此的。常言"平生不做亏心事，半夜不怕鬼敲门"，道德好使人能如此，但懂得无鬼的道理，更能如此。

程颢讲"天理二字是自家体贴出来"，但亦强调读书与格物明理，如他说："'博学而笃志，切问而近思'，何以言'仁在其中矣'？学者要思得之，了此便是彻上彻下之道。""佛氏不识阴阳昼夜死生古今，安得谓形而上者与圣人同乎？"（《二程遗书》卷第十四）"知之明，信之笃，行之果，知仁勇也！"（《二程遗书》卷第十三）"《大学》之道'在明明德'，明此理也；'在止于至善'，反己守约是也。"（《二程遗书》卷第十二）"知至则便意诚，若有知而不诚者，皆知未至也。"（《二程遗书》卷第十一）要之，在进学致知上，二程的思想亦基本是一致的。

宋明儒学以"四书"为新的"经学"。学生入学，首先是读"四书"，了解书所讲道理并身体力行，真能如此，确实可以提高修齐治平的能力与境界。"不立文字，直悟本心。"这在禅宗，也只是为不知有"本心"而一味向语言、书本讨生活，一味向外求道的人而说的。对知道"道在本心"的人，则读书是有益于求道的。《孟子》讲"人皆有四端之心"，读《孟子》，懂得这道理，岂不有益于"尽心知性知天""存心养性事天"？所以程颐讲"进学在致知"，"进学"内容首在读《论语》《孟子》等"四书"。程颐说"学者识得仁体，实有诸己，只要义理栽培，如求经义，皆栽培之意。"（《二程遗书》卷第二）"根本须是先培壅，然后可立趋向也。趋向既正，所造有浅深，则由勉与不勉也。"（《二程遗书》卷第六。《二程遗书》以此为伊川语）强调以义理栽培本心仁体，实本于孟子"礼义之悦我心"。将这些思想斥之为"以知识为道德"，是完全错误的。

（原载于《社会科学动态》2018年第2期、2019年第1期，原副标题为"牟宗三先生《心体与性体》评述"）

下篇

中国传统文化的当代发展

子学和经学

冯友兰先生于20世纪30年代所著的《中国哲学史》上册，将中国哲学分为子学与经学两时代。先秦为子学时代，西汉后为经学时代。战国时期，诸子蜂起，处士横议，各得先王之道之一端以自好，出现了各种学说与哲学思想。"西汉，'罢黜百家，独尊儒术'，则子学时代终，而经学时代始。盖阴阳五行家言之与儒家合，至董仲舒而得一系统的表述。自此以后，孔子变而为神，儒家变而为儒教。至古文经学出，孔子始渐回复为人，儒教始渐回复为儒家。"[①] 在下册的文章《泛论经学时代》中，冯先生又将中国哲学分为上古时代、中古时代、近古时代。子学时代为上古时代，经学时代为中古时代。自董仲舒至康有为，即自汉至清末，皆属于中古时代之哲学。与欧洲近代新哲学相当之中国近古哲学则未能产生。冯先生说："在经学时代中，诸哲学家无论有无新见者，须依傍古代即子学时代哲学家之名，大部分依傍经学之名以布其所见，其所见亦多以古代即子学时代之哲学中之术语表出之。"[②] 这大致是可以成立的。

从诠释学观点看，情况有所不同。

一、先秦经学

从诠释学看，"经"是原创性文本，"传"是对"经"的诠释。先秦，《诗》《书》《易》《礼》《春秋》是"经"，皆有"传"为之诠释。诸子中，墨子有《墨经》和"经说"，"经说"对"经"作解说。韩非有《解老》《喻老》，视《道德经》为"经"。《管子》许多篇属解说性质，解说者亦视

[①] 冯友兰：《中国哲学史》（上册），上海：华东师范大学出版社，2000年，第25页。
[②] 冯友兰：《中国哲学史》（下册），上海：华东师范大学出版社，2000年，第4页。

原文本为"经"。《荀子·解蔽》说:"《道经》曰:'人心之危,道心之微。'"以"经"名篇,则"经"之体裁、地位乃与《墨经》等一样,是原创性的文本。"传"作为传述、诠释,有如"织布机"纬线之辅翼"经线"也。

《诗》《书》《礼》《易》《乐》《春秋》在先秦被认为是先王之道,受到极大重视,成为王室教育子弟的教材。楚国以《诗》《书》《礼》教太子。"教"即是一种解说。孔子以"六艺"教学生。孔子以后,出现了各种"六艺"之"传"和"说",如上博简之《孔子诗论》,马王堆帛书《易之义》《二三子问》《要》等。相传孔子修《春秋》,《春秋》成为"经",《公羊传》《谷梁传》《左传》为之解说。《易》六十四卦及卦爻辞有《象》《彖》《文言》《系辞》《说卦》《杂卦》等"十翼"之"传"。翼者,辅助、解说、发挥也。《仪礼》是"经",也有各种解说。故先秦"子学"的很大部分,已是依傍"经"以发挥新义。孔子自称"述而不作",其"述"实是对"六艺"的解说与发挥。"六艺"之能在汉代成为新"经学",孔子的诠释起了关键作用。

《诗》,经过孔子整理,"可以兴,可以观,可以群,可以怨";"诗三百,一言以蔽之,曰'思无邪'",成为进行人文道德教育的典籍。

《礼》,经过孔子之重新阐释,成为维系信仰、陶冶性情、完成人文建设和人文教育的工具。

《易》,孔子在不否定占卜的情况下,以之为进德修业的典文,完全转化了《易》的功能与性质。

《书》与《春秋》,经过孔子"抑天子、贬诸侯、讨大夫,以达王事",成为"礼义之大宗"。《论语》《左传》中孔子评价历史和历史人物的言论,也成后世史学评论的典范。

要之,《礼》《乐》《诗》《书》《易》《春秋》的人文精神是孔子奠定的。如王阳明所说,花原在山中自开自落,当人来看花时,"此花颜色一时明白起来"。它在看者的欣赏与认识、诠释之中获得了对自身价值的肯定。"明白"起来,是因看者之看、欣赏而明白起来。"六艺"在孔子以前亦如深山中的花,许多被遗忘了、散失了(礼失而求诸野),许多只存下了形式，成了躯壳。它们也有各自的"意义"，但没有被自觉地从民族文化生命及人文精神的意义上反思。孔子进行了这种反思，而使之有其人文与人生的"意义"。这反思即"人"的自觉，从而实现了雅斯贝尔斯所谓"哲学的突破"①。子思、曾子、孟子、荀子继续这一工作，丰富与加深了对"六艺"的诠释与了解。

汉代，"罢黜百家，独尊儒术"，建立的是新经学。它的特点：一是单尊"六艺"为"经"，成为"官学"；二是"六艺折衷于夫子"，《春秋公羊传》《春秋谷梁传》《易传》等皆被尊称为"经"。《论语》虽未列于"经"，但实是"经"之"经"，是"五经"的指导思想。在此新经学中，《春秋》已非季札所见的鲁《春秋》，而是孔子笔削之《春秋》及其"三传"；《易》已非季札所见的鲁《易象》，而是包括被认为是孔子所作"十翼"在内的《周易》；《诗》已非季札所听弦歌的"诗三百"，而是包括《孔子诗论》等在内的"诗三百"。《礼》也非《仪礼》，而是包括种种解说的"礼"，都贯穿着人道与人文主义的思想。董仲舒说："诸不在六艺之科，孔子之术者，皆绝其道，勿使并进。"（《汉书·董仲舒传》）"六艺之科"包括"六艺"的文本，亦包括新解说、新诠解。这是新"六艺"——"五经"之学。

新经学中，"五经"凸显了政治与意识形态的含义。《春秋》被奉为"一王之法"，《易》被奉为"天道""五常之原"，《诗》被作为"谏书"，《礼》被奉为"天地之序"，《乐》（今亡佚）被奉为"天地之和"，《书》讲"地道"，以《洪范》五行休咎为主要内容。有如北斗，"五经"被奉为社会、政治、人生、伦理道德与学术之全面的指导思想、大经大法、指路明灯，和基督教的《圣经》、佛教的《金刚经》类似，被神圣化了。孔子变成了"素王"——精神王国之王（非神），儒学变成了"儒教"。

---

① 卡尔·雅斯贝尔斯（Karl Jaspers）（1883—1969），德国哲学家。他提出在公元前6世纪前后，古希腊、中国、印度、以色列几乎同时出现了大思想家，对人的生存意义进行了反思。古希腊思想家是苏格拉底，中国思想家是孔子、老子，印度思想家是佛陀，以色列思想家是犹太先知等。雅斯贝尔斯名此为人类文明的轴心时代——哲学的突破时期。

二、新经学的产生

"罢黜百家，独尊儒术"被汉武帝接受，是新经学成立的政治条件，但学说本身是更重要的因素。

从诠释学看，新经学是董仲舒通过诠释《公羊春秋》而成立的。董仲舒写了《春秋繁露》，建立了新儒学哲学体系。新经学是建立在《春秋繁露》所系统论述的新儒学哲学体系——天人之学的基础上的。

《春秋繁露》不是注经，也非一般的讲义，而是一个由新体裁和新内容构成的新思想体系。它的精神与宗旨：其一，为巩固大一统的以郡县为基础的封建专制主义中央集权的新政制服务；其二，为这一新政制提供全方位的建设指导思想，即政治、经济、社会、文化、思想、学术之全面指导思想；其三，矛头所向首在削平新的封建割据，"罢黜百家"，改变汉初以来奉行的黄老的"清静无为"与法家思想。学术与政治实践紧密结合，是它的特点。

内容上，它涵盖了以下几个方面：其一，阴阳四时五行的"宇宙架构"，以之发挥新的天人合一思想；其二，许多篇以"五行"命名，论述《洪范》的"五行"思想；其三，总结历史经验教训，阐发新的大一统政治与伦理思想；其四，提出"名号以达天意"的理论，把"五经"神学化；其五，为"天地之性人为贵"提供系统论证，建立起新的儒学哲学；其六，以儒学为主，综合墨家、黄老、法家、名家、阴阳家思想，特别是与阴阳家结合，成功地完成了学说思想的大融合。班固说，董仲舒"首推阴阳，为儒者宗"。"儒者"包括了汉代经学中各家各派的儒者。"宗"即孔子"天下未能宗予"之"宗"，也即宗祖、宗师。董仲舒之所以成功，除了政治和时代的风云际会，实有赖于其对先秦诸家学说的综合创新。

先秦阴阳思想见于《吕氏春秋·十二纪》等。董仲舒的新阴阳思想，主要源于司马迁所说"《易》著阴阳四时五行，故长于变"之新"易学"。阴阳家多杂"术数礼祥"，凸显"其帝太皞……其帝炎帝"等"神学"权威。董仲舒所讲则主要是一气变化运行所产生之四时、五行宇宙图式。图式既是自然的，又是人文和道德的。五行变异可救之以德，与阴阳家之多

"术数祆祥"有性质上的不同。

《汉书·五行志》说："伏羲氏继天而王，受《河图》，则而画之，八卦是也。禹治洪水，赐《洛书》，法而陈之，《洪范》是也。……以为《河图》《洛书》相为经纬，八卦、九章相为表里。昔殷道弛，文王演《周易》。周道敝，孔子述《春秋》，则《乾》《坤》之阴阳，效《洪范》之咎征，天人之道粲然著矣。"《汉书·艺文志》说："六艺之文，《乐》以和神，仁之表也。《诗》以正言，义之用也。《礼》以明体，明者著见，故无训也。《书》以广听，知之术也。《春秋》以断事，信之符也。五者，盖五常之道，相须而备，而《易》为之原，故曰：'《易》不可见，则乾坤或几乎息矣！'言与天地为终始也。至于五学，世有变改，犹五行之更用事焉。"《白虎通》卷八说："经所以有五何？经，常也。有五常之道，故曰《五经》：《乐》仁、《书》义、《礼》礼、《易》智、《诗》信也。人情有五性，怀五常，不能自成，是以圣人象天五常之道而明之，以教人成其德也。"这概括了西汉经学之"五经"的新内容及其对"五经"的新观点。

三、以人弘道

新经学之成立，经历了很长的历史过程。先秦至汉初，孔子与儒家已成为显学，但并不享有特殊地位。"六艺折中于夫子，可谓至圣矣"，这是汉代儒家学者的"新共识"，是新经学成立的关键。它是巨大深厚的历史经验教训的凝聚，也是民族文化思想成熟至一新阶段的标志。"五经"文本的优越、高级、智慧是基础，但如无后起者的不断"以人弘道"，也是不可能成为"经"的。陆贾在《新语·道基》中说：后圣"定五经，明六艺，承天统地，穷本察微，原情立本，以绪人伦……以匡衰乱。"新经学实际上即汉儒对"五经"的新认识之学，"夫子"则包括了"五经"文本诠释中的众多"子曰""孔子曰"。之后"五经"变为"七经""九经""十三经"，变为"四书"，在"人能弘道"的新诠释中不断更新发展，一直保持着它的生命活力。

中国文化的基本价值观念："天下为一家，中国为一人"；"天地之性人为贵"；"天行健，君子以自强不息"；"厚德载物"；"自天子以至于庶人，壹是皆以修身为本"；"三纲六纪"，君仁臣忠，父慈子孝；"立德、立功、立言——三不朽"；"民吾同胞，物吾与也"；"天下为公，选贤与能"；等等。这些价值观念都由于"经学"的建立而得以普遍承传、持久不断，终于形成各民族共存共荣的文化共同体。在秦汉至明清的长时期内，这些价值观念推动了中国文化和社会的繁荣发展；在近代，亦支持和鼓舞人们为寻找救国救民的真理而前仆后继。以为"经"与"经学"只是思想专制，只具文化思想停滞、落后的消极作用，这种看法是简单和片面的。

四、权力和思想

权力可以选择和利用思想，但自己不能创造思想。柏拉图的"理想国"，要求最高统治者是"哲学王"，意思是由哲学家做"王"，或由学好了哲学的人当"王"。这在古希腊和古罗马只是一个空想。但在中国，汉代"新经学"建立以后，这一想法却以经学教育的形式实现了！

哲学的创造需要充分的余暇和沉思，还需要思想者有创造的天赋。这通常只能在风云际会之时，由适时出现的少数哲学家完成。"王"管政务，日理万机，是不可能成为哲学家的。思想的本质是自由，内在的精神自由。人一旦丧失了这种自由，不具备这种"自由"的品质，他就绝不可能成为哲学家。哲学思想也是时代的产物，反映时代的精神和需求。一个能思的人一旦为某一个"王"御用，他最多可以代笔拟文稿、发诏令，就产生不出个人的思想，更遑论成为思想家了。

马克思、恩格斯在《德意志意识形态》中说：社会的统治阶级通常由两部分人组成，一是从事实际活动的成员，包括政治领导者；一是这个阶级的思想家。后者通常代表这个阶级的长远的根本的利益。这两部分人往往会发生矛盾（所谓政统和道统的矛盾）。董仲舒思想之与汉代文景及汉武帝，约略就是这种关系。董仲舒要求的"独尊儒术"，文景时期受到排斥，到汉武帝时期才被接受。而其所谓"六艺之科、孔子之术者"，实是他们自己创立的或重新诠释的"六艺"和"孔子之术"。具体而言，就是董仲舒的《春秋繁露》之学，汉代公羊家之学，以及三家诗之《鲁诗》《韩诗》《齐诗》与伏生的《尚书》学等。在汉武帝之前，这些就已创立了。如果没有汉武帝，或他不接受"独尊儒术"的建议，董仲舒的《春秋繁露》就会和《淮南子》一样，是新的汉代的"子学"而非"经学"。事实上，汉代除"经学"以外，是有自己的"子学"的，如扬雄的《法言》和《太玄》，王充的《论衡》。《论衡》中就有《问孔》《刺孟》，不能放在"经学"内，也不是另一种形式的用先秦子学的名词、术语论述自己思想的作品。

汉人的"六艺"被尊奉为"经学"，汉武帝的权力使其成功；另一方面则使"王"——皇帝成了受经学教育的人。如汉武帝之举贤良文学诏："制曰：朕……欲闻大道之要，至论之极……三代受命，其符安在？灾异之变，何缘而起？性命之情，或夭或寿，或仁或鄙，习闻其号，未烛厥理。"实是一篇哲学文告性的求问。董仲舒的"天人三策"则使他受到了一次经学哲学的教育。这些多多少少使一些杰出的有作为的皇帝沾了"哲学王"的边，比不受教育的军头、武夫好。湖北省郭店村出土的竹简中，有《老子》及儒学的部分著作，被认为是楚太子师的藏品；他生前就是用这些作教材，教育太子的。晁错当过汉景帝的老师。皇帝从小要受系统的教育，明清两代似对此尤为重视。宋代，程颐、朱熹都当过"侍讲"，给皇帝上课。明代有经筵讲课制度。这些课，不外"经学""六艺""四书"的内容。之后历代皇帝的诏告，多仿经学文词，这些也成为中华文化的部分内容。这在世界文化史上是很独特的。

新"经学"的"六艺"并非为"王"个人的权力服务，而是为时代、为当时的国家和民族的需要服务的。以后历代的真儒学也基本如此。所谓反映时代与国家民族的需要，不是空洞的口号，而是有重大而具体的内容的。在西汉前期，最主要的是巩固大一统的国家制度，扫灭分封割据势力。这种分封割据在先秦是引发战争，使生灵涂炭的祸根；在汉代是引发吴楚七国叛乱这又一次战乱的祸根。它继续存在且不断增多，实是加重人民负担、毁坏生产力、阻碍社会前进的大祸害。从已发掘的徐州、满城汉诸侯王墓及南昌海昏侯墓可以看出，诸侯王生前挥霍享乐，死后还要带走巨量的社会财富。他们的死带给老百姓的负担远比生前还要厉害。董仲舒用各种方式，利用各种机会对此进行抨击，以致几乎招致杀身之祸。

第一，认真地主张政权禅让，他的学生眭孟为此丢掉了性命。

第二，抨击官府与民争利，以权谋财。用今天的话说，就是反对权力寻租，反对既当官又当企业资本家。

第三，开放盐铁，不要官府垄断。

第四，阻击豪强，废除他们任意杀害奴隶的野蛮权力。

第五，开放教育，开放入仕门路。在中央专制皇帝家天下这种局面无法改变的情势下，这是所可能实行的"天下为公"思想的体现。

董仲舒的这些主张，用马克思和恩格斯的话说，代表了当时统治阶级的长远和根本的利益，应当说也代表了人民和民族、国家的利益。"经学"能成功，其根本原因在此。

（原载于《孔子研究》2013年5月，收入本书时有增订）

董仲舒思想研究的几个问题

一、今古文经学的问题

这是汉代学术与思想史研究的全局性的问题，加以澄清，有利于学术的进步。

过去讲今古文经学对立的学者，说法不一。如冯友兰先生在《中国哲学史》中，以刘歆、扬雄、桓谭、王充为古文经学代表，认为今文经学把孔子由人变成了神，古文经学则把孔子由神变成了人。实际上，董仲舒之"春秋公羊学"只讲孔子是素王，与尧、舜、禹、汤、文、武一样，是人而非神。谶纬才把孔子变成了神，但今文经学与谶纬是两回事。谶纬起于哀平之际，董仲舒及西汉其他今文学者如孟喜、京房、后苍、戴胜、戴德等，皆不知有谶纬。引谶纬入经的，是东汉的学者，又主要是被认为是古文经学的学者，如贾逵等。《后汉书·方术列传》："汉自武帝颇好方术，天下怀协道艺之士莫不负策抵掌，顺风而届焉。后王莽矫用符命，及光武尤信谶言，士之赴趣时宜者皆骋驰穿凿，争谈之也。故王梁、孙咸名应图谶，越登槐鼎之任；郑兴、贾逵以附同称显，桓谭、尹敏以乖忤沦败，自是习为内学，尚奇文，贵异数，不乏于时矣。"郑玄也大讲谶纬。桓谭、王充则不属经学范畴。

本文认为，汉代经学的核心是哲学，也即由董仲舒开创的经学哲学，而它是汉代所有经学学者共同的哲学思想。

汉人无今文经学与古文经学之名，更无古文经学乃是与今文经学对立之学派的观念。清人称汉代学术为"汉学"，与"宋学"相对，虽以许慎、郑玄、贾逵、马融为代表，但并不称其为"古文经学"。

汉人口中的"古"有多种含义，包括古义、古文、古学。《汉书·儒林传》谓丁宽"复从周王孙受古义……作《易说》三万言,训故专举大谊而已……宽授同郡砀田王孙,王孙授施仇、孟喜、梁丘贺"。此"古义",刘大钧有详论,谓其内容即卦气说之类①,正是汉代的今文《易学》。其体裁——"训故、举大谊",为今文经学及东汉经学学者如马融、郑玄等所利用。

经籍版本文字有"古文""今文"之别。先秦六国文字书写的为"古文",将其改为汉隶的是"今文"。汉隶之前,秦已用秦隶。汉初,汉隶即秦隶,字体是一样的。这部分书,汉人并不以之为"古文"。《论语》有齐、鲁、古三派,"古论"即古文《论语》,但三派版本虽异,内容、义理则并无大不同,皆属今文经学。

礼有《礼古经》,即《仪礼》十七篇,但传《礼古经》的学者后苍、戴德、戴胜等皆今文学者。郑玄注"三礼",义理和哲理上并未有新思想。

《尚书》有古文,但没有别于今文经学的《古文尚书》之说。

《易》一直流传,无古文。

《左传》《周官》被公认为古文经学的经典。但《左传》自西汉起即有传承,自张苍、贾谊至刘歆、王莽,已有四五代之多,早已用汉隶书写并作了训诂。张苍、贾谊都讲阴阳五行,其"左传学"也必会贯彻这种思想。刘歆撰写的《春秋左氏传条例》,见于《汉书·五行志》,讲灾异,是京房易学的一系,与董仲舒的《春秋公羊传》灾异学说、刘向的《洪范五行传》灾异学说,并列为"三大灾异系统"。

刘向、刘歆父子校阅皇家藏书,看到了《左传》古文,但《汉书·艺文志》仅称《春秋》古经,《左传》则称《左氏传》。刘歆欲立《左传》为官学,不过是要为今文经学输进新成员、新血液,使其能更好地为当时的政治需要服务而已。

《周官》王莽时立于学官,然《周官》其书成于秦末②,以秦之隶书写之,故杜子春、贾逵、郑兴等学者做版本校对时,皆称为"故书"而不称为古文。有不少字与六国古文相同,如"位"为"立"等,但不能因此而

---

① 参见刘大钧:《周易概论》(增补本),成都:巴蜀书社,2008年。
② 参见金春峰:《〈周官〉之成书及其反映的文化与时代新考》,台北:东大图书公司,1993年。

称为"古文经"。《艺文志》亦不称《周官》古经,而仅称《周官经》《周官传》。《周官》之思想主导为阴阳五行,儒法兼综,属今文经学之义理与哲学系统。

周予同的《经今古文学》,列举两派有几大对立,如说五经的排列,古文经学派以历史观念为主导,《易》出现早,故排列在先,等等。实际上刘向、刘歆以《易》为首,是因为今文经学以《易》为天道,乃五常之原;《书》居其次,认为《洪范五行传》为地道;《春秋》居第三,认为《春秋》代表人道。这恰恰是西汉今文经学所树立的五经观。刘歆本人的哲学思想,如《钟律书》所述,继承和发挥的是京房的易学思想。

关于"五经"或"六艺"的排列,董仲舒谓:"《诗》《书》序其志,《礼》《乐》纯其美,《易》《春秋》明其知,六学皆大,而各有所长。《诗》道志,故长于质;《礼》制节,故长于文;《乐》咏德,故长于风;《书》著功,故长于事;《易》本天地,故长于数;《春秋》正是非,故长于治人。"(《春秋繁露·楚庄王》)董仲舒以《诗》《书》《礼》《乐》《易》《春秋》排列"六经",袭用先秦《庄子·天下篇》的说法;同时又列另一序次:《诗》《礼》《乐》《书》《易》《春秋》,并不统一,也无所谓"主导观念"。《礼记·经解》:"孔子曰:'入其国,其教可知也。其为人也温柔敦厚,《诗》教也;疏通知远,《书》教也;广博易良,《乐》教也;絜静精微,《易》教也;恭俭庄敬,《礼》教也;属辞比事,《春秋》教也。故《诗》之失愚,《书》之失诬,《乐》之失奢,《易》之失贼,《礼》之失烦,《春秋》之失乱。"以《诗》《书》《乐》《易》《礼》《春秋》排列。汉初贾谊则谓:"《诗》《书》《易》《春秋》《礼》《乐》六者之术,以为大义,谓之六艺。"(《新书·六术篇》)排列亦不同,无一定说法。

东汉传《左传》的学者有名的是郑兴父子及贾逵。《后汉书·郑范陈贾张列传》说:"郑兴字少赣,河南开封人也。少学《公羊春秋》,晚善《左氏传》,遂积精深思,通达其旨,同学者皆师之。天凤中,将门人从刘歆讲正大义,歆美兴才,使撰条例、章句、传诂,及校《三统历》。……兴好古学,尤明《左氏》《周官》,长于历数,自杜林、桓谭、卫宏之属,莫不斟酌焉。世言《左氏》者多祖于兴,而贾逵自传其父业,故有郑、贾之学。"

这里《左传》与《公羊春秋》并列，未说《左传》为古文。前已指出，刘歆虽在皇室藏书中看到了古文《左传》，但传授系列中的《左传》早非古文。"兴好古学"，犹今人所谓喜好古代文化而已。

"歆美兴才，使撰条例、章句、传诂"。"章句""传诂"，如丁宽之《易章句》及同为汉代儒学家所作的《论语章句》《毛诗传》等，为汉代经学通行之体裁。"条例"比较特殊，一般仅为"春秋三传"所有，如《公羊春秋》之胡毋生《公羊条例》，何休《公羊解诂》及刘歆、郑兴所撰写的"左传条例"。如"隐公元年，春，王正月"，"元"及"王"被认为有特殊意义，"三传"对之解释各有不同；归纳种种字词用例，对之解释，遂有种种不同"条例"。如董仲舒《春秋繁露》对"元"的解释就属"条例"性质。刘歆、郑兴之"条例"，内容不可知，但从《汉书·五行志》仍可窥见刘歆"条例"的特点，如："隐公三年，'二月己巳，日有食之'。《谷梁传》曰，言日不言朔，食晦。《公羊传》曰，食二日。董仲舒、刘向以为，其后戎执天子之使，郑获鲁隐，灭戴，卫、鲁、宋咸杀君。《左氏》刘歆以为正月二日，燕、越之分野也。凡日所躔而有变，则分野之国失政者受之。人君能修政，共御厥罚，则灾消而福至；不能，则灾息而祸生。故经书灾而不记其故，盖吉凶亡常，随行而成祸福也。周衰，天子不班朔，鲁历不正，置闰不得其月，月大小不得其度。史记日食，或言朔而实非朔，或不言朔而实朔，或脱不书朔与日，皆官失之也。"（《汉书·五行志》）所谓"《左氏》刘歆以为"即刘歆"左氏学"义例。鲁庄公七年"四月辛卯夜，恒星不见，夜中星陨如雨"，《汉书·五行志》记"刘歆以为昼象中国，夜象夷狄。夜明，故常见之星皆不见，象中国微也。'星陨如雨'，如，而也，星陨而且雨，故曰'与雨偕也'，明雨与星陨，两变相成也。《洪范》曰：'庶民惟星。'《易》曰：'雷雨作，"解"。'是岁，岁在玄枵，齐分野也。夜中而星陨，象庶民中离上也。雨以解过施，复从上下，象齐桓行伯，复兴周室也。周四月，夏二月也，日在降娄，鲁分野也。先是，卫侯朔奔齐，卫公子黔牟立，齐帅诸侯伐之，天子使使救卫。鲁公子溺颛政，会齐以犯王命，严弗能止，卒从而伐卫，逐天王所立。不义至甚，而自以为功。民去其上，政蘥下作，尤著，故星陨于鲁，天事常象也。"（《汉书·五行志》）

所谓"是岁,岁在玄枵,齐分野也",是按刘歆所著《钟律书》做出的结论。刘歆以此讲灾异,而以《左传》所记史事证之。"如,而也",以"如"为连词,既星殒,又大雨。这是其"训诂"。要之,思想性质与今文"公羊学"无异。

郑兴左氏学的思想特点由其光武建武七年三月的上疏可以看出,他说:"《春秋》以天反时为灾,地反物为妖,人反德为乱,乱则妖灾生。往年以来,谪咎连见,意者执事颇有阙焉。案春秋'昭公十七年夏六月甲戌朔,日有食之',传曰:'日过分而未至,三辰有灾,于是百官降物,君不举,避移时,乐奏鼓,祝用币,史用辞。'今孟夏,纯乾用事,阴气未作,其灾尤重。夫国无善政,则谪见日月,变咎之来,不可不慎,其要在因人之心,择人处位也。尧知鲧不可用而用之者,是屈己之明,因人之心也。"这种"古学"与丁宽师从周王孙所受"古义"及董仲舒《春秋繁露》是一个类型。

据《后汉书·郑范陈贾张列传》,"贾逵字景伯,扶风平陵人也。……父徽,从刘歆受《左氏春秋》,兼习《国语》《周官》,又受古文《尚书》于涂恽,学《毛诗》于谢曼卿,作《左氏条例》二十一篇。逵悉传父业,弱冠能诵《左氏传》及五经本文,以大夏侯《尚书》教授,虽为(研习之意)古学,兼通五家《谷梁》之说……尤明《左氏传》《国语》,为之解诂五十一篇。……肃宗立,降意儒术,特好《古文尚书》《左氏传》。建初元年,诏逵入讲北宫北虎观、南宫云台。帝善逵说,使发出《左氏传》大义长于二传者。"这里只说《古文尚书》,没有提古文《左传》。《左氏传》与《国语》《谷梁》并列,是今文学。其"左传大义",清黄奭《黄氏逸书考》收有残篇。一条说:"《春秋》,春为阳中,万物以生;秋为阴中,万物以成。人君动作不失其'中'也。"一条说:"孔子作《春秋》,乃览史记,就是非之说,立素王之法。"完全是今文经之说。贾逵所上《条奏》云:"臣逵摘出《左氏》三十事尤为著名者,斯皆君臣之正义,父子之纪纲。其余同《公羊》者十有七八,或文简小异,无害大体。至于祭仲、纪季、伍子胥、叔术之属,《左氏》义深于君父,《公羊》多任于权变,其相殊绝,固以甚远。"后文中又说:"又《五行》家无以证图谶明刘氏为尧后者,而《左氏》独有明文。《五经》家皆言颛顼代黄帝,而尧不得为火德。左氏以少昊代黄帝，即图谶所谓帝宣也。如令尧不得为火，则汉不得为赤。其所发明，补益实多。"由此可见，其上承刘歆之左氏"条例""大义"，不仅内容、学风与今文经学无异，且引"图谶"入经，比西汉今文经学更政治化、神学化。

"肃宗立，降意儒术，特好《古文尚书》《左氏传》。"这里《古文尚书》与《左氏传》是并列关系，非谓特好"古文《尚书》"与"古文《左氏传》"。

清人以许、郑、贾、马为汉学，不知今文经学才是汉学的真正代表，其核心乃是哲学而非名物训诂之学。

《左传》《公羊春秋》《谷梁春秋》《尚书》《周官》等对许多名词、名物、制度，解释有各种不同，但不构成今古文经学两派的对立。

二、如何理解"董仲舒首推阴阳，为儒者宗"

阴阳观念西周时已出现。《周易》古经卦爻辞中虽无阴阳观念，但后世命名的阴爻阳爻两个符号，实代表编纂者心目中的两个对立观念。以后经《象传》《彖传》《文言》《说卦》《系辞》的解说，《庄子·天下篇》所讲"《易》以道阴阳"，遂成为《周易》全部思想的精准的概括。

"五行"观念起源也很早。在《尚书·周书·洪范》篇中它得到系统的论述。《吕氏春秋·十二纪》《管子·五行》及《四时》篇中，它成为一种"政令"，相关古文献，还有《礼记·月令》《淮南子·时则训》。在政治与思想上，它与《周易》并立而为先秦两大文化思想系统。

但董仲舒以前，两大系统并未内在统一。"五行"究竟是什么？其实质是什么？其五行运行的秩序何以如此？内涵与动力为何？人们实际是不了解的。《吕氏春秋·十二纪》《礼记·月令》《淮南子·时则训》等实际只是一种年历，有如《大戴礼记·夏小正》，不过贯穿天人感应，增加了"时历"未有的从天文天象运行到物候和人主的起居等项目，以"五行"加以统帅而已。

"《易》以道阴阳"，《庄子》所讲阴阳并不指"天道"。马王堆帛书《要》中，言孔子以《损》《益》两卦概括《周易》思想，虽借用时历变化说明人事盛衰的道理，但阴阳观念并未出现，亦未构成天道。只有到董仲舒这里，才提出了一个由阴阳之气运行而造成的宇宙时历变化之规律性图式，称之为天道，并把"五行"纳入其中，成为贯穿天地人的宇宙运行图式。"天地之气，合而为一，分为阴阳，判为四时，列为五行。"（《春秋繁露·五行相生》）"阴阳虽异，而所资一气也。阳用事则此气为阳，阴用事则此气为阴。阴阳之时虽异，而二体常存，犹如一鼎之水而未加火，纯阴也；加火极热，则更阳矣。"（《董子文集·雨雹对》）"天之常道，相反之物也，不得两起，故谓之一。一而不二者，天之行也。阴与阳，相反之物也，故或出或入，或右或左。春俱南，秋俱北，夏交于前，冬交于后，并行而不同路，交会而各代理，此其文与！天之道，有一出一入，一休一伏，其度一也。"（《春秋繁露·天道无二》）"如金木水火各奉其主，以从阴阳，相与一力而并功，其实非独阴阳也，然而阴阳因之以起，助其所主。故少阳因木而起，助春之生也；太阳因火而起，助夏之养也；少阴因金而起，助秋之成也；太阴因水而起，助冬之藏也。阴虽与水并气而合冬，其实不同，故水独有丧而阴不与焉，是以阴阳会于中冬者，非其丧也。"（《春秋繁露·天辨在人》）这种天道运行图式是董仲舒"首推阴阳"所"首推"的第一个意义。

第二个意义是赋予这个图式以"目的论"的哲学意义，并以之论证人的福祉是阴阳五行如此运转的目的所在，从而用图式论证"天地之性人为贵"的人学思想和人文主义思想。"天常以爱利为意，以养长为事，春夏秋冬皆其用也。"（《春秋繁露·王道通三》）"天地之精所以生物者，莫贵于人。"（《春秋繁露·四时之副》）"天覆育万物，既化而生之，有养而成之，事功无已，终而复始，凡举归之以奉人。"（《春秋繁露·王道通三》）。

这样的两个重大内涵与意义，都是董仲舒首次提出的，这使先秦的老阴阳五行思想发生了质的变化，是哲学思想在汉代的全新进展。

董仲舒的思想内容庞杂，大致可分三大部分：神学、自然科学或自然知识、哲学（包括政治、伦理道德思想等）。如人副天数等，都带有自然科学性质，为中医典籍《黄帝内经》所大讲。神学部分影响较大的有灾异谴告说，这也是董仲舒的首创。战国至汉代，神秘主义的迷信特别流行，如占星术，《史记·天官书》所述种种及民间流行的各种《日书》、时日禁忌等。董仲舒不讲这些，他只讲"灾异谴告"，而重点又在讲灾异由人君政治不当所引起，当救之以"德"。实际上是"贬天子，退诸侯，讨大夫，以达王事"的新形式，是一种"神道设教"。"首推阴阳"也包括这一部分。

"为儒者宗"，"宗"是宗师，作为动名词，即遵循、景仰。儒者包括哪些，是只有公羊派的儒者，还是包括了所有派别的儒学学者，如"礼学""易学""尚书学"等派的儒者呢？答案是后者。是否包括刘歆、郑兴、贾逵、马融、郑玄、许慎等被认为是"古文经学"的学者？答案也是肯定的。因为以上各家都以董仲舒阐述的新阴阳五行理论为共同的宇宙图式与天人关系思想。

以《易学》而言，《京房易传》谓："吉凶之道，子午分时。立春正月节在寅，坎卦初六，立秋同用。"此"子午分时，吉凶之道"，即午为阳之极盛，而一阴随之滋长，姤卦；子为阴之极盛，而一阳随之生长，复卦。阳为生长，为吉，至午极盛而变为凶。阴为肃杀，为凶，至子而极盛生阳，变为吉。故吉凶即天道所示，掌握了这点就可趋吉避凶。故京房说："运机布度，其气转易，主者亦当则天而行，与时消息，安而不忘亡，将以顺性命之理。极蓍龟之源，重三成六，能事毕矣。""卜筮非袭于吉，唯变所适，穷理尽性于兹矣。"（《京房易传》）用阴阳运行表述子午分时，为："阴从午，阳从子，子午分行，子左行，午右行，左右凶吉，凶吉之道，子午分时。"（《京房易传》）这正是董仲舒所说："阴与阳，相反之物也，故或出或入，或左或右。春俱南，秋俱北，夏交于前，冬交于后，并行而不同路，交会而各代理，此其文与?! 天之道，有一出一入，一休一伏，其度一也。"（《春秋繁露·天道无二》）"天有两和，以成二中。岁立其中，用之无穷，是北方之中用合阴，而物始动于下；南方之中用合阳，而养始美于上。其动于下者，不得东方之和不能生，中春是也；其养于上者，不得西方之和不能成，中秋是也。然则天地之美恶在？两和之处，二中之所来归，而遂其为也。"（《春秋繁露·循天之道》）这里，"中和"作为规律是自然的，但之所以为"大美""达理"，则因体现"天"之生养万物而"归之以奉人"的"至善"之大德与目的。京房"子午分时，吉凶生焉"即董仲舒此种思想之运用，故董仲舒"首推阴阳，为儒者宗"的"儒者"包括京房在内，这亦使其《易学》属人文《易》、义理《易》①。而刘歆《钟律书》是继承与发挥京房《易学》的，郑兴、贾逵等人的《左传》条例、义理又是继承与发挥刘歆思想的。由此可知，儒者包括了所谓"古文经学"的儒者。

《礼记》内容庞杂，各篇的作者与时代不一。《曲礼》上下及《檀弓》上下保留了孔子与弟子讨论丧制等内容的材料。《坊记》《表记》《缁衣》的体裁、内容相似，为先秦作品。（郭店楚简有《缁衣篇》）《礼记》中《王制》为汉博士作品。有学者指出《礼运》为汉人作品，但也有学者认为，《礼运》为《孔子家语》中的一篇，乃孔子与弟子论礼之言。笔者认为《礼运》出于西汉，乃汉儒对"礼"的诠释。因《礼运》以阴阳五行诠释礼，表现大一统后天人一体的大礼乐观，与孔孟及荀子对"礼"的论述、思想完全不同。孔、孟、荀皆从社会伦理论"礼"。《礼运》则说："故天秉阳，垂日星。地秉阴，窍于山川。播五行于四时，和而后月生也，是以三五而盈，三五而阙。五行之动，迭相竭也。五行、四时、十二月还相为本也。五声、六律、十二管还相为宫也。五味、六和、十二食还相为质也。五色、六章、十二衣还相为质也。故人者，天地之心也，五行之端也，食味、别声、被色而生者也。故圣人作则（制礼），必以天地为本，以阴阳为端，以四时为柄，以日星为纪，月以为量，鬼神以为徒，五行以为质，礼义以为器，人情以为田，四灵以为畜。"（《礼记·礼运》）这与董仲舒"王道之三纲，可求于天"之观念相一致。

"播五行于四时"即董仲舒"天地之气，合而为一，分为阴阳，判为四时，列为五行"（《春秋繁露·五行相生》）说法之浓缩，非先秦《尚书·洪范》之"五行说"。

先秦音乐史文献，《管子》讲五音六律，《吕氏春秋·音律》讲十二律。京房将五音十二律发展为六十律（《后汉书·律历志》）。"五声、六律、十二管还相为宫也"，是京房音律思想之反映。京房自谓学于焦延寿。由此可证，《礼运》是汉代作品。

---

① 参见金春峰：《〈周易〉义理诠释范式简析》，《周易研究》2014年第1期。

"故人者，其天地之德，阴阳之交，鬼神之会，五行之秀气也。"以"五行之秀气"为人之贵，预设了"木仁、金义、火礼、水智、土信"，人生而具五常之伦理道德。以此讲"人为贵"，和董仲舒的思想一致。

《礼记》之《郊特牲》《祭统》《昏义》《乡饮酒义》《燕义》《丧服四制》解释《仪礼》的《士昏礼》《乡饮酒礼》《乡射礼》《燕礼》《丧服》，其解释所用的基本理论也是阴阳五行思想。故《礼记》学者是以董仲舒之阴阳五行思想为"宗"的。

许慎的《说文解字》也不例外，凡涉及宇宙图式与天人关系之"字""词"的解释，皆采董仲舒之阴阳五行思想。

故"儒者"包括所有汉代经学学者，是恰当的。

三、几种解释范式的评析

阐释董仲舒思想的有哲学、经学两种大的范式。

经学史，如清代经学学者的经学史、周予同的经学史、今人的经学史，重点在讲经学源流，未能深入哲学，这里暂置不论。

哲学，如各种中国哲学史的有关章节。

笔者的《汉代思想史》等，也可算一种范式。

哲学史这种范式的特点是重概念分析，如冯友兰先生所著《中国哲学史新编》讲董仲舒，分十三节，第一节讲中国封建社会的经济基础和上层建筑；第二节讲董仲舒和《公羊春秋》，汉武帝和董仲舒；第三节讲《公羊春秋》和汉朝的政策；第四节讲董仲舒所讲的《春秋》的"微言大义"；第五节讲董仲舒的政治纲领；第六节讲董仲舒关于"天"的宗教化思想；第七节讲董仲舒关于气和阴阳五行的学说；第八节讲董仲舒的神秘主义的天人感应论；第九节讲董仲舒的人性论；第十节讲董仲舒的封建主义的社会和伦理思想；第十一节讲董仲舒的历史观；第十二节讲董仲舒的逻辑思想；第十三节讲《春秋》公羊学和中国社会的两次大转变。内容充实详尽。但对董仲舒的目的论哲学无专节论述，更没有以人学哲学为中心以凸显董仲舒"天地之性人为贵"的思想。可谓"见概念不见人"，董仲舒思想的活的灵魂与时代精神被遮蔽不显了。

劳思光所著《新编中国哲学史》、牟宗三所著《中国哲学十九讲》则是一种判教的方法，认为孔孟心性论之道德主体哲学为儒学正宗，董仲舒为气化宇宙中心论，是儒学的倒退。

有些著作则仍然以阶级观点为指导，或以"五四"民主与科学为标准评价董仲舒，把两千年前的"历史"拉到"五四"，大批董仲舒的神学、专制、迷信。以为这样讲是"古为今用"，在进行"启蒙"；殊不知这是反历史主义的，不是在"启蒙"，而是在制造"愚昧""专横"，与"启蒙"精神是背道而驰的。

总之，汉代真正巩固了大一统中央集权，结束了几百年的封建割据局面，为中国以后两千年的政制和政局、疆域、民族融合、文化发展奠定基础，在中国历史上有了不起的建树。封建割据是战争的诱因，是祸乱与破坏，是民不聊生，是贫困和野蛮的。故统一是历史的要求、人民的要求。董仲舒的经学思想是顺应这一要求的。没有经学提供的政治与政策指导，汉代不可能长治久安，也不可能取得种种伟大的成就。那些鄙视、蔑视和肆意贬抑、抹黑汉代的说法，是反历史主义的，反科学的。

（原载于《衡水学院学报》2016年第2期）

董仲舒与汉儒对孔子人文史学的继承与发展

一、两种史学类型

史学是对历史的反思。历史已成过去，它只能在对它进行反思、研究的学者或后人的记述中出现。第一序的反思是目击者或当事人对它的回忆与记述。因目击的角度、立场不同，心理心态不同，文化水平不同，"目击""记述"实已经是第二序的历史，与客观自在的历史过程并不相同。后人的编年史或通史、专史，严格地说是对当时历史记事的整理与研究，可谓反思的反思。史学理论的指导对此反思有重大的作用。

从今天看，史学理论有两大类型，一种是"科学"的，或自觉以科学眼光研究历史的理论，如历史资料学、历史编纂学、年谱、历史唯物论；一种是人文史学。前者重资料与事件的客观记述，重物质资料的生产及其对历史的影响；后者重文化精神对历史发展的影响。文化精神表现为历史人物的精神、心理，故亦特别着眼于历史上伟大人物之行事与精神风貌，认为历史学的任务不仅在于揭示这些人物及其影响，亦在于揭示文化精神对塑造整个民族、群体之精神成长及其推动历史发展的作用。概言之，前者着重的是物质，是物质的生产力；后者着重的是精神，是精神生产力。前者着重的是"硬件"，是"老子"所谓"有"；后者着重的是"软件"，即文化、道德、宗教、智慧，是老子所谓"无"。

美国著名历史哲学家海登·怀特认为，就结构或形式而言，历史学基本上是文学产物："总体说来，要将历史叙事当成文学虚构，如同它们公开表现的那样，似乎有点勉强。尽管就内容而言，历史叙事中发明的部分与发现的部分一样多；就形式而言，历史叙事与文学叙事之间存在更多的相同之处，而与科学叙事之间的相似更少。"怀特认为："年鉴重现了最为零碎的历史图景，近似于一串未经联结、缺乏整体意义的一系列时间和事件。……对于事件序列叙述：典型的是，它缺少结尾，也就是能够概括一系列事件的'意义'的东西。"① 怀特所说的是人文史学的观点。何兆武先生《历史与历史学》谓："一切历史和人们对历史的体验（历史学）都要由历史学家的人文价值的理想加以统一。在这种意义上，每个历史学家首先都是一个历史哲学家，历史学的对象是一堆史实，历史学家则是用自己的哲学按自己心目中的蓝图把这一堆材料构筑成一座大厦。因此，历史学家就其本性而言，就既不可能是实证主义的（科学的），也不可能是理性主义的（逻辑的）。对历史的理解、取决于历史学家对人性（人所表现的一切性质）的理解，其中既有经验的因素，又复有非经验的因素；这两种因素大抵即相当于人们确实都做了什么（史实）以及人们应该都做些什么（人文价值的理想）。"这是对人文史学的性质与特点很好的概括。

英国史学家汤因比的历史研究，以文明类型、文明关系，文明发展必经的盛衰规律为内容，属于人文史学。法国基佐《欧洲文明化的进程》及托克维尔的《旧制度与大革命》都是此种史学的典范作品。

就中国言，考古学与《春秋》之编年记事，属科学类型的史学。苏秉琦先生《中国文明起源新探》谓："三四千年前的商代文明就是无与伦比的，特别是发达的冶炼青铜技术，其质地、形状、花纹，堪称上古文明世界最突出的成就。"② 殷商"文字"的产生与应用这一文化精神力的飞跃，它所形成与展现的对历史发展的重大影响，则被忽视。张光直《中国青铜时代》谓："数十年来的历史与考古研究，都充分证明了从殷到周之间，中国的文明史可说没有什么显著的变化，甚至从考古学上说，从考古遗物上辨认晚商与早周的分别，常常会有很大的困难。"③ 这忽略了殷人有"文字"和"有册有典"及周文化之三大典籍——《诗经》《尚书》《周易》起到的巨大文化历史作用。从人文史学看，则文字的产生与应用这一精神生产力对商周之成为"中华文化一统论"，具决定性的作用；周文化之三大典籍——《诗经》《尚书》《周易》更拉开了中原华夏和周边文化的巨大差

---

① [英]西蒙·冈恩：《历史学与文化理论》，韩炯译，北京：北京大学出版社，2012年，第30页。
② 苏秉琦：《中国文明起源新探》，北京：生活·读书·新知三联书店，1999年，第102页。
③ 张光直：《殷商文明起源研究上的一个关键问题》，《中国青铜时代》，北京：生活·读书·新知三联书店，1999年，第121页。

距,故"大中华一统论"是无法绕过的。

局限于考古史的"科学"眼光,一些历史学家不能解释,何以几百年之后,四方都成了东夷、西戎、南蛮、北狄,而华夏则文化远远高出周边之上。人文史学则能解释这一现象,因而可补科学史观之不足。

以今人的商周史研究而言,科学史学注重生产力要素,人也只作为生产力要素而被考察,归结为奴隶或农奴及其与奴隶主或封建领主的生产关系;认为这种关系表现为阶级斗争,对社会发展有决定性的影响。如范文澜《中国通史》讲商制度与文化思想,列举了历法、青铜器等,说:"商之手工业技术积累起的专门知识为其他国家所望尘莫及,如后母戊鼎及上釉的陶器,都是手工业奴隶和百工的体力智力的结晶,从此再前进一步,便成为更灿烂的周朝文化。"他论周史,以百工为文化发展之主要力量,谓:"周得(殷)百工,成为王官的重要部分,文化迅速发展起来。东周王室衰微,百工散到大诸侯国(如器铭文上的铸客,即周游各国的一种百工),侯国文化才开始发展。"这忽略了周人三部文化典籍,特别是《诗》《书》传到各地的影响,如传到楚地成为太子教材,才是楚文化迅速提高的主因。这种精神生产力对社会发展之巨大推动作用,是体力劳动的"百工"不能比拟的。

古代,有文字和典籍的民族之于无文字者,有如今人之拥有电子计算机、网络之于仍依赖算盘、心算、手算之地区的差别,后者比前者不知要落后多少倍。

春秋末年,孔子私人办学,形成了"三千弟子"的职业群体,这一精神生产的解放是社会出现最重大变化的动因。科学史观往往不能见识及此。如范文澜著讲孔子,只放在"文化思想"项下介绍,不知孔子办学与古希腊苏格拉底、柏拉图等之办学园不同:后者未引起社会结构的变动,孔子办学则促成了随后"百家争鸣"和"合纵连横"与"变法"的风起云涌。"士"这个文化思想自由人的能量空前地释放出来,贵族世袭等级制度终于结束了。托克维尔《旧制度与大革命》说:"一个庞大的中央政权,它将从前分散在大量从属权力机构、等级、阶级、职业、家庭、个人,亦即散布于整个社会中的一切零散权力和影响,全部吸引过来,吞没在它的统一体中。自罗马帝国崩溃以来，世界上还没有过一个与此相似的政权。"① 托克维尔不知道中国历史，故仅以罗马帝国类比。实际上秦始皇的专制制度早已如此。而秦之所以能如此，则是因为在商鞅变法后的秦国，旧封建领主制已被消灭。农民由于耕战政策，成了占有土地的自耕农；战士由于立功，成了二十军功爵级中占有"隶农"的大小领主（一甲首而隶五家）。土地私有发展了起来。它带着这一新制进行战争。故战争的胜利，成就新制的建立。而在秦国发起与推行改革的商鞅，其法家思想则完全是新兴的"士"阶层的产物，其变法的最深层的理念是孔子首倡的"有教无类""性相近，习相远"，即"人是生而平等的"这一思想。战国时，墨子、孟子、荀子都直承这一思想，宣传人皆可以为尧舜、可以为禹，社会地位应由个人修身等来决定。商鞅不过是以耕战、军功把这种观念落实为社会制度而已。故在秦实现统一、兼并各国的历史过程中，得利的除军头、武夫外，最主要的就是"士"这个集团，如子贡这样的说客、纵横家，子夏这样的"帝王师"，冉求这类行政州郡长官（又如治邺的西门豹、治蜀的李冰等）。孟子后车七百乘，传食于诸侯。齐稷下学宫"不治而议论，皆为列大夫"，以及荀卿及其学生李斯、韩非等。平原君、信陵君、孟尝君、春申君之"养士"，动辄几千人，皆丰衣美食。"养士"成为时尚，成为贵族的新名片、新标志、新风流。较"土豪式"的老贵族，它更为荣耀。有如托克维尔所言，"文人变为首要政治家"，"贵族的信誉随其权力的命运消失：贵族在精神领域一向占有的统治地位已成真空，因此作家在那里能尽情扩张，独自占有这个位置"。② 吕不韦大量养士，著《吕氏春秋》，让自己成了名副其实的首要政治家。延至汉代，淮南王仍大量养士，并以著书抬升自己的身份、声势和地位。终至有"独尊儒学"。公孙弘"白衣为天子三公"，封平津侯；官吏、宰相，彬彬皆文学之士。元成之世形成了"士族"这一新的社会阶层，既似豪强，又拥有文化、思想和政治地位的优势，而并不世袭，仍升降浮沉，自由流动，为世界历史所仅见。

在欧洲，类似的分封贵族领主制或封建制，一直延续至法国大革命时

---

① ［法］托克维尔：《旧制度与大革命》，冯棠译，北京：商务印书馆，1992年，第49页。
② ［法］托克维尔：《旧制度与大革命》，冯棠译，北京：商务印书馆，1992年，第179、183页。

才被消灭。日本则一直延续至明治维新时期。造成这种情况的原因甚多，在文化思想方面，未能出现中国先秦的崇尚自由与社会平等之"士"阶层，无疑是极重要的原因。故仅从阶级斗争、农奴反抗农奴主去说明社会的变动，是远远不够的。

要之，文化思想的伟大能动性、可以走在时代前面并代表人类和民族的远大胸怀和眼光，在科学史观下，这一点实际上常被忽视，从而使历史成为苍白而无内在思想活力的历史，而这正是人文史观可以补益的。

二、孔子的人文史学

孔子观察历史，所注重和主要着眼的，是文化的成就和发展。他一开始就把人文史学的特征揭示了出来，说："殷因于夏礼，所损益可知也；周因于殷礼，所损益可知也；其或继周者，虽百世可知也。""周监于二代，郁郁乎文哉！吾从周。""礼"、文化、文化精神是历史发展最主要的内容，他认为历史的发展首先是文化，是精神生产力的发展。在生命遭受危难时，他说："文王既没，文不在兹乎？天之将丧斯文也，后死者不得与于斯文也。天之未丧斯文也，匡人其如予何？"（《论语·子罕》）以文化发展为"天"赋予人的最重要使命。

孔子赞美尧，说："大哉尧之为君也！巍巍乎！唯天为大，唯尧则之。荡荡乎，民无能名焉。巍巍乎其有成功也，焕乎其有文章！"（《论语·泰伯》）尧之伟大，在"焕乎其有文章"，也即敬授民时、建立五教等。

据《史记·五帝本纪》："帝尧者，放勋。其仁如天，其知如神。"尧是全善、全知、全能的。尧的政治，"九族既睦，便章百姓。百姓昭明，合和万国"。（《史记·五帝本纪》）尧老了，将天下禅让于舜。孔子赞美舜："无为而治者其舜也与？夫何为哉？恭己正南面而已矣。"（《论语·卫灵公》）这凸显舜的文治和尚贤得到天下人的拥戴。

孔子赞美禹，说："禹，吾无间然矣。菲饮食而致孝乎鬼神；恶衣服而致美乎黻冕；卑宫室而尽力乎沟洫。禹，吾无间然矣。"（《论语·泰伯》）又："禹、稷躬稼而有天下。"（《论语·宪问》）这凸显禹的伟大是对鬼神的"孝"，是"致美乎黻冕"，是尽力于农事以提高人民的生活。

孔子赞美文王："三分天下有其二，以服事殷，周之德，其可谓至德也已矣。"(《论语·泰伯》)这凸显文王的以"德"服人。

周公"制礼作乐",发扬光大了文、武的事业,使中国成为卓越的礼仪之邦。孔子以梦见周公表达对周公的仰慕。

他赞扬管仲:"管仲相桓公,霸诸侯,一匡天下。民到于今受其赐。微管仲,吾其被发左衽矣。"(《论语·宪问》)凸显管仲之"如其仁,如其仁",在于不使中国文化受到侵略而倒退。顾炎武说,有亡国,有亡天下。亡国是异姓代立,不关乎文化。亡天下则是亡文化。"天下兴亡,匹夫有责。"顾的观点实际是孔子的人文史观所教导的。

《礼记·表记》说:"殷人尊神,率民以事神,先鬼而后礼,先罚而后赏,尊而不亲。其民之敝,荡而不静,胜而无耻。周人尊礼尚施,事鬼敬神而远之,近人而忠焉,其赏罚用爵列,亲而不尊。其民之敝,利而巧,文而不惭,贼而蔽。"对殷周文化之区别的论述,着眼点全在文化。

以后《易传》在观象制器中叙述黄帝、尧舜以来的历史,也主要从人文、文化活动、文化创造立论。

文化创造是精神生产,它并非不受物质生产力的制约。石器时代不可能有青铜器和铁器时代的文化精神创造,铁器时代不可能有机器生产力时代的文化精神创造。离开物质生产力,以为文化精神可以凭空产生,会陷入历史唯心论。但同是青铜器时代,唯殷人创造了文字,"有册有典",这却不是用物质生产力所可解释的。同是巫文化,中国天人沟通的主要方式不是巫舞、狂舞等法术活动,而是占卜、占筮这种大为理性化的形式,这也不是物质生产力所可解释的。周初三部大文化典籍《诗》《书》《周易》的出现,更非殷周物质生产力之差别所致。

研究文化精神及其创造活动的特殊性,研究它在历史发展中的独特作用,研究并揭示文化精神产生的条件以及规律,是人文史学的内容。它可以和科学史观互补。孔子是这种史学的首创者。

三、修史以明道

孔子教育学生,《书》和《诗》《礼》是并列的重要教材。"子所雅言,《诗》、《书》、执礼,皆雅言也。"(《论语·述而》)"子曰:'我欲载之空言,不如见之于行事之深切著明也。'"(《史记·太史公自序》引)《书》

教和修史是孔子一生活动的重要内容。

孟子说:"王者之迹熄而《诗》亡,《诗》亡然后《春秋》作。晋之《乘》,楚之《梼杌》,鲁之《春秋》,一也。其事则齐桓、晋文,其文则史。孔子曰:'其义则丘窃取之矣。'"(《孟子·离娄下》)"事"指史实,"文"指写出的历史,即鲁之《春秋》等。"义"则是孔子笔削的褒贬、是非评论,也即所赋予历史的"意义"与"价值"。司马迁说,孔子"至于为《春秋》,笔则笔,削则削,子夏之徒不能赞一辞。弟子受《春秋》,孔子曰:'后世知丘者以《春秋》,而罪丘者亦以《春秋》。'"(《史记·孔子世家》)。《公羊传·昭公十二年》记:"《春秋》之信史也,其序则齐桓、晋文,其会则主会者为之也。其词则丘有罪焉尔!"孔子所修《春秋》,其"微言大义",相传孔子口传于弟子公羊高,故以《春秋公羊传》命名。从汉代"春秋公羊学"看,其主要内容即是历史之经验教训的总结,"礼"制秩序与人文的得失、历史人物的评价——"贬天子,退诸侯,讨大夫","尊王、攘夷",明君臣之分与"华夷之辨",以实现政治之"王道"理想,如:"隐公十一年。冬十有一月壬辰,公薨。"《公羊传》:"何以不书葬?隐之也。何隐尔?弑也。弑则何以不书葬?《春秋》君弑,贼不讨,不书葬,以为无臣子也。……臣不讨贼,非臣也。"桓公十一年,"九月,宋人执郑祭仲"。《公羊传》:"祭仲者何?郑相也。何以不名?贤也。何贤乎祭仲?以为知权也。其为知权奈何?古者郑国处于留。先郑伯有善于邻公者,通乎夫人以取其国,而迁郑焉,而野留。庄公死已葬,祭仲将往省于留,涂出于宋,宋人执之。谓之曰:'为我出忽而立突。'祭仲不从其言,则君必死,国必亡。从其言,则君可以生易死,国可以存易亡。少辽缓之,则突可故出,而忽可故反,是不可得则病,然后有郑国。古人之有权者,祭仲之权是也。权者何?权者反于经,然后有善者也。权之所设,舍死亡无所设。行权有道,自贬损以行权,不害人以行权。杀人以自生,亡人以自存,君子不为也。"这是著名的"经权"之辩。《公羊传》以此表彰君臣大义与权宜行事的关系。庄公二十四年,"冬,戎侵曹。曹羁出奔陈"。《公羊传》:"曹羁者何?曹大夫也。曹无大夫,此何以书?贤也。何贤乎曹羁?戎将侵曹,曹羁谏曰:'戎众以无义,君请勿自敌也。'曹伯曰:'不可。'三谏不从,遂去之,故君子以为得君臣之义也。"僖公二十一年,"秋,宋公、楚子、陈侯、蔡侯、郑伯、许男、曹伯会于霍,执宋公以伐宋"。《公羊传》:"孰执之?楚子执之。曷为不言楚子执之?不与夷狄之执中国也。"如此,等等。王阳明说:"以事言谓之史,以道言谓之经,事即道,道即事,《春秋》亦经,五经亦史。"(《传习录卷上·徐爱录》)孔子修史,如《公羊传》所示,是史与道合一的,不是离"史"而另有"道",亦不是离"道"而另有史。修史以明道,修道以明史,成为孔子人文史学思想的特点。由孔子的垂范,这也成为中国传统史学的特征。

《论语》记载了孔子对许多历史人物的评论,如:"晋文公谲而不正,齐桓公正而不谲。"(《论语·宪问》)

"管仲之器小哉。""管氏有三归,官事不摄,焉得俭?""邦君树塞门,管氏亦树塞门。邦君为两君之好,有反坫,管氏亦有反坫。管氏而知礼,孰不知礼?"(《论语·八佾》)

冬,诸侯会于温,晋侯召王,以诸侯见,且使王狩。孔子说:"以臣召君,不可以训。"故《左传》记为:"天王狩于河阳。"(《左传·僖公二十八年》)

新筑人仲叔于奚救孙桓子,桓子是以免。既,卫人赏之以邑,辞。请曲县、繁缨以朝,许之。孔子评论说:"惜也,不如多与之邑。唯器与名,不可以假人,君之所司也。名以出信,信以守器,器以藏礼,礼以行义,义以生利,利以平民,政之大节也。若以假人,与人政也。政亡,则国家从之,弗可止也已。"(《左传·成公二年》)

臧文仲是鲁国的著名大夫,孔子说:"臧文仲,其不仁者三,不知者三。下展禽,废六关,妾织蒲,三不仁也。作虚器,纵逆祀,祀爰居,三不知也。"(《左传·文公二年》)

子产不毁乡校,孔子赞扬说:"以是观之,人谓子产不仁,吾不信也。"(《左传·襄公三十一年》)

楚灵王派兵围徐,威胁吴国。子革等进谏,灵王寝食不安,但终不改错。第二年弃疾等政变,灵王自杀。孔子说:"古也有志:'克己复礼,仁也。'信善哉!楚灵王若能如是,岂其辱于干溪?"(《左传·昭公十二年》)

赞扬晋国叔向,谓:"叔向,古之遗直也。治国制刑,不隐于亲。三数叔鱼之恶,不为末减。曰义也夫,可谓直矣!平丘之会,数其贿也,以宽卫国，晋不为暴。归鲁季孙，称其诈也，以宽鲁国，晋不为虐。邢侯之狱，言其贪也，以正刑书，晋不为颇。三言而除三恶，加三利。杀亲益荣，犹义也夫！"（《左传·昭公十四年》）

前522年，子产死，时孔子30岁，他流泪说："古之遗爱也。"（《左传·昭公二十年》）

这种批评或表彰，构成孔子人文史学的重要内容。它寓于历史又高于历史，成为儒家和中国知识分子议政、参政的一种独特形式，在历史上起着积极的作用。以后，史学、史教（包括野史、地方志、族谱、家谱、史评、史论、历史剧、小说、咏史等）成为中国文化的重心。"立德，立功，立言"，"左史记事，右史记言"。历史成为个人、族群、民族生命不朽的丰碑。"死，有重于泰山，有轻于鸿毛。""人生自古谁无死，留取丹心照汗青。"历史成为神圣的裁判所，光荣与耻辱都由它评定与记录。历史成为中国文化的道德教科书、政治教科书、人格养成所。孔子是这历史的首位自觉奠基者。

古希腊、罗马之历史著作，常常非政府官方行为，而纯为个人所撰述，如塔西佗《编年史》，十之七八夹叙夹议，类似见闻报道，详述统治集团内之凶杀、权谋、贪欲、纵欲，没有教化，没有道义，缺乏历史的庄严与神圣感。作者也以惩恶扬善为目的，但对比中国史学以道义担当为修史原则之"自觉"，两种历史学的不同十分鲜明。汤普森《历史著作史》指出："塔西佗不大关心弄清事实并根据这些事实说明真相；他注意的是指控历代皇帝，通过对他们的揭露，至少是隐晦地揭露帝国政府本身。""塔西佗笔下的提比略是一切作品中曾经有过的最残酷、最淫虐、罪行累累的人面兽心的一个魔王。但是近代评论说明，实际上，提比略是罗马最出色的统治者之一，塔西佗关于他的撰述是罗织成章的一派谎言，他编撰得如此巧妙以致在外表上看来几乎都是真情实事。""在他看来，历史的目的在于说教。"[1] 历史事实可以随个人的好恶而编造。

"五四"提倡科学与民主，科学史观成为主导，今天应该以因革损益的态度对待孔子留给我们的这份宝贵的文化历史遗产。

---

[1] 转引自 [美] J. W. 汤普森：《历史著作史》（上卷），孙秉莹、谢德风译，李活校，北京：商务印书馆，1992年，第14页。

四、 两种历史观的互补

科学史观与人文史观应该互补。

以今人之秦汉史研究而言，科学史观下的著作出现了不少，如范文澜、翦伯赞、郭沫若主编的《中国通史》之《秦汉史》，吕思勉《秦汉史》，田昌五、安作璋《秦汉史》，等等。这些史著，可分为两种类型：一种属历史资料的汇集，有如《〈左传〉纪事本末》，资料极为详备，而史观阙如，吕著基本上是这一类型；另一些则是历史唯物论指导下的著作。

吕著讲汉代，史料极为详尽，如"厚葬"，几乎所有《史记》《汉书》《三国志》等汉人厚葬的资料，都罗列无遗，但没有分析，见物、见事不见人。

范著、田著等则着眼于生产力、生产关系、制度及历史事件；人文史学所注重的文化、历史人物及其对历史发展的动态作用，或被忽略，或居于不甚重要的地位。

以范著为例，它详述了秦怎样建立统一国家，农民大起义与楚汉战争，汉政权巩固后对外的扩展，几个重要制度，农业与农民，工商业与工商，地主、大工商业主、高利贷商人，王莽的新朝，西汉末农民大起义，等等。文化部分，分别论述经学、史学、历数学、诸子、文学。可以说，其特点就是生产、制度、阶级、事件，不见人文思想的统领与决定性作用。其他几本著作，详略不同，写法亦大致如此。

从人文史学的观点看，论厚葬，不能满足于罗列有关资料，而应指出它的根源是"孝"的提倡，及其造成的破坏性作用。秦人以"法"斩断了宗法封建的分裂割据对国家统一和中央集权的危害，但"孝"德也随之削弱了，所谓"刻薄寡恩"。鉴于秦失败的教训，汉代大倡孝道，并实行分封。孔子提倡的"薄葬"、用"明器"，普遍被"事死如事生，事亡如事存"的厚葬取代了。自天子、王侯到庶人，汉人无不倾家荡产，进行厚葬。像中山靖王刘胜墓、南昌海昏侯墓等，大量金银财宝、丝绸玉器铜器、车马被埋在墓中。海昏侯刘贺墓，2011年来考古人员共勘探约100万平方米，发掘面积约1万平方米，清理出土了各类文物1万余件。成套出土的有编钟、编磬、琴、瑟、排箫、伎乐俑；竹简、木牍以及有文字的漆笥、耳杯等数以千计；五铢钱10余吨，近200万枚；青铜雁鱼灯、青铜锅上的花纹惟妙惟肖；青铜镜上镶嵌着玛瑙、绿松石和宝石等，这些都是汉代考古文物珍品。车马坑出土了实用高等级马车5辆，马匹20匹，错金银装饰的精美铜车马器3000余件。主椁室西侧出现数十枚马蹄金、麟趾金、两盒金饼等。大金饼95枚，小金饼1枚，大马蹄金45枚，小马蹄金21枚，麟趾金15枚，20块金板，重量超过78公斤。这庞大的财富皆由搜刮民脂民膏得来。鲍宣指出，"民有七死七亡"，除了官府盘剥、豪强掠夺压榨，厚葬的毁坏性影响是最为重要的文化因素。

汉代，后党干政，自吕后起，成为一种小传统。相继有窦太后的干政，有霍光家族与上官氏家族的干政，有王氏的干政，而终于由王莽篡汉。究其原因，孝德的提倡是极其重要的因素。

刘邦重新恢复分封制，除巩固政权的考虑，亦有"孝"文化的影响。它不仅复辟了秦已废除的封建割据，亦复辟了地方上的强宗豪族。汉代豪强横行乡曲，宗族械斗与私斗盛行。由此游侠酷吏在汉初引人注目，司马迁为之特开"列传"。这些都与孝的提倡有关，但在上述历史著作中都被忽略了。

论文化，汉代最重大的社会历史事件是"罢黜百家，独尊儒术"，确立"经学"的统治地位。上述各著作却平面地将其与史学、文学并列。实际上，经学在汉代，其地位有如当今的马克思主义之于国家和社会，乃是一种政治指导思想、意识形态，一种思潮和社会运动。经学独尊造成了文官体制，亦形成了有别于"土豪"的集政治权力、巨大田产、财富和社会声望、人脉资源和文化思想于一体的新的社会阶级力量。平面地将其与史学、文学并列，不仅使"经学"的特殊性被贬抑、阉割，也使汉代社会之活跃的精神力量、汉代社会的真实而鲜活的脉动被阉割了。

吕思勉《秦汉史》论经学，沿用辨伪传统，详辨今文经学与古文经学承传及史料之真伪，最后引《汉书·艺文志》做总结，谓："盖五常之道，相须而备，而《易》为之原。""至于五学，世有变改，犹五行之更用事"，与旧史识无别。①

---

① 吕思勉：《秦汉史》，上海：上海古籍出版社，2005年，第685页。

从人文史学看，社会是和人一样的，有精神，有五官、四肢、百骸；而精神、思想是最为重要的，如此社会才成为一有机联系的活动发展的整体。人有童年、青年、壮年、老年，社会亦是如此。故秦汉时期的文化思想乃社会变化的支配性因素。秦之旧分封贵族宗法制是在法家思想下消灭的。武帝转入新的大有为和全面建设阶段时，政治、政府、社会组成和社会风气的全面变化，是由"罢黜百家，独尊儒术"，董仲舒的新儒学居于支配地位引起的。孤立地、平面地列章分别叙述制度、事件、阶级、学术、思想，有如解剖尸体，分别将手、脚、心、肺、肝、肾、头取出，予以陈列展览，活的人就不再存在了。

人是要衰老、生病的。社会组成的各部分，包括政府、风习、制度，也会如此。故从汉代看，政府治理越来越没有效率，官员越来越胆大妄为、横行不法或尸位素餐，人口越来越多，土地与财富的兼并掠夺越来越严重。这是无法抗拒的，因而西汉的由盛到衰，不是所谓元、成之世尚儒所造成的，也非皇嗣不盛，政权由外戚掌控所造成的，实是因为社会已"老化"，病入膏肓，烂掉了；没有王莽大乱，也会有其他突发事件，使之灭亡。

董仲舒的"公羊学"，实质是一哲学目的论思想体系，纲领是"奉天法古"。"奉天"即以"天"为"三纲"之大本，而以"仁，天心""察于天之意，无穷极之仁也"为核心，从而为政权指出了"仁政"的政治方向。"法古"即恢复孔孟的仁政王道。汉代灾异谴告盛行，实质亦是在神学形式下进行政治批评。从董仲舒、眭弘、鲍宣、谷永到贤良文学之政治批评，再至东汉末的清议和仲长统、王符的社会批判，政治批评之尖锐，历代无以过之。这是"贬天子，退诸侯、讨大夫，以达王事"之孔子人文史学精神的继续。而上述各著对经学的说明，不仅是静态的、字面的、苍白无力的，且以阶级观点硬套，不仅使之曲解，亦使汉代之精神风貌，特别是士阶层的精神风貌与历史作用被完全阉割。

五、 汉代人文史学的杰出代表

董仲舒《春秋繁露》及《史记》《汉书》是汉代人文史学的杰出代表。三者的指导思想皆是司马迁《史记》所引董仲舒论孔子修《春秋》的话：

"周道衰废，孔子为鲁司寇，诸侯害之，大夫壅之。孔子知言之不用，道之不行也，是非二百四十二年之中，以为天下仪表，贬天子，退诸侯，讨大夫，以达王事而已矣！……夫《春秋》，上明三王之道，下辨人事之纪，别嫌疑，明是非，定犹豫，善善恶恶，贤贤贱不肖，存亡国，继绝世，补弊起废，王道之大者也。"（《史记·太史公自序》）这对人文史学的特点与精神进行了极好的概括。它并不科学，但突出了人文精神与历史人物的作用。

《春秋繁露》以《春秋公羊传》为依据，总结春秋时期的历史经验教训，着力发扬孔孟的仁政王道理想，以之指导新的社会政治、经济和文化建设，史论结合，古为今用，确立起贯彻汉代四百年的全面的指导思想，对巩固大一统的新帝国、新政制起了巨大作用。

《史记》与《汉书》全面记述了汉代从政治到经济、文化、军事等方面的社会情况。《史记》通过"本纪""世家""列传"全面、系统地叙述了五帝及三代、秦汉的历史，凸显了人文价值理想对历史发展的重大作用。

两本史著都注重历史人物的评论、历史重大经验教训的总结，常扣紧"人性"这一主题以立论。如《史记·汲郑列传》，概述了汲黯、郑当时两人事迹后，评论说："夫以汲、郑之贤，有势则宾客十倍，无势则否，况众人乎！下邽翟公有言，始翟公为廷尉，宾客阗门；及废，门外可设雀罗。翟公复为廷尉，宾客欲往，翟公乃署其门曰：'一死一生，乃知交情。一贫一富，乃知交态。一贵一贱，交情乃见。'汲、郑亦云，悲夫！"《史记·平津侯主父列传》记"元朔二年，主父言齐王内淫佚行僻，上拜主父为齐相。至齐，遍召昆弟宾客，散五百金予之，数之曰：'始吾贫时，昆弟不我衣食，宾客不我内门；今吾相齐，诸君迎我或千里。吾与诸君绝矣，毋复入偃之门！'"司马迁评论说："主父偃当路，诸公皆誉之，及名败身诛，士争言其恶。悲夫！"史论结合，今天依然有警世作用。

《史记·货殖列传》记汉初生产发展情况，说："今有无秩禄之奉、爵邑之入，而乐与之比者，命曰'素封'。……庶民农工商贾，率亦岁万息二千，百万之家则二千，而更徭租赋出其中。衣食之欲，姿所好美矣。故曰陆地牧马二百蹄，牛蹄角千，千足羊，泽中千足彘，水居千鱼陂，山居千章之材。安邑千树枣，燕、秦千树栗，蜀汉江陵千树橘，淮北、常山南，河济之间千树荻，陈、夏千亩漆，齐鲁千亩桑麻，渭川千亩竹……此其人皆与千户侯等。""通邑大都，酤一岁千酿，醯酱千瓨……贩谷粜千钟……子货金钱千贯。……此亦比千乘之家。""若至力农畜，工虞、商贾，为权利以成富，大者倾郡，中者倾县，下者倾乡里者，不可胜数。"汉初庄园经济与商业的活跃，跃然纸上。最后，司马迁评论说："由此观之，贤人深谋于廊庙，议论朝廷；守信死节，隐居岩穴之士，设为名高者安归乎？归于富厚也。……富者，人之情性，所不学而俱欲者也。故壮士在军，攻城先登，陷阵却敌，斩将搴旗，前蒙矢石，不避汤火之难者，为重赏使也。其在闾巷少年，攻剽椎埋，劫人作奸，掘冢铸币，任侠并兼，借交报仇，篡逐幽隐，不避法禁，走死地如骛者，其实皆为财用耳。""天下熙熙，皆为利来；天下攘攘，皆为利往。"（《史记·货殖列传》）好利、好富的天性，使"人各任其能，竭其力，以得所欲，故物贱之徵贵，贵之徵贱，各劝其业，乐其事，若水之趋下，日夜无休时，不召而自来，不求而民出之。岂非道之所符，而自然之验邪?!"（《史记·货殖列传》）其认为自然趋利的"人性"，像一只无形的手，不需政府代劳，就把一切有用资源和能量调动起来，创造出空前的财富。这比死板地讲农奴或封建生产关系如何促进或限制生产力之教条叙述，更富教育启示作用。

汉代外戚干政，危害惨烈。在《汉书·外戚传下》中，班固总结说："《易》著吉凶而言谦盈之效，天地鬼神至于人道靡不同之。夫女宠之兴，由至微而体至尊，穷富贵而不以功，此固道家所畏，祸福之宗也。序自汉兴，终于孝平，外戚后庭色宠著闻二十有余人，然其保位全家者，唯文、景、武帝太后及邛成后四人而已。至如史良娣、王悼后、许恭哀后身皆夭折不辜，而家依托旧恩，不敢纵恣，是以能全。其余大者夷灭，小者放流，呜呼！鉴兹行事，变亦备矣。"这体例和教诫，亦为后代史家所继承。这也可补科学史学的不足。

汤因比指出："自从人类诞生以来，人性的变化是微小的，甚至可以认为是不变的。""人类事务中的永恒的和符合规律的因素就是人性。""虽然和宇宙万物一样，人性每时每刻都发生着变化，但是，人性的这种变化微不足道，以至于可以把从起源到现在乃至可以预见的将来的人性看作是不变的。""这是把历史学作为研究普遍规律的科学进行研究的基础。如果人们相信在对人类事务的研究中可以使用研究普遍规律的科学方法，那么，人性的一致性和永恒性就是客观标准。"① 《史记》和《汉书》所抓住的正是这一点，因此到今天仍保留着它的价值，使我们从中受益。

以述为作，继承创新，写一本人文史观下的中国历史，将是极有意义的事。

（原载于《江汉论坛》2017 年第 3 期，原标题为《人文史观和科学史观的互补——孔子人文史学与汉儒对它的继承与发展》，收入本书时有增修）

---

① 刘远航：《汤因比历史哲学》，北京：九州出版社，2010 年，第 405 页。

儒学与诗的发展流变

不少著名《中国文学史》论中国诗词，都如一个展览馆，分馆陈列。《诗经》《屈赋》《汉赋》《唐诗》《宋词》等，不见其内在发展演变脉落及其与儒学之关系。也许已有著作做了这一工作，笔者孤陋寡闻而未之见。本文试图做一补充论述。

一、孔子至汉儒对诗的看法的变化

孔子教学生，居于首位的是诗与史，谓："《诗》、《书》、执礼，皆雅言也。"雅，典雅之谓。他教诗的教材就是现在的《诗经》。它基本是抒情的，每首诗情景合一、情理合一、天人合一①，是现实的、世间的，又是情趣高雅、超乎低俗的。它也歌颂武人大将、开国干城、先王伟业，有如英雄史诗；但抒情诗是主要的。这些诗孔子以前已集结为书，供贵族学习，但并未有人对它的意义、特点，它对人生的作用进行反思。有如一个家庭中一早慧的诗的神童，写下了极多抒情名篇，但只是一自然的存在。它有什么特点，有什么意义，应该如何发扬，全都未经反思。孔子是第一个对之进行自觉反思的人。经过反思，《诗经》就变成"为我"的存在了。

孔子的反思可归纳为三点：一是肯定它的抒情的性质，指出它对人生的意义；二是指出它对文学的意义；三是指出评诗的标准。这在本书前文中已详述，这里不再赘述。

孔子所着意的是诗的抒情和生活的诗意化。但孔子以后，孟子对诗的看法发生了变化。这有两方面，一是他把《诗经》与《春秋》相提并论，说："王者之迹熄而《诗》亡，《诗》亡然后《春秋》作。晋之《乘》、楚

---

① 参见汤一介：《论中国传统哲学中的真善美问题》，《当代学者自选文库·汤一介卷》，合肥：安徽教育出版社，1999年，第521—522页。

之《梼杌》、鲁之《春秋》，一也。其事则齐桓、晋文，其文则史。孔子曰：'其义则丘窃取之矣。'"（《孟子·离娄下》）把《诗经》与《春秋》等同，这就把诗的历史记事和政治作用凸显了出来，抒情和美化心灵的作用就退居次要地位了。另一点是"故说诗者，不以文害辞，不以辞害志；以意逆志，是为得之"。这凸显了志和意对于诗的主导作用。《孟子》中引诗极多，如："孝子之至，莫大乎尊亲；尊亲之至，莫大乎以天下养。为天子父，尊之至也；以天下养，养之至也。《诗》曰：'永言孝思，孝思惟则'，此之谓也。"（《孟子·万章上》）断章取义，诗为解释道义、道德服务。故《诗经》的性质、功能、作用，至孟子而发生了一大转变。

荀子继承了孟子，说："故书者，政事之纪也；诗者，中声之所止也；礼者，法之大分，类之纲纪也。故学至乎礼而止矣。"（《荀子·劝学》）"圣人也者，道之管也，天下之道管是矣，百王之道一是矣。故《诗》《书》《礼》《乐》之道归是矣。《诗》言是，其志也；《书》言是，其事也；《礼》言是，其行也；《乐》言是，其和也；《春秋》言是，其微也；故《风》之所以为不逐者，取是以节之也，《小雅》之所以为《小雅》者，取是而文之也，《大雅》之所以为《大雅》者，取是而光之也，《颂》之所以为至者，取是而通之也。天下之道毕是矣。乡是者臧，倍是者亡；乡是如不臧，倍是如不亡者，自古及今，未尝有也。"（《荀子·儒效》）诗完全为道理、为政治服务，失去其独立性与抒情的本质特性。

汉代"罢黜百家，独尊儒术"，《春秋公羊传》居于政治首位，《诗经》成了"五经"之"经"，孟子、荀子关于诗的观点在汉代占据了主导地位。于是，一方面，《诗经》大为普及了，诗的地位极大提升了。西汉，有三家诗义，有《毛诗》这样精审训诂著作的出现，为理解诗义扫除了障碍。另一方面，"以三百篇作谏书"，政治史诗和其道德教化作用成为关注的中心。

成帝时，外戚王氏专权，刘向上书进谏，通篇都是引诗。《春秋》以前之诗都被提出作为政治盛衰的讽谏。这无意中也成了士人学诗的样板，直接影响到建安风骨的产生。

为了讽谏，《诗经》那样的四言短篇不能满足要求了，于是长篇铺陈、场面宏阔、叙事为主的汉赋产生了。

东汉，卫宏为《毛诗传》作《大序》《小序》，每首诗都作政治道德之史诗解。"十五国风"及《蒹葭》这样的抒情诗也被说成政治道德史诗；《周南》《召南》成为歌颂后妃道德楷模之作。随着毛诗的独存，《诗序》的影响大为增加，诗的创作潜移默化地就往史诗与道德说教的方向流去了；当东汉末，王纲解体，"建安风骨"就酝酿出来，成了诗之发展的一个承前启后的新阶段。

建安士人直承孔孟的人文传统，恢复了个人的鲜活的有情有义的人生。而因时代的巨变，有如《鲁诗》所引幽厉及宣王中兴，政治历史视野和忠义之志，成为建安诗（包括蔡琰《胡笳十八拍》《古诗十九首》等）的主流和风骨。

二、"建安风骨"

"建安风骨"的开创者曹操，文武兼备，其诗作对杜甫及后代诗作之巨大影响，前人多有赞誉。《世说新语·豪爽篇》载，晋人王敦，每酒后辄咏"老骥伏枥"四句，以如意打唾壶，壶口尽缺。明人胡应麟说："（汉）高帝《鸿鹄歌》是'月明星稀'诸篇之祖……气概横放，自不可及。后惟孟德'老骥伏枥'四语，奇绝足当。"（《诗薮·内篇》）王夫之评论说："孟德乐府，固卓荦惊人，而意抱渊永，动人以声不以言。"（《船山古诗评选》）

那么这风骨是如何炼成的？究其原因，一是与曹操的个人天赋有关；更重要的是曹操手不释卷，酷爱诗书。汉代之诗书，已有《史记》和《汉书》，不仅表彰忠烈，亦文思飞扬，流光溢彩。曹操自小受到诗书的强烈熏陶。曹诗特重恩情，不忘故乡，忧国忧民，充满忠烈义气，绝非偶然或天生，乃"经学"诗书熏陶有以如此。而诗是经过了汉人的选择与阐释的。

后人对汉代士人多有误解，以为他们天天在讲天人感应、灾异谴告；实际上他们乃是最能抗颜直谏、直陈君之过失的一群人，大有子思谏鲁穆公之遗风。天灾不过为他们提供直陈政事过失、民生疾苦之机会而已。像鲍宣那样的"民有七死七亡"的谏诤之言，后世何尝有过？唯海瑞可与比肩！民间士人之精神风貌，于"盐铁会议"上贤良文学对朝廷桑弘羊等人的批判及东汉末年党锢之祸的清议人物一览无余。曹操就是直承党锢诸清流之精神、骨气而起的人物。

汉朝以"三纲"为天授，后世乃认为汉人专制气息特浓，不知汉代古风未亡、大伪未兴，夫妻男女关系远较宋代以后自由。卓文君与司马相如的故事及《古诗为焦仲卿妻作》之夫妻恩爱贞情，如后世梁祝故事，皆首出于汉代，并非偶然。汉代，为臣下者多满怀忠义与立功创业豪情。贾谊、董仲舒、鲁申公、辕固生、鲍宣、李固、张骞、苏武、卫青、霍去病、班超等出在汉代，亦非偶然。文化学术上汉代亦是极有创造力的时代，有"春秋公羊学""汉易学"，有《史记》《汉书》，有仲长统和王符极深刻尖锐的社会批判；五言诗亦产生于汉代，古拙质朴，情真意厚。建安诗风即趁此而起。

《三国演义》把曹操塑造成了反面人物，但青年曹操正是汉代忠义文化的杰出代表。他锄豪强，诛杀宦官权贵，起兵诛董卓，皆个人忠义之气所为。东汉皇权衰落，灵帝时已名存实亡，乃引发战乱之祸根；沦为宦官工具，对清流大开杀戒，政治黑暗达于极点。曹操起兵即非朝廷授命，以后"挟天子以令诸侯"，有策略一面，也有恩义情结的作用。曹操能写出许多诗作名篇，凸显史诗的特点，具有浓郁的忠义之气，都是汉代正统忠义文化熏陶的结果。

《度关山》："天地间，人为贵。立君牧民，为之轨则。车辙马迹，经纬四极。黜陟幽明，黎庶繁息。于铄贤圣，总统邦域。封建五爵，井田刑狱。有燔丹书，无普赦赎。皋陶甫侯，何有失职？嗟哉后世，改制易律。劳民为君，役赋其力。舜漆食器，畔者十国，不及唐尧，采椽不斫。世叹伯夷，欲以厉俗。侈恶之大，俭为共德。许由推让，岂有讼曲？兼爱尚同，疏者为戚。"这乃儒学历史观的缩影。"人为贵"是《孝经》和董仲舒《春秋繁露》提出的，成为曹操此诗的纲领。诗也吸收了墨子兼爱尚同的思想。以后杜甫诗"惟君行俭德，盗贼本王臣"等承继了此诗思想。

《薤露》："惟汉廿二世，所任诚不良。沐猴而冠带，知小而谋疆。犹豫不敢断，因狩执君王。白虹为贯日，己亦先受殃。贼臣持国柄，杀主灭宇京。荡覆帝基业，宗庙以燔丧。播越西迁移，号泣而且行。瞻彼洛城郭，微子为哀伤。"《蒿里行》："关东有义士，兴兵讨群凶。初期会盟津，乃心在咸阳。军合力不齐，踌躇而雁行。势利使人争，嗣还自相戕。淮南弟称号，刻玺于北方。铠甲生虮虱，万姓以死亡，白骨露于野，千里无鸡鸣。生民百遗一，念之断人肠。"忠义爱民之心充盈字里行间。

《却东西门行》:"鸿雁出塞北,乃在无人乡。举翅万余里,行止自成行……奈何此征夫,安得驱四方!戎马不解鞍,铠甲不离傍。冉冉老将至,何时反故乡?神龙藏深泉,猛兽步高冈。狐死归首丘,故乡安可忘!""狐死归首丘"出自《礼记·檀弓》,乃孔门仁学思想的本根,所谓"祖庙所以本仁也""狐死正首丘,仁也"。非有儒学之心,"诚于中而发于外",是不可能写出这诗的。

《短歌行》:"月明星稀,乌鹊南飞。绕树三匝,何枝可依?山不厌高,海不厌深。周公吐哺,天下归心。""无枝可依"道出了当时曹操与士人对国事前途、个人出路的忧思、彷徨。

这些诗,曹操于马上得之、铠甲得之,转战四方万里得之,故雄健浑宏,英气勃勃,有吞吐山河之势。《步出夏门行》:"东临碣石,以观沧海。水何澹澹,山岛竦峙。树木丛生,百草丰茂。秋风萧瑟,洪波涌起。日月之行,若出其中;星汉灿烂,若出其里。幸甚至哉!歌以咏志。""老骥伏枥,志在千里。烈士暮年,壮心不已。"吴乔说:"作四字诗,多受束于《三百篇》,不受束者,惟曹孟德耳。"(《围炉诗话》卷二)陈祚谓:"曹操《龟虽寿》名言激昂,千秋使人慷慨。孟德能于《三百》外,独辟四言声调,故是绝唱。"(《采菽堂诗集》卷五)

《苦寒行》:"北上太行山,艰哉何巍巍!羊肠坂诘屈,车轮为之摧。树木何萧瑟,北风声正悲!熊罴对我蹲,虎豹夹路啼。溪谷少人民,雪落何霏霏!延颈长叹息,远行多所怀。我心何怫郁?思欲一东归。水深桥梁绝,中路正徘徊。迷惑失故路,薄暮无宿栖。行行日已远,人马同时饥。担囊行取薪,斧冰持作糜。悲彼《东山》诗,悠悠使我哀。"清人吴淇在《六朝选诗定论》中说:"凡诗人写寒,自有一应写寒事物,大要曰风,曰雪……此诗未写风雪,先写太行之险,所谓骇存之地,进退两难,则寒不可避,方是苦也。"(《昭昧詹言》卷二)方东树说:"《苦寒行》不过从军之作,而取境阔远,写景悲壮,用笔沉郁顿挫,比之《小雅》,更促数噍杀。后来杜公(甫)往往学之。大约武帝诗沉郁直朴,气真而逐层顿断,不一顺平放,时时提笔势文法,凝重屈蟠。诵之令人满意。可谓千古诗人第一之祖。"(《昭昧詹言》卷二)《苦寒行》记行军太行之实况,有如恺撒《高卢战记》,不过曹操以诗为之而已。但充郁其中的则是对处境艰难、战士困乏、人民逃离而不见的痛心！苦寒者非写境地、时令之寒，乃写心意、心中之苦寒耳！此苦寒乃儒学文化心灵之凝结。

故"建安风骨"乃汉代忠义文化之结晶。

回头看《古诗十九首》，其与《诗经》的风貌就差异显著了。它们已经过了忠义、恩义道德文化的洗礼，故饱含人生悲欢离合之苦，不是真正率真的、单纯的抒情了。

三、阮籍的咏怀诗

嵇康、阮籍被称为"正始名士"，和刘伶、山涛等人合称"竹林七贤"。嵇康、阮籍有哲学著作，又在文坛享有名位。阮以诗见长。文学史常单列嵇康、阮籍，予以分析评价。

按文学史的说法，正始时期，代表世族大地主利益的司马氏，在逐渐掌握了魏国的军政大权之后，与曹魏统治者展开了激烈的争夺政权的斗争，政治异常黑暗。阮籍、嵇康都有较进步的政治思想，不满现实的腐朽。他们看到司马氏假"名教"以达到自私的目的，便以老庄的"自然"与之对抗。他们的创作虽然贯穿着老庄思想，与建安文学有明显的不同，但仍然反映了这一时期的政治现实，在基本精神上还是继承了"建安风骨"的传统。

这一分析有几大问题。

1. 所谓"进步思想"，是现代的说法，嵇康、阮籍本人并无此种观念，并不以"进步"为价值追求。

2. 政治黑暗指司马氏和和曹魏的夺权斗争所造成的残酷的政治局面，对两方之是非曲直没有评价。

3. "建安风骨"，文学史说是"伤时悯乱""缘事而发"，表现了新的现实主义精神，具有慷慨悲凉的独特风格。这流于一般化。

本文认为，"建安风骨"，其内容乃在于体现忠义与恩义精神；没有这种精神，就无所谓"风骨"。曹操能作为"建安风骨"的奠基者、开创人，其一生行事充满这种精神，表现于军事，成就了卓越的军功建树；表现于文学，写成杰出的诗作。

古人云："疾风知劲草。"建安时期之社会大动乱所造成的空前苦难，把一份隐藏的忠义与恩义之气喷发了出来。忠义与恩义精神之浓烈，表明这是一种时代精神。

　　恩义、忠义文化虽在汉末显现，但其由来久远，实是汉代三百多年经史教育的结果，所谓"祖庙所以本仁也""不忘本仁也"。汉代经学宣扬孔子"志在春秋，行在孝经"。忠孝都以恩义为基础。曹操起兵征战，每至一地，不忘宣扬自己是"举义兵"，不断颁发"令曰"，表彰忠义，实行恩德仁政。他自己不代汉，不辜负汉朝恩德，但为曹丕代汉收服了人心，建立了政权的合法性基础。《易·坤卦·象传》谓："地势坤，君子以厚德载物。"曹魏政权可谓"厚德"代汉，"顺乎天而应乎人"，士人诚全而归之，以之为正统（天命）所在。司马懿虚伪狡诈，欲单凭暴力篡夺天下，无忠义、恩义以结人心，故竹林士人心目中的政治黑暗，是直指司马家族的。而其内心的痛苦也是由此引起的。阮籍的咏怀诗即反映这种心情。有如鲁迅在《魏晋风度及文章与药及酒之关系》一文所说，嵇康、阮籍之"非汤武而薄周孔"，"越名教而任自然"，非真反名教、宗老庄，反而实是极为维护名教与仁义道德的。他们越是对名教攻击得激烈，反乎常情，则越是因为内心执着于名教道德。所谓所守愈坚，则痛苦越深，以至阮籍非醉酒无以解内心之苦痛。这为我们指示了一条理解阮籍咏怀诗的途径。咏怀诗中的"徘徊""彷徨"，亦如鲁迅《呐喊》后的"彷徨"，亦如曹操诗"绕树三匝，何枝可依"的彷徨。故《咏怀诗》虽扑朔迷离，但处处表现的是蕴藏于心底的忠义之气。其对"建安风骨"的继承，实质是在这里。

　　曹操《让县自明本志令》讲他一生的心路历程，说每读蒙恬被害遗言："自吾先人至子孙，积信于秦三世矣；今臣将兵三十余万，其势足以背叛，然自知必死而守义者，不敢辱吾先人之教以忘先王也。"曹操说"每读此书，未尝不怆然流涕也"，情感是真挚的。他又说："设使国家无有孤，不知当几人称帝，几人称王。"这也是实情。果如此，社会会更加混乱，人民会更加遭殃。嵇康与曹魏有姻亲关系，阮籍父亲早为曹操亲自招致门下，类似于蒙恬之于秦王室。曹操《让县自明本志令》之恩义、忠义情结，无疑对嵇康、阮籍有深刻的影响。阮籍的一系列咏怀诗，贯穿其中的实是儒学思想之忠义情怀，非老庄之"自然"。

　　第六十篇说："儒者通六艺，立志不可干。违礼不为动，非法不肯言。

渴饮清泉流，饥食并一箪。岁时无以祀，衣服常苦寒。屣履咏《南风》，缊袍笑华轩。信道守诗书，义不受一餐。烈烈褒贬辞，老氏用长叹！"①他对儒学赞誉有加。"烈烈褒贬辞，老氏用长叹！"用"烈烈"形容，更加显示其情感的强烈。这儒学的价值观是其反司马氏的思想道义基础，也是他誓不与司马氏同流合污的精神力量之所在，非泛泛的"进步"所可概括。

第三十九篇："壮士何慷慨，志欲威八荒。驱车远行役，受命念自忘。良弓挟乌号，明甲有精光。临难不顾生，身死魂飞扬。岂为全躯士？效命争战场。忠为百世荣，义使令名彰。垂声谢后世，气节故有常。"他重申了儒学的价值观。

第六十七篇："洪生资制度，被服正有常。尊卑设次序，事物齐纪纲。容饰整颜色，磬折执圭璋。堂上置玄酒，室中盛稻粱。外厉贞素谈，户内灭芬芳。放口从衷出，复说道义方。委曲周旋仪，姿态愁我肠。"他正面地肯定名教出于自然，发于内心。最后两句指斥官场礼仪的虚伪。

第七十八篇："昔有神仙士，乃处射山阿。乘云御飞龙，嘘噏叽琼华。可闻不可见，慷慨叹咨嗟。自伤非俦类，愁苦来相加。下学而上达，忽忽将如何！"孔子"下学而上达，知我者其天乎！"亦是他的精神力量之所自。神仙避世不是他的选择，他宁愿在痛苦中"下学上达"。"下学"包括他的诗文、他的醉酒和不臧否人物以招致横祸等。其中皆有一份让上天明鉴的苦心。他自信他的这份苦心，上天是知道的。

这种儒学价值观以各种形式表现于咏怀诗各篇之中：或以中夜起彷徨表现；或以日月易逝、命运无常的咏叹表示；或以所养鸠子死于横祸的悲愤表示；或以怀旧、不忘旧恩表示；或以表彰殷之三仁，求仁而得仁表示；或以讴歌汉之商山四皓表示；或以哀曹氏之不幸，力不能与司马氏抗衡表示；或以忏悔自己不能贯彻少年时之壮志豪情，转而畏惧避世表示；或以关注友朋，悲其不幸罹祸，自己孑然一身表示；或托志山岗，歌颂松柏之节操；或以杨朱哭歧路、墨子哭染丝表示。总之，万变不离其宗，不忘旧恩之忠义、恩义情怀是主要内容与风骨。

----

① 刘伯君：《阮籍集校注》，北京：中华书局，2014年，第300页。

咏怀诗前，有诗作三首，可以视为总纲。

一

感时兴思，企首延仁。于赫帝朝，伊衡作辅。才非允文，器非经武。适彼沅湘，托分渔父。优哉！游哉！爰居爰处。

这把阮的本心和盘托出。志在伊尹，却无可伸展。退求其次，则在屈子。不苟且于乱世，愿忠义而一生。

二

月明星稀，天高气寒……思从二女，适彼湘沅。灵幽听微，谁观玉颜？灼灼春华，绿叶含身。日月逝矣，惜尔华繁。

誓从二女，盖娥皇、女英，贞从帝舜，矢志不渝，其节烈如日月春华，光彩永驻。开首特引曹操"月明星稀"之句，不忘所从来，仁之情也。

三

清风肃肃，修夜漫漫。啸歌伤怀，独寐寤言。临觞拊膺，对食忘餐。世无萱草，令我哀叹。鸣鸟求友，《谷风》刺愆。重华登庸，帝命凯元。鲍子倾盖，仲父佐桓。回滨嗟虞，敢不希颜！志存明规，匪慕弹冠。我心伊何？其芳若兰。

又一次明志。志在管桓，萱草报母。不忘友朋，整夜难安。"希颜"，仰慕颜回。

前人每感咏怀诗难以捉摸，实际上它的意思不外乎彷徨、焦虑、失落、痛苦、思友、忆旧、畏惧，有志难伸，逃避刀锯，隐逸保身。不为管、伊，则为贞臣。如第三："繁华有憔悴，堂上生荆杞。驱马舍之去，去上西山趾。一身不自保，何况恋妻子。凝霜被野草，岁暮亦云已。"第五："平生少年时，轻薄好弦歌。西游咸阳中，赵李相经过。娱乐未终极，白日忽蹉跎。驱马复来归，反顾望三河。黄金百镒尽，资用常苦多。北临太行道，失路将如何！"这是忆游三河、咸阳至太行之心情。魏武的《苦寒》就是行军太行的纪实。此诗特提"太行道"，并非偶然。第七："徘徊空堂上，忉怛莫我知。愿睹卒欢好，不见悲别离。"这显然是对司马氏的悲愤抗议。第十三："感慨怀酸辛，怨毒常苦多。李公悲东门，苏子狭三河。求仁自得仁，岂复叹咨嗟！"李斯东门被诛杀，苏秦先配六国相印，以后被谗致死。命运无常，有如今日。他申述自己要求仁得仁，不必叹咨嗟。第十六："羁旅无俦匹，俛仰怀哀伤。小人计其功，君子道其常。岂惜终憔悴，咏言著斯章。"第二十："杨朱泣歧路，墨子悲染丝。揖让长离别，飘飖难与期。岂徒燕婉情，存亡诚有之。萧索人所悲，祸衅不可辞。"第二十七："盛衰在须臾，离别将如何。"第三十四："愁苦在一时，高行伤微身。曲直何所为？龙蛇为我邻。"第三十五："世务何缤纷，人道苦不遑。"第三十六："彷徨思亲友，倏忽复至冥。寄言东飞鸟，可用慰我情。"第四十："嗟哉尼父志，何为居九夷！"第七十二："性命岂自然，势路有所由。高名令志惑，重利使心忧。亲昵怀反侧，骨肉还相仇。更希毁珠玉，可用登遨游。"他深感世路的险恶。

这些都是从儒学、从忠义恩义之情发出的。

第七十九："山中有奇鸟，自言是凤凰。清朝饮醴泉，日夕栖山冈。高鸣彻九州，延颈望八荒……但恨处非位，怆悢使心伤。"第六："昔闻东陵瓜，近在青门外……膏火自煎熬，多财为患害。布衣可终身，宠禄岂足赖。"第四十八："鸣鸠嬉庭树，焦明游浮云。焉见孤翔鸟，翩翩无匹群。死生自然理，消散何缤纷。"黄节曰："嗣宗《鸠赋》序云：'嘉平中得两鸠子，常食以黍稷，后卒为狗所杀，因作赋。'"[1] 这影射的是司马氏集团。

第四十二："王业须良辅，建功俟英雄。元凯康哉美，多士颂声隆。阴阳有舛错，日月不当融。天时有否泰，人事多盈冲。园绮遁南岳，伯阳隐西戎。保身念道真，宠耀焉足崇。人谁不善始，鲜能克厥终。休哉上世士，万载垂清风！"曾国藩说："首四句言魏三祀多良辅贤士，'阴阳'四句指齐王芳后之事，'园绮'八句，阮公以自喻也。'上世士'即园、绮、伯阳。"此诗疑为曹爽秉政，引用当时名士何晏等而作。据《三国志·曹爽传》："南阳何晏、邓飏、李胜，沛国丁谧，东平毕轨咸有声名。"裴注引《魏氏春秋》曰："初，夏侯玄、何晏等名于时，司马景王亦预焉。晏尝曰：'唯深也，故能通天下之志，夏侯太初是也；唯几也，故能成天下之务，司马子元是也；唯神也，不疾而速，不行而至，吾闻其语，未见其人。'盖欲以神况诸己也。"何晏等被杀后，时有"名士减半"之语。曹爽实有意网罗当世名士，诗中所谓"元凯"多士也。诸人兴高采烈，而阮氏则疑，具以园、

---

[1] 刘伯君：《阮籍集校注》，北京：中华书局，2014年，第283页。

绮、伯阳自许。其念念不忘曹魏，由此诗亦可见。①

第四十九："步游三衢旁，惆怅念所思。岂为今朝见，恍惚诚有之……岂有孤行士，垂涕悲故时。"黄节曰："三衢犹言歧路，喻魏晋之交。所思当指魏。'今朝'与'故时'相对。"② 阮籍死于高贵乡公景元四年，又二年而魏禅于晋。阮籍不及睹魏禅。但高贵乡公之愤懑——"司马昭之心，路人皆知"，阮籍是感同身受的。第七十："苟非婴网罟，何必万里畿。"阮籍之常"率意独驾，不由径路，车迹所穷，辄恸哭而返。"（《晋书·阮籍传》）正是由极端恐惧而痛苦、焦虑的心情所造成的。他的诗把这种心情曲折、反复地表现了出来。第三十三："终身履薄冰，谁知我心焦。"第七十七："百年何足言，但苦怨与仇……招彼玄通士，去来归羡游。"这些诗都反映了这种心情。

老庄思想如何能酿造出这种浓郁的悲伤、恐惧和忠义情怀？

四、 陶渊明——孔子诗教落实于生活

孔子说："志于道，据于德，依于仁，游于艺。""兴于诗，立于礼，成于乐。"这指示的是一种诗意的生活方式。陶渊明（陶潜）是把这种诗意生活真正落实、完整体现出来的人。所谓"诗意的栖居"，其典范表现就是陶诗。几十年的农村躬耕隐逸生活，都被他化为诗的语言，传之于世。

陶潜出身名族，在官场中十几年。他毅然抽身而退，做农民，这需要有"不为五斗米折腰"的巨大觉悟和勇气。孔子"君子谋道不谋食，忧道不忧贫""曲肱而枕之，乐亦在其中矣"的示范，无疑是陶不折腰的精神力量之所在。这也成为陶诗的风骨。没有这种风骨支撑，农耕生活就会流于平庸，不可能有高雅恬静的情趣从中产生出来。

陶潜写农耕生活的著名诗篇，莫过于《饮酒诗·其五》："结庐在人境，而无车马喧。问君何能尔？心远地自偏。采菊东篱下，悠然见南山。山气日夕佳，飞鸟相与还。此中有真意，欲辨已忘言。""人境"两字特别传神，此乃"吾非斯人之徒与而谁与"之情结所成。人我一体、民胞物与，情深

---

① 刘伯君：《阮籍集校注》，北京：中华书局，2014年，第274页。
② 刘伯君：《阮籍集校注》，北京：中华书局，2014年，第300页。

意厚。所逃避的只是官场之"车马喧"而已。庄子式的"离世",是不可能写出这两字的。"心远"亦是由"不义而富且贵,于我如浮云"之意境所造成的。于是农村生活,触景生情,景情结合,高雅而又平淡的诗意从笔端流淌出来,成为对后世有重大影响的诗的流派。

"采菊东篱下,悠然见南山"之"悠然"意境,则如神来之笔,乃孔子诗教熏陶的结果,非一般隐逸及避世遨游,"不与世俗取首者所能有"。"此中有真意……",是说这种生活真趣非言语所能表达,所谓"胜事空自知",并非讲"言意之辨"的哲理。

《读山海经十三首·其一》:"孟夏草木长,绕屋树扶疏。众鸟欣有托,吾亦爱吾庐。既耕亦已种,时还读我书。穷巷隔深辙,颇回故人车。言酌春酒,摘我园中蔬。微雨从东来,好风与之俱。泛览周王传,流观山海图。俯仰终宇宙,不乐复何如?"冯友兰先生说:"这诗仅用四句就写出了天地万物各得其所的意境。"① 这是儒者"赞天地之化育"之胸境所使然。"吾庐"乃天伦之乐所在,非一般居所。

《归去来兮辞》说:"田园将芜,胡不归?……乃瞻衡宇,载欣载奔。僮仆欢迎,稚子候门。三径就荒,松菊犹存。携幼入室,有酒盈樽。引壶觞以自酌,眄庭柯以怡颜。倚南窗以寄傲,审容膝之易安。园日涉以成趣,门虽设而常关。策扶老以流憩,时矫首而遐观。云无心以出岫,鸟倦飞而知还。"家室骨肉,父子情亲,天伦之乐,跃然纸上。陶潜高祖陶侃参与开创东晋,功名显赫,故陶潜虽为平民,但高洁不群。亲情浓郁,忠孝传家,成为陶潜诗的重要特色。对一山一水、山林飞鸟,他像对待孩子一样,亲切体贴,情感倾注于笔端。孔子说:"仁者乐山,智者乐水。"陶潜诗下的"自然"不来自老庄,体现的是"风乎舞雩,咏而归"(《论语·先进》)的意趣。

"羁鸟恋旧林,池鱼思故渊。开荒南野际,守拙归园田。……久在樊笼里,复得返自然。""翼翼归鸟,相林徘徊。岂思失路,欣及旧栖。"这与曹操《却东西门行》:"鸿雁出塞北,乃在无人乡……冉冉老将至,何时反故乡?神龙藏深泉,猛兽步高冈。狐死归首丘,故乡安可忘!"是同一情调,

---

① 冯友兰:《中国哲学史新编》(下),北京:人民出版社,1998年,第566页。

皆本于"祖庙所以本仁也""狐死正首丘,仁也",乃儒学文化酿造之心理情感。

"暧暧远人村,依依墟里烟。""鸟瞬欢新节,冷风送余善。""平畴交远风,良苗亦怀新。""闲居三十载,遂与尘事冥。诗书敦宿好,林园无世情。如何舍此去,遥遥至西荆。""诗书敦宿好",实是陶潜隐居生活的特点。"历览千载书,时时见遗烈。高操非所攀,谬得固穷节。平津苟不由,栖迟讵为拙?寄意一言外,兹契谁能别!"诗人意境中之恬淡与悠然乃"宿好""遗烈"所酿成。

孔子特重音乐,每日必歌,陶则喜欢弹琴。这是孔子树立的士人和文人的生活情趣,加上"惟酒无量",就把魏晋竹林名士的形象勾画完全了。陶潜亦无日不酒。庄子的生死穷通、天地大化,使这悠然、旷达添加了一份性理的支撑,更加情理结合,但庄学绝不是陶潜精神风骨之所出,更非主流。

陶潜在诗书中有许多朋友。"路若经商山,为我少踌躇。""邵生瓜田中,宁似东陵时。""积善云有报,夷叔在西山。""杜门不复出,终身与世辞。仲理归大泽,高风始在兹。""慷慨独悲歌,钟期信为贤。""闻有田子泰,节义为士雄。""闲居非陈厄,窃有愠见言。何以慰吾怀?赖古多此贤。""荣叟老带索,欣然方弹琴。原生纳决履,清歌畅商音。重华去我久,贫士世相寻。""安贫守贱者,自古有黔娄。好爵吾不萦,厚馈吾不酬……朝与仁义生,夕死复何求?""昔在黄子廉,弹冠佐名州。……惠孙一晤叹,腆赠竟莫酬。谁云固穷难?邈哉此前修。"与这些前修高士生活在一起,成为陶潜不畏穷困、激励奋进的一大精神支柱。"君子忧道不忧贫"(《论语·卫灵公》)"朝闻道,夕死可矣!"(《论语·里仁》)则是所有这些前修的精神力量之所在。

陶潜亦有许多官场中的朋友,不少诗是与他们酬唱之作。"乃心在咸阳",东晋将被篡夺,他悲从中来,节义情结十分突出。"芳菊开林耀,青松冠岩列。怀此贞秀姿,卓为霜下杰。""青松在东园,众草没其姿。凝霜殄异类,卓然见高枝。""终怀在归舟,谅哉宜霜柏。"孔子说:"岁寒,然后知松柏之后凋也。"在这里都化为诗的语言,凝聚为对节操的珍视。

诗属于美,乃主体与客体情境互通的产物。主体的学养和文化造诣,转化为特定的艺术审美情趣，见于景与物才会有特别的诗意。孔子所说"志于道，据于德，依于仁，游于艺"，其中"德"是指性格、性灵。没有诗人的灵性，不可能成为诗人。诸葛亮也隐逸了，但其本性不爱丘山而足智多谋，即便不出山，也不可能成为陶潜。但仅有性灵，是不能产生诗人特别是陶潜这样风格的诗人的。黄山谷说："渊明不为诗，写其胸中之妙耳。"①"胸中"就不只是性灵，而是性灵与志意及依仁、游艺结合的产物。"绘事后素"，"素"是性灵，"绘"是性灵与特定文化的结合。庄子之自然生死观与飘逸无拘之气，在这"绘"上更增加了一种达观的情趣。叶嘉莹先生说陶潜诗是"一白"，其中包括着"七彩"。这说得很好。但这"七彩"是由特定的文化修养所折射而成的。孔子的"仁"是其根本底蕴。叶先生又说："唯有渊明的诗，乃是极为'任性真'的，完全以其本色毫无点染地与世人相见。在这一点上，即使大诗人如李白、杜甫，与渊明相形之下，也不免显得有些夸饰和渣滓……这正是渊明的诗显得如此真淳的缘故。"② 但"真淳"并非原始的质朴，而是经过文化加工了的真淳。这是不能忽略的。

晚年，陶潜饥寒交迫。"夏日长抱饥，寒夜无被眠。造夕思鸡鸣，及晨愿鸟迁。""躬亲未曾替，寒馁常糟糠。""饥来驱我去，不知竟何之。""高操非所攀，谬得固穷节。""不赖固穷节，百世当谁传！""竟抱固穷节，饥寒饱所更。""斯滥岂彼志，固穷夙所归。""谁云固穷难，邈哉此前修。"这些都由孔子"君子固穷，小人穷斯滥矣"而来。叶先生指出："这种固穷的操守，不仅是出于理性的道德观念，尤其可贵的乃是出于一种感情与人格的凝聚；不然，则即使能守得住固穷的节操，也未必能体认到固穷的乐趣。渊明便是不仅守住了固穷之节，也体认到了固穷之乐的一个人。我们从他所写的'先师有遗训，忧道不忧贫'（《癸卯岁始春怀古田舍》），'草庐寄穷巷，甘以辞华轩'（《戊申岁六月中遇火》），'岂不实辛苦，所惧非饥寒。贫富常交战，道胜无戚颜'（《咏贫士》七首之五）中知道陶别有所乐，乃

---

① [宋] 黄山谷：《诗人玉屑》，转引自叶嘉莹《迦陵论诗丛稿》，北京：北京大学出版社，2014 年，第 215 页。

② 叶嘉莹：《迦陵论诗丛稿》，北京：北京大学出版社，2014 年，第 216 页。

最不平凡之处。"① 这是很深刻的见解。但这份"固穷"的从容、甘愿乐以处之之情操，是由孔子之"道"产生出来的，不是性灵本身所"固有"的。其中"俯仰终宇宙，不乐复何如？"（《读山海经十三首·其一》）也有一份宇宙大化之哲理的支持。

陶潜《感士不遇赋》谓："原百行之攸贵，莫为善之可娱。奉上天之成命，师圣人之遗书。发忠孝于君亲，生信义于乡闾。推诚心而获显，不矫然而祈誉。嗟乎！……悲董相之渊致，屡乘危而幸济。感哲人之无偶，泪淋浪以洒袂。承前王之清诲，曰天道之无亲；澄得一以作鉴，恒辅善而佑仁。"对士不遇深有感慨，但和董仲舒一样，以仁义自持是始终不变的信念。"澄得一以作鉴"，袭用老子"天得一以清，地得一以宁……"思想。"一"谓"道"或"德"，但陶潜给它以"恒辅善而佑仁"的定性，就化"老"为儒了。庄子解此为"反璞归真"，"无以人灭天，无以故灭命"。他对世俗是非和儒家礼教、仁义道德深恶痛绝，但陶潜所企求的则是出于自然而毫无伪饰的仁义道德，故以董仲舒为知己。

"诗言志"，"志"是风骨。陶潜诗是儒学生活化和诗化的最好表现。陈寅恪先生以为陶潜"外儒而内道，舍释迦而宗天师"，② 这是不对的。真德秀以为"渊明之学，正自经术中来"，③ 这是对的。

陶潜的《五柳先生传》是其一生农耕田园生活的写照，读书、饮酒、赋诗是其中三个要素，皆儒者的特色。

陶潜《与子俨等疏》谓："少学琴书，偶爱闲静，开卷有得，便欣然忘食。见树木交荫，时鸟变声，亦复欢然有喜。常言五六月中，北窗下卧，遇凉风暂至，自谓是羲皇上人。意浅识罕，谓斯言可保。日月遂往，机巧好疏。缅求在昔，眇然如何！"此放达与万物一体之情，由天性与诗书所酿成。

庄子虽清白自守，以不出仕为高，但《庄子》书是哲理之作，无山林之乐、田园之乐、天伦之乐，亦无"万物一体"之真情。其外杂篇反孔反

---

① 叶嘉莹：《迦陵论诗丛稿》，北京：北京大学出版社，2014年，第215页。
② 陈寅恪：《陶渊明之思想与清淡之关系》，《金明馆丛稿初编》，上海：上海古籍出版社，1980年。
③ [宋] 真德秀：《跋黄瀼甫拟陶诗》，《真文忠公文集》卷三十六。《陶渊明资料汇编》（上册），北京：中华书局，1962年，第104页。

儒、讽孔讽儒、贬孔贬儒，对陶潜的影响仅在自然大化之理这一点上。

　　古今中外，除了陶潜，谁还能找出第二个如此亲切高洁、情感真挚自然的田园诗人？没有儒学的深厚底蕴，又如何能酿造出这种浓烈而自然的情怀？

五、"建安风骨"与唐诗——以杜甫、韩愈为代表

　　唐代，儒学在理论上基本无所建树。孔颖达《五经正义》汇总汉魏作品，仅有枝节的发挥。于是儒学再次转向生活，借"诗赋取士"，展现其生命活力。

　　唐初陈子昂矫六朝诗风之萎靡，后代诗话家即指出其是继承发扬"建安风骨"的。至盛唐杜甫，忠君爱民之心出自肺腑，浓烈真挚，郁结深沉，非同时代人可比，从而成就了诗史上的巅峰之作。杜甫能如此，有家教的熏陶，有经史的培育，有以前诗骚的示范，更有"建安风骨"作为先导。

　　杜甫诗体裁、内容自由多样，不拘一格，开种种叙事新路新体，皆内心之兴观群怨不能不发为诗词所使然。不为作诗而为伸张民怨民苦民情，情不自禁，不吐不快，才能意不在作诗，不在开新路，而新路新体自开，典谟自树。"三吏""三别"都是纪实之作，如曹操之《苦寒行》，痛彻肺腑，才发而为诗。严羽《沧浪诗话》说："杜诗沉郁，太白飘逸。"此固与两人之天性、天分有关，但两人诗风之异，乃诗书文化之凝聚不同所致，非原始质地之沉郁或飘逸所然。李白执意道教，被称为"诗仙"。"我本楚狂人，凤歌笑孔丘"，自然不可能有杜甫那份"穷忧黎元"的诗情。内容决定形式，创造形式，改良形式。杜甫诗五言、七言律诗达于上乘、顶峰，新乐府极具特色，皆内在情感与志意使然。杜甫一生艰难流离，居无定所，饥寒交迫。家国苦难在心中凝结，才自然酿成了佳构、佳句，传之万代而不朽。杜诗无论写夫妻情深、骨肉亲情、至真友情，还是写心忧国家君父、民生疾苦——"穷年忧黎元，叹息肠中热。""朱门酒肉臭，路有冻死骨。""戎马关山北，凭轩涕泗流。""乾坤含疮痍，忧虑何时毕？""长者虽有问，役夫敢申恨？""不过行俭德，盗贼本王臣。""残杯与冷炙，到处潜悲辛。""何时倚虚幌，双照泪痕干。"——皆真儒淳、儒心情之自然流露，是有意作诗、写诗者所不可能写出的。

继杜甫而后之韩愈,以文为诗,亦继承和发挥建安和杜甫的诗风。韩愈倡"道统",反迎佛佞佛,文起八代之衰,其所欲言,律诗实已远远不能表达,故以文为诗,完全打破诗律限制,亦如杜甫之以叙事为诗,乃自然而然,不刻意为诗而自成一新体式。"诗言志",志之所至以诗文随之,该成何种体裁即成何种体裁。苏轼所谓"退之论草书,万事未尝屏。忧愁不平气,一寓笔所骋。"(《苏东坡集·前集》卷十《送参寥师》)以老体裁、老形式为标准加以非议否定,是错误的观点。杨松年先生在《韩愈"以文为诗"析评》① 中力辟其非,是极有见地的。韩愈诗和杜甫诗一样,强毅奋发,倾心于国事民瘼。《左迁至蓝关示侄孙湘》:"一封朝奏九重天,夕贬潮州路八千。欲为圣明除弊事,肯将衰朽惜残年。云横秦岭家何在?雪拥蓝关马不前。知汝远来应有意,好收吾骨瘴江边。"悲壮至极。《枯树》:"老树无枝叶,风霜不复侵。腹穿人可过,皮剥蚁还寻。寄托惟朝菌,依投绝暮禽。犹堪持改火,未肯但空心。"强毅坚韧,至老不衰。韩愈与孟郊的友情,堪与"杜李"媲美,所谓"淳儒有真情"。白居易即是自觉追随杜甫的唐代又一大诗人。至宋,律诗束缚思想,朱熹曾予以强烈批评,谓:"然自唐初以前,其为诗者,固有高下,而法犹未变,至律诗出,而后诗之与法,始皆大变,以至今日,益巧益密,而无复古人之风矣。"(《朱子文集》卷六十四《答巩仲至》)朱熹写诗清新自然,融入民歌,可以说亦经过了建安、杜甫、韩愈、白居易的洗礼。

诗到唐代而止。

六、诗的评论

诗这一文学体裁,是时代精神的产物,随时代之变化而变化。东晋以后,宋齐梁陈,诗风趋于萎靡、柔弱。唐诗由初唐、盛唐、中唐以至晚唐,亦是如此。这是时代与文化变化使然。

"物以类聚,人以群分。"欣赏与评论诗,实乃评诗者对诗的诠释,是诠释者与诗人之视域——情感、志趣的交融。故评诗者之风骨、气质不同,对同一家或同一首诗,评论会完全不同。欧阳修谓:"画之为物尤难识,其

---

① 杨松年:《中国文学批评论集》,台北:文史哲出版社,1989年,第121页。

精粗真伪，非一言可达。得者各以其意，披图所赏未必是秉笔之意也。昔梅圣俞作诗，独以吾为知音，吾亦自谓举世之人知梅诗者莫吾若也。昔吾尝问渠最得意处，渠诵数句，皆非吾赏者，以此知披图所赏，未必得秉笔之人本意也。"(《欧阳文忠公文集》卷一百三十八《唐薛稷书》) 这讲的就是评诗与原作之不同视域的问题。曹操诗，宋以前评价是很高的；宋以后高扬道德和道统，曹操人格被丑化，在朱熹眼中，诗也就被贬抑了。陶潜诗，宋以后得到越来越高的评价。这与政治及道德观念的变化是有关系的。真德秀看出陶潜诗与儒学忠义之风骨的关系，评价自然就高了。

许多诗话、词话专从艺术形式上评论诗词，离开内容，离开作者之志意所在，不能不流为主观，以至空洞、辞藻堆积。如《沧浪诗话》谓："盛唐诸人唯在兴趣。羚羊挂角，无迹可求。""兴趣"两字很好，是针对苦吟和有意为诗者而言的，亦针对严羽所见的诗风流弊。杜甫、李白、王维等都不是为作诗而苦吟，乃兴之所至，自然成篇。孔子谓："知之者不如好之者，好之者不如乐之者。"杜甫等写诗可谓"乐之者"——以"兴趣"而为诗，但仅用这两字概括，还是太简单了。又提出贵在"妙悟"，意思是诗当见境兴情，由情达意，由意抒志，一一出于直觉，自然成篇，才是佳作；但借用禅宗语以明之，也太简单空泛，以后遂引起种种误解和批评！王国维《人间词话》近现代享有盛名，有许多精辟见解；但所提"境界"——"有我无我""以物观物"等实皆前人如邵雍等所已言。邵雍说："诚为能以物观物，而两不相伤者焉，盖其间情累都忘去尔。所未忘者，独有诗在焉。然而虽曰未忘，其实亦若忘之矣。何者？谓其所作异乎人之所作也。所作不限声律，不沿爱恶，不立固必，不希名誉，如鉴之应形，如钟之应声。其或经道之余，因闲观时，因静照物，因时起志，因物寓言，因志发咏，因言成诗，因咏成声，因诗成音。是故哀而未尝伤，乐而未尝淫，虽曰吟咏情性，曾何累于性情哉？"(《伊川击壤集序》) 王国维所谓"以物观物"当出于此。但邵雍的说法清楚明白，王取而用之，不加解说，就让人难于理解。关于境界，清代布颜图说："山水不出笔墨、情景，情景者境界也。古云：'境能夺人。'又云：'笔能夺境。'终不如笔、境兼夺为上。盖笔既精工，墨既焕彩，而境界无情，何以畅观者之怀？境界入情，而笔墨庸弱，何以供高雅之赏鉴？"(《画学心法问答》) 清代方士庶说："山川草木，造化自然，此实境也。因心造境，以手运心，此虚境也。虚而为实，是在笔墨有无间，衡是非，定工拙矣。"（《天慵庵笔记》）《人间词话》所有关于境界之说皆不外乎此论。王谓："境界有大小，然不以是而分高下。"何谓"大小"？钟书瑶解为"壮美"与"优美"；熟悉西方美学史者对此才能稍得真切之了解。又谓："温飞卿之词，句秀也。韦端己之词，骨秀也。李重光（李煜）之词，神秀也。"何谓"骨秀"与"神秀"？钟书瑶解释说："温庭筠之词，极尽雕琢，辞藻华丽优美，但往往浮于表面，有好句而无好词。韦庄之词，虽亦曲尽缠绵，然而清秀活泼。李煜尤其是亡国后所作，由于表达感情真挚强烈，深刻抒发了其亡国之痛，所以后人广为传唱。从'句秀'到'骨秀'到'神秀'，境界一步步深入。"① 实际上谈不上步步深入。以"神秀"形容李煜词亦不贴切，还是流于空洞。

诗的欣赏与欣赏主体之心情性格及文化修养密切相关。文天祥忠义壮烈，被俘囚禁，宁死不屈。他在《集杜诗·自序》中说："凡吾意所欲言者，子美先为诗代言之。日玩之不置，但觉为吾诗，忘其为子美诗也。乃知子美非能自为诗。诗句自是人情性中语，烦子美道耳。子美于吾为隔数百年，而其言语为吾用，非情性同哉?!"② 这是深刻、透彻的见解。

关于李煜的词，冯友兰先生说："1937 年中国军队退出北京以后……我们二人（吴正之）就一同往长沙找清华了。到了长沙，我住在朋友家中的一个小楼上，经常凭栏远望，看栏下有一棵腊梅花，忽然想起李后主的几句诗：'独自莫凭栏，无限江山，别时容易见时难。'我觉得这几句话写亡国之痛深刻极了，沉痛极了。我也写了首诗，其中有一句说：'凭栏只见腊梅花。'只见腊梅花而已，至于广大北方的无限江山，就'别时容易见时难'了。"③ 读诗，有同样的处境、同样的心情，才能真领略其意境。

中国诗话极多，多凭主观喜好发表意见，确切分析之论少，更很少与诗人之文化修养相联系。杨松年先生指出："率多丛碎芜杂，欠缺系统。"④ 以王夫之评诗所用"情"字为例，杨先生指出："至少包括了十三种以上的

---

① 王国维：《人间词话》，钟书瑶编，沈阳：万卷出版公司，2018 年，第 31 页。
② 转引自张忠纲、孙微编选《杜甫集·前言》，南京：凤凰出版社，2014 年，第 10 页。
③ 冯友兰：《中国哲学史新编》（下），北京：人民出版社，1999 年，第 556 页。
④ 杨松年：《中国文学评论史编写问题论析》，台北：文史哲出版社，1989 年，第 265 页。

意义：一、宇宙本体之变化，二、天地万物人类事理所具有之共同共通之性质，三、人类独具而有别于禽兽之内心活动，四、人心活动之合乎肯定之道德标准者，五、不合乎肯定道德标准之人心活动，六、与外物观照交融之文思活动，七、由作品之组成成分如文字、声律、形象等表露之情感，八、文学作品之内容，九、流露于语言文字以外之韵味，十、诗人禀具之才能……十三、指人、物之内在本质。"如此多而不同的意义，王夫之皆用一个"情"字表达。这不能不造成混淆不清。这是王夫之论诗、评诗的弊病，亦是许多此类著作的通病，也是"国学"论文、评诗的通病；这是值得我们深思而加以改进的。

〔原载于《湖南大学学报》（社会科学版）2021年第1期，原标题为《论儒学与诗的发展流变》，收入本书时有增修〕

关于中哲史之"合法性"与"危机"问题

冯友兰先生20世纪30年代的《中国哲学史》及40年代的《新理学》体系,坚持哲学普遍性与特殊性相结合,为中国哲学史学科奠定了基础与方向。但近年出现了另找阐述模式或"整体范式的转换"[1]的强烈呼声。"合法性""焦虑""挑战""危机"等词语"不绝于目"[2]。许多文章就此发表了意见。为了讨论的具体、深入,本文着重论述三点:1. 什么是哲学及中国是否有符合此定义的思想;2. 中西哲学在一般内容形式上的共同点与区别;3. 造成"合法性"和"危机"的旧的与新的具体表现。

一、 亚里士多德之哲学定义

哲学是一变化的概念。最近的讨论既然是认为中哲史之"危机"和"合法性"问题的产生,是由于中国根本没有古希腊那样的哲学,"中国哲学"是在"以西裁中""以西套中"的"五四"以后中国哲学史之学科建立中制造出来的,那么用古希腊哲学家对哲学的定义来界定中国是否有这样的哲学,就是可行的解决问题的步骤。

在古希腊,对何谓哲学给予了反思和定义的,是亚里士多德。在《形而上学》中,亚氏在许多地方谈到什么是哲学。大致归纳,约有如下几种说法。

1. 哲学是研究"存有"(与"部分"相对)的学科。如谓:"这门学问与所谓特殊科学不同,因为那些科学没有一个是一般地讨论'有'本身的。

---

[1] 郑家栋:《"中国哲学史"写作与中国思想传统的现代困境》,《中国人民大学学报》2004年第3期。

[2] 俞宣孟、何锡蓉:《探根寻源:新一轮中西哲学比较研究论集》,上海:上海译文出版社,2005年,第3页。

它们各自取'有'的一部分，研究这个部分的属性；例如数理科学就是这样的。"① 按这一说法，哲学是研究"有"本身，即最普遍、最一般的"存在"的思想或学问。亚氏所谓"有"本身有其特殊的含义，不能照搬到中国哲学；但从与"各自取'有'的一部分，研究这个部分的属性"相对而言，则"有"本身可理解为最普遍、最一般的研究和论述对象。按这一说法，中国当然有这样的思想或学问。

中国古代有天文学、数学、伦理学等，但有一种思想或学问，它论述的对象是当时任何一门具体特殊的学问都没有研究和论述的，如老子讲的"道"，孔孟讲的天人关系，等等；而其论述的结论，反过来对各专门特殊领域却有指导作用。很显然，这门学问属于亚氏这里讲的"哲学"。

"哲学是人类精神生活的反思""哲学是世界观与人生观"等，都属于亚氏的这一定义，是它的引申或另一种形式的表述。

但上述的说法是一宽泛的定义。古希腊哲学的具体形态与内容，亚氏展示在以下的二、三、四项之说法中。

2. "哲学是研究实体（许多文章译为'是者'）的本性和最确定的原则的。"这是第一项所述的具体化。何谓"实体""实体的本性"及"确定的原则"？亚氏解释说："最确定的原则……这就是：同一个属性，不能在同一个时候在同一个方面既属于又不属于同一个主体……因为谁都无法相信，同一件东西会既存在又不存在，像人们认为赫拉克利特说过的那样。"② 这条"唯一确定的原则"，后来人们称之为形式逻辑的矛盾律，但亚氏在这里明确指出它是关于"实体"或"有"本身的最确定的原则。之所以如此，是因为在这里，"实体"是最高的抽象物。在抽掉了可见、可象的具体属性以后，作为存在的存在本身（being as being）——"实体"，它的唯一属性就是，它与自己同一，不能同时在同一所指（所是）上，既是自己，又不是自己。所以矛盾律不仅是思维的规律，同时也是存在或"实体"的最确定的原则。这应是对巴门尼德"思维与存在的同一性"的深入研究所得的

---

① 北京大学哲学系外国哲学史教研室编译：《西方哲学原著选读》（上卷），北京：商务印书馆，1999年，第122页。
② 北京大学哲学系外国哲学史教研室编译：《西方哲学原著选读》（上卷），北京：商务印书馆，1999年，第121—122页。

结论，是对它的具体表述与发挥。这种哲学与以后沿此方向发展的西方哲学，确是中国所没有加以发展的。但这只是哲学的一种具体形态，而非哲学的全部形态与形式。这一哲学的基本取向和特性，其性质近于"科学"，以追求认识和思维的确切性为目标。逻辑规律与形而上学——存在、实体的统一，在这里得到了明晰的解答。

这一形态的哲学是亚氏《形而上学》的重要或主要内容，被称为"本体论"。这种本体论，其逻辑形式是主谓结构，以实体为主词，种种属性，如量、性质、时、空、关系、姿态、状况、活动、遭受等范畴所分别指谓的为谓词，以系词"是"相联结，表示两者的同一与从属关系，即 S 是 P，P 是 a、b、c、d、e、f，等等。当 P 之各子项都被抽掉时，S 就是 S 本身，主体即存在自身了。这一以主谓结构并以范畴相联结的实体本体论，因其具普遍性以及为各门具体学科提供研究方法和工具，而被亚氏认为哲学，但其本性实是近于科学，属于工具理性。从之后学科发展的历史看，三段论或矛盾规律不过是形式逻辑及种种专门逻辑研究的对象，成了专门学科。"实体"在以后的哲学发展中，则或者被完全否定（如分析哲学、维也纳学派），或者成为康德所谓"物自体"，在认识的彼岸，时间、空间及质量、度等范畴则为主体的先验直观或悟性所有，两者完全不存在由"是"联结的内在的主谓关系；或变为黑格尔之"绝对精神"，它自己能运动转化，处于每一发展阶段之某范畴即是"绝对精神"本身，本质上亦取消了主谓词的区分。

西方语言"是"（to be, being）既是系词又表"存在"，其双重含义与这种本体论及希腊哲学之求是、求真的知识性格、逻辑性格，确有密切关系，但古希腊哲学能产生亚里士多德一类的形而上学本体论，也不能完全归因于语言"是"的特殊作用。在语言中，"是"作为系词，并不保证句子的逻辑与真实性（存在性）。黑是白，不存在的是存在的，人是鬼，上帝是存在的或上帝是不存在的，等等，这些在句子与语言中都是"正确"的。语言只是意义的符号，可以没有意义。逻辑要求遵循思维规律，不能在意义上自相矛盾，比如说 A 是 A，同时 A 是非 A；但逻辑不等于"存在""实在"。上帝是存在的，只有逻辑与语言上的正确性，并无存在、实在意义上的真实性、正确性。巴门尼德讲的"思维与存在的同一性"，应是哲学追求的目标与任务，即研究与确定存在和思维的定义与特性为何？何种条件下逻辑命题与存在命题是同一的。这种同一是否真的可能及如何可能？研究这一问题及其种种答案，确是古希腊与西方哲学的特点，如亚里士多德《形而上学》一书以至笛卡尔、培根、康德、黑格尔哲学等，非中国哲学之所长；但这里的原因则甚为复杂，单纯从语言上找答案不够全面。古希腊哲学的许多形态，如米都利学派及德谟克利特的原子论等，显然都与上述形态有异，非系词"是"的特性所决定。

3. 哲学是追究事物的最终本原或原因的学问。本体或实体也可以说是事物（现象形态）的本原；但亚氏又以"四因说"对此加以说明。而这一说法中，具有最终本原或原因性质的是"目的因"。亚氏说："以为我们既然看不见作用者在思考，那就并无目的的存在，这种想法是荒谬的。……如果在技艺中有目的存在，那么在自然中也有目的存在。"① 在把"目的"推至自然这一最普遍的存在时，亚氏引进了上帝以为其结构与秩序之最终原因。

这种以"目的"为世界（自然界）或事物最终原因、动力的哲学，在中国并不陌生（虽然进路不同）。典型的如董仲舒的目的论哲学及朱熹仁学蕴含的目的论思想，即认为宇宙四季循环与人伦秩序能如此和谐，生生不息，皆是"天地生物之心"使然，而其最终目的是人的生存。这和亚氏的目的论思想在本质上是一样的。

罗素在其《西方哲学史·绪论》中说："介乎神学与科学之间还有一片受到双方攻击的无人之域，这片无人之域就是哲学。思辨的心灵所最感到兴趣的一切问题，几乎都是科学所不能回答的问题；而神学家们的信心百倍的答案，也已不再像它们在过去的世纪里那么令人信服了。世界是分为心和物吗？如果是这样，那么心是什么？物又是什么？心是从属于物的吗？还是它具有独立的能力呢？宇宙有没有任何的统一性或目的呢？它是不是朝着某一个目标演进的呢？究竟有没有自然律呢？还是我们信仰自然律仅仅是由于我们爱好秩序的天性呢？"② 这一类的哲学问题及对它的解答，是中西方哲学所共有的，只是解答的面貌与思路不同而已。罗素所谓"中间

---

① 北京大学哲学系外国哲学史教研室编译：《西方哲学原著选读》（上卷），北京：商务印书馆，1999年，第149页。
② [英] 罗素：《西方哲学史》，何兆武、李约瑟译，北京：商务印书馆，1982年，第8页。

领域"仍可分为近于科学和近于神学两类。亚里士多德的逻辑学及本体论近于或属于科学,"四因说"及董仲舒、朱熹的"目的论"思想则具有近于神学的性质,但却不是神学而是哲学。

4. 哲学是关于最高"善"的学说(亚氏在《形而上学》第十二卷提出),认为最高的善是"不动的动者",是所有存在物运动的动力和目的。此"善"是永恒的、绝对的"本体",是"具有必然性的第一原则"。① 人的理性("努斯")也是善,因为它分有了善而成为自己,因此,当理性思想善时,即是思想自己,因而"理性和对象是同一的。"② 这也是亚氏对"思维和存在的同一性"的具体展开和论证。以后黑格尔对此做出了很高的评价。有如汪子嵩先生所指出:"亚里士多德的这部分思想,在以后西方思想的发展中起了很大影响,宗教神学以它为基础,各种唯心论哲学也都从它得到启发。最明显的是黑格尔的哲学体系,它几乎完全接受了亚里士多德的这些思想影响。在黑格尔的《哲学史讲演录》中论述亚里士多德的形而上学思想部分,几乎完全不提《形而上学》书中其他重要思想,而只是发挥这部分神学思想,并且给以极高的评价。"③ 黑格尔说:"神是纯粹的活动性,是那自在自为的东西;神不需要任何质料——再没有比这个更高的唯心论了。"④ 黑格尔如此推崇亚氏这一部分思想,除因为他自己的思想是唯心论外,实也因为亚氏所谈本体——实体及属性、范畴、三段论等,是近于"科学"一类的东西而与此性质不同。

这一关于"最高善"的思想,中国哲学亦是有的。因为,可以说,中国儒家哲学之主导的思想就是关于"善""诚"乃人企求达到的标准与目标,因而乃运动(如道德修养、人格发展、国家治理等)的推动者的思想。孟子说:"反身而诚,乐莫大焉","不诚无物"。《中庸》说:"诚者天之道也,诚之者人之道也。"《易·系辞上》说:"知变化之道者,其知神之所为

---

① 参见汪子嵩:《亚里士多德关于本体的学说》,载氏著《亚里士多德·理性·自由》,保定:河北大学出版社,2003年,第20页。
② 参见汪子嵩:《亚里士多德关于本体的学说》,载氏著《亚里士多德·理性·自由》,保定:河北大学出版社,2003年,第21页。
③ 参见汪子嵩:《亚里士多德关于本体的学说》,载氏著《亚里士多德·理性·自由》,保定:河北大学出版社,2003年,第21页。
④ [德]黑格尔:《哲学史讲演录》(第2卷),贺麟、王太庆译,北京:商务印书馆,1956年,第295页。

乎。""《易》无思也,无为也,寂然不动,感而遂通天下之故。非天下之至神,其孰能与于此。"周敦颐说:"大哉《易》也,诚之原乎,纯粹至善者也。""动而无动、静而无静之谓神。"(《通书》)这里,"诚"都是精神性的"不动的动者"。朱熹哲学之"太极"亦是如此。它是"至善""最高的善",亦是"不动的动者";因此都是黑格尔所谓"没有比这更唯心论了"的哲学。区别仅在于,中国哲学中,"诚"虽然是精神性的、观念性的东西,但其内涵和性格不是亚氏哲学之纯理性的"思",而主要是道德理性的"至善"。亚氏采用"分有"说,中国哲学则没有这种说法。

从理论逻辑上说,哲学一旦提出世界的最终本原、原因这样的问题,如果企求在自然、现实世界之外寻找答案,其必然的结局是陷入目的论、神创论及其种种变相的"唯心论"说法。西方哲学从柏拉图、亚里士多德到中世纪神学哲学,以至黑格尔哲学的发展,是如此;中国哲学从老子、孟子到汉代哲学及宋明理学的发展亦是如此。

柏拉图的共相论思想或本体论思想植基于名实关系及语言中的"一般与个别"的关系之中。这在老子哲学中有鲜明的体现。

由以上的分析可以看出,亚里士多德的哲学定义下,至少有两种哲学形态:一种是第二项所示的本体、实体论,其性质及研究方法为科学——分析与综合、归纳与演绎,冯友兰先生所谓正的方法。另一种是第三、四项所示的,可归之为近于神学与唯心论哲学,其最后结论之达成,主要是基于经验比附、直觉、顿悟、对逻辑和论证的跳跃或超越,冯友兰先生所谓负的方法。在《新原道》中,冯先生说:"哲学上一切伟大的形上学系统,无论在方法论上是正的还是负的,无一不把自己戴上'神秘主义'的大帽子。负的方法在实质上是神秘主义的方法。但是甚至在柏拉图、亚里士多德、斯宾诺莎那里,正的方法是用得极好了,可是在他们的系统的顶点也都有神秘性质。哲学家或在《理想国》里看出'善'的'理念'并且自身与之同一;或在《形而上学》里看出'思想思想'的'上帝'并且自身与之同一,或在《伦理学》里看出'从永恒的观点看万物'并且享受'上帝理智的爱'。在这些时候,除了静默,他们还能做什么呢?"[1] 冯先生

---

[1] 冯友兰:《中国哲学简史》,涂又光译,北京:北京大学出版社,1985年,第393—394页。

的话是就一个哲学家的体系而言，并不如本文所说，指两种哲学形态；但我们不妨把它看成是两种哲学方法下的两种哲学形态。

亚里士多德给哲学下的以上定义，是据古希腊哲学所做的概括，但它揭示了哲学之为哲学的本质，是具有普遍性的；特别是其第一与第三、第四项之定义。如果一文化体系有哲学，那一定是符合这定义的，在本质上一定是对世界的整体性、统一性、本原性——归根结底即物质与精神及其衍生的种种关系——提出问题并自觉地予以解答了的。本文之所以认为中国有名副其实的哲学，也是因为中国有系统的水平极高的符合亚氏哲学定义之思想。

从世界文化思想史看，有几大文明实现过所谓"哲学的突破"：古希腊、巴比伦、印度与中国。它们的共同点都是对此前的整个传统与精神生活进行了自觉的反思，从而抓住与提出了与此相关的新的文化与思想的指导原则（"吾道一以贯之"的最高原则、主导原则），为该文明在以后的持久发展确立起方向与基础。在中国，实现这一突破的代表，就是儒家与道家，孔子与老子。因此，完全可以说，中国有名副其实的哲学。

哲学并不神秘。像因果观念，这是极普通的观念，凡有生产、生活的地方，必会有此观念，甚至远古的迷信福善、祸淫也是以因果观念为基础的。哲学不过是把它自觉地应用到整个世界、自然界，寻求其究极根源（变相的神）的思考而已。一般与个别或普遍与特殊之相互联结的辩证关系，亦是如此，但普通人日用而不知，唯哲学家才能对此加以自觉反思而提出个别与一般之辩证关系的理论；又唯有柏拉图和老子那样的哲学家能提出"共相论"或类似的理论。但虽然如此，"吾道一以贯之""统之有宗，会之有元""理一分殊"，哲学家在多样性与变动、变化不居中寻求统一、恒常，以为其根据与基础的努力与思考，却是无古今、中西之别的。所以中国虽不能有柏拉图、亚里士多德那样的纯思或纯概念分析的哲学，却仍然可以有寻求普遍、统一、本原的种种哲学。因此，中国哲学是确然存在的。对于中国学术思想传统（经学）而言，哲学是它的本质与灵魂。两千年的经学或中国传统学术，事实上亦是由哲学领导与支配。可以说，中国哲学犹如渊中之"龙"、深山之"花"，西方哲学观念与学说的输入和参照，不过是使它得以清楚、清晰地展现自己而已。（这是"五四"以后中国学术、思想的重大进展）"龙"和"花"绝不是由输入的西方哲学制造出来的。

彼得·A. 安杰利斯所著《哲学辞典》指出，philosophy（哲学）源自希腊词 philosophia；源自 philos（爱）或 philia（友谊、情绪、亲近、引向）及 sophos（圣贤、有智慧人）或 sophia（智慧、知识、技巧、实践智慧或经验、理智）。哲学这个术语意义很多，有多少哲学家从事哲学研究也就有多少意义。一些基本定义有：①对整个实在提供一个系统完整观点的思辨意图。②试图描述实在之终极的和真实的本性。③确定我们知识的界限和范围……④对各个不同领域的知识所作出的预设和要求的批判性探究。⑤这门学科试图帮助你看见你所说的东西和说出你所看到的东西。毕达哥拉斯（Pythagoras）是第一个自称为哲学家的人。Sophia 对他来说，意指那种关于作为显现给我们的事物的根本理由或原因的知识。① 按这里的说法，古希腊第一个自称哲学家的人是毕达哥拉斯，他是希腊最早时期的哲学家，生活在亚里士多德以前。毕氏的思想以"数"为宇宙的本原，非 S 是 P 这种类型；但仍然是名正言顺的"哲学"，亦如德谟克利特及古希腊智者普罗泰戈拉等追求宇宙本原之思想家，皆可称为希腊哲学家一样。Philosophia——爱智，这是一中性名词，是人类思想的普遍特性。爱智的结果，其智慧或知识的结晶，一是种种特殊学科，二是具普遍性、根源性的学问。后一种被称为哲学，乃因其最能表现"爱智"的特点。中文沿用日本人的翻译，称之为哲学——聪明睿思之学，是恰当的。《尚书·洪范》："视曰明，听曰聪，思曰睿，……明作智，听作谋，睿作圣。""曰"是进行式，指从事此项活动而达于明、聪、哲、睿之结果。孔子、老子等即是此种活动的代表人物，其睿思的结晶即是他们完成的思想体系。它们被称为哲学，是很恰当的。正如中医很不同于西医，亦可称为医学一样，中国哲学的形态不同于古希腊哲学，但仍是哲学这名词所包含的。

有些学者很强调古希腊哲学爱智的"爱"，似乎只是追求和满足好奇的天性；但也不要忘记，这种"爱"其目的是求知识的确切，求与意见有别

---

① 参见［美］彼得·A. 安杰利斯：《哲学辞典》，段德智、尹大贻、金常政译，台北：猫头鹰出版社，1999年。

的真理；而求知识的确切，又是为求知识的权力。柏拉图的理念论哲学，其现实版是"理想国"，其所爱的不只是理念的哲学思想，更是"哲学王"及其统治的理想国。

二、 中西哲学之共同点与区别

就一般内容和形式而言，中西哲学有如下的共同点。

1. 由探求与解答世界本原或统一性问题而分成两大类型：一是在世界本身之内寻找世界的本原或统一性；二是把世界一分为二，在另一世界寻求现实世界的本原或根据。柏拉图的共相论，亚里士多德的神学思想或自然目的论，中国的老子与孔子的哲学，都属于此类型。老子区分常道与非常道，可言说、可名状的"道"与不可言说与名状的"道"。前者即有形有象、在经验中被给予与呈现的世界，后者则是超乎经验、无形无象因而不可名不可说的世界，而前者以后者为本原或根据。孔子讲："唯天为大，唯尧则之。"（《论语·泰伯》）"天何言哉，四时行焉，百物生焉。"（《论语·阳货》）以"天"为现实世界（四时行、百物生及尧之政治与文教）之本原与根据。

2. 都以本原或本体、本根为绝对，对它的形容词为"唯一""独立不改""自古以固存""大""太一"等，万有皆依赖于它，或以它为取法、仿效的对象，而它则是最终的自己、自然。盖哲学本在追求世界（现实、多样性、变动不居）的本原与统一性，则本原与统一性的东西不能是多，只能是一；是绝对而不能是相对；是不动者或超乎动静者，而不能是变化运动者本身，就是题中应有之义。否则就不称其为本原或统一性。

3. 讲形上形下的关系，都是基于直观、玄览、顿悟、独断，其背后的预设或背景，皆是信仰，对上帝、天、"神秘"的某种信仰（唯心论基本上是变相的神学。神退位了，由精神性或思想性的某种本原取代与替补；由上帝、神学之信仰所引导而出）。此亦哲学思维的本性使然。因逻辑推论与证明皆为有限的领域与事物，无限者、绝对、超越，不在此领域内。柏拉图《斐多篇》中，苏格拉底说："我要告诉你，我一向研究的那个'原因'到底是什么东西。我要回到我们常谈的那些话题上，从那里说起。假定有那样一些东西，像美本身、善本身、大本身（即美、善、大的共相）之类。

要是你承认这一点,同意有这些东西存在,我相信我就能给你说明'原因'是什么,就能向你证明灵魂是不死的。"①"假定""承认",这并不是论证、推论。以此为前提,苏氏推论出:"如果在美本身以外,还有其他美的东西,这东西之所以美,就只能是因为它分有了美本身。其他的东西也是一样。你同意我这种对于原因的看法吗?"② 这里对于"分有"的说法,仍然不是逻辑推演,而是一种"独断"或"洞见";所以苏氏一再说:"只是简单、干脆、甚至愚笨地认定一点:一件东西之所以美,是由于美本身出现在它上面,或者为它所分有,不管是怎样出现,怎样分有的。我对出现或分有的方式不作肯定,只是坚持一点:美的东西是美使它美的。"③ 又说:"人对于'美''大'等理念的认识则来自灵魂的回忆。""灵魂"的存在只能是一种信仰,而不是推论,所以柏拉图的"共相"或理念最终是建立在信仰、独断的基础上的。对于柏氏来说,他能提出这点以建立一哲学体系,则是他的天才之洞见。亚氏的目的论思想也是如此。他自己上面的说法,即是由经验与比附、比喻导出的。因为逻辑在这里根本无法证出或推论出自然存有"目的",而"目的"是由上帝安排的。黑格尔的逻辑、辩证法和认识论的内在统一,也是他的"洞见",基于对历史、认识史和哲学史的深刻总结而得的"洞见";仅凭概念自身的内在逻辑推演,也是不可能推出《小逻辑》的那种所谓概念体系的。中国哲学,如朱熹哲学,以"理"为超时空的绝对,也是他个人的"洞见"与独断。西方哲学在形式上之完整严密的论证和逻辑,大多属于形下的部分;不可能有逻辑论证和推理的部分神学、唯心论,虽也常常采用论证的形式,但实际徒具形式而已(如中世纪之上帝存在的论证)。因为它们本质上都不可能是由推理、逻辑论证而得出的。

或以为苏格拉底的问答法或辩证法不是独断。这方法本身当然不是独断,但使用这一方法,只能得到结论:要得到关于某事物的确切知识或本

---

① 北京大学哲学系外国哲学史教研室编译:《西方哲学原著选读·斐多篇》,北京:商务印书馆1999年,第73页。
② 北京大学哲学系外国哲学史教研室编译:《西方哲学原著选读·斐多篇》,北京:商务印书馆1999年,第73页。
③ 北京大学哲学系外国哲学史教研室编译:《西方哲学原著选读·斐多篇》,北京:商务印书馆1999年,第73页。

质性的认识，只有通过分析综合以求得该事物的定义，仅此而已。由现存的那些特定题目、论辩过程及其结论来看，苏格拉底的问答法都是由苏氏有意引导而得出的；而苏氏之所以能如此引导，则是因为他早已定下了问题的答案，成竹在胸。没有预设问题之答案方向的人，仅凭问答法，是不可能得出有如柏拉图共相论的那种哲学结论的。分析和综合、归纳和演绎本身只是工具，它与哲学的特定性质是没有内在关系的。

4. 两者的哲学见解写成书本，形成体系，又是理性思考与理性整理的思想结晶，成为一深刻严谨的体系。也就是说，哲学一定是以思想、范畴和理论体系出现的，是理论与思想的总结，否则就不是哲学。

中西哲学的这些共同点，是客观存在的。坚持哲学的这种普遍性，并不是导致中国哲学和哲学史研究的"合法性"和"危机"的原因，而是解决"合法性"和"危机"所必须坚持的。

但中西哲学从主流上、精神上看，区别又是很深刻的。

1. 中国古代和古希腊，在产生哲学突破的这段时期，生活样式有显著的不同。中国是农业生产与生活占主导地位，人们生活于单一的、封闭的、缺乏异质文化交流的环境之中。古希腊则是手工业与商业占主导地位，人们生活于城邦政治之中，商业和文化的交流皆普遍而活跃。反映在自然观上，中国是有机联系的生态观念占主导地位，自然观的基本概念是"气"。宇宙图式是时空生态——春夏秋冬及东西南北中有机联系的阴阳五行图式。宇宙与人体被想象为自控的大风箱或质料、能量、信息升降、出入自动平衡的"稳态"。自然观的思维方式是自控论、信息论、系统论这种路数。①

古希腊的宇宙与人体构想，则被设想为一由零部件按几何学与机械力学原理组装成的机器。自然宇宙可分解为元素、固定的力及其排列组合。其研究的思维方式是测量、实验与逻辑推论。哲学上则有原子论一类的自然观。

在中国古代与古希腊，宗教信仰或神灵崇拜在生活样式中占有重要地位，但两者也有重大区别。古希腊或西方是神人两分，神与自然两分。中国从殷朝以来，一方面，有"上帝"崇拜，但"上帝"似人格而非人格，基本上与天、与自然合一，没有话语，没有《旧约》所描述的种种反常的、

---

① 参见金春峰《汉代思想史》有关论述，载于中国社会科学出版社2006年增订版。

离奇的神迹显示。另一方面，殷周人更多或更直接依赖、畏惧和信仰的是死去而宾于帝廷的祖先的亡灵。由于这种特点，中国之信仰心灵不向宗教正规化——天人两分的方向发展，而走向天人合一，亦天亦人；神性寓于自然，自然含寓神性；同时祖灵崇拜长期居于支配地位，由此出现西周之孝文化。这两种信仰、崇拜及其文化、思想，经由孔子的反思、总结而有仁与礼及两者内在结合的人文主义思想系统之形成与发展。① 西方人文领域的思想，则古希腊以后，正式的宗教如基督教等，对之有重大影响。

2. 西方哲学常从自然、客观物象之分析与观察，展开其体系。故进入希腊哲学之眼界的，多是圆、圆周、对角线、白天黑夜、河流或技艺等。中国则是"诸子出于王官""六经皆史"。进入中国哲学之眼界的，多是军事、政治和人生的经验："天下""为天下""不敢为天下先""祖述尧舜、宪章文武"，等等。在中国，哲学自古就真正是生产与社会政治之经验的总结与提升。中国哲学的主题："天人之际""古今之变"，两者内在地互相渗透，"天人之际"在"古今之变"中展现，"古今之变"则以"天人之际"为根源与内在动因。

3. 西方哲学以追求确切的知识、认知为目标，这决定了认识论占有中心与主导地位，"科学"性格特别凸显，以至新哲学、马克思的两大建树——剩余价值学说与历史唯物论，恩格斯皆将其定性为科学，具有如达尔文"进化论"之自然科学的精确性、确切性。中国哲学则始终是智慧型，不具"科学"之确切性性格。西方辩证法思想，黑格尔使之登峰造极；但黑格尔的辩证法思想亦具有知识取向死板、机械与公式化的特点——讲三个规律，讲正反合，每一规律又皆要求与追求量的精准性，几乎如自然科学。老子等中国辩证法思想则没有这种弊病。西方哲学，其表达形式是原理、定义、定律。中国的智慧型则不重形式的推理与逻辑定义，而重运用之妙，极为"空灵"。

4. 西方哲学中，理性（规范、秩序）具本体与神圣地位；故研究道德亦采用知识也就是逻辑分析的进路。苏格拉底研究人，伦理被提到首要地

---

① 参见金春峰《朱熹以仁为核心的世界观之形成与特点》，该文系作者出席2004年台湾大学东亚文明研究中心国际学术会时发表的论文，收载于该中心论文集中。

位，但其研究方法却与柏拉图、亚里士多德无异，亦如分析一般对象一样。道德以正义、公平等观念为核心，法律、教诫、戒律成为道德的内容。自由或正义即是自觉遵守法律，在不违反法律——国家意志的前提下自由地思想与行动，如柏拉图所说的，各等级中的人各按职份所定、尽其职份之所应尽，即是正义，对个人而言即是"道德"；如亚里士多德所言，德性总体的正义即是自觉维护和遵守法律。在中国的主流哲学儒家系统中，道德理性具有本原的、本体的、首出的地位，而道德被认为是天赋的。道德的核心是"不忘所自出"及"不忍人"之情——爱人。仁是德性的总体，既是政治的指导原则，又是个人道德的最高标准。自由来自个人的内心、心证、"心安"，所谓"汝心安则为之"（《论语·阳货》），"子为父隐，父为子隐，直在其中矣"。（《论语·子路》）这使中国人为亲情、乡情等所主导与分割，成为古代最无法律观念与国家观念的族群。

5. 西方哲学之实体与范畴、属性的关系，乃本质与现象的关系。中国哲学之实践性格则凸显体用关系。实践本身包含着人的目的及在此目的下对物的观察与利用、改造，因此，主体与客体处于相互联结、联系的状态与情境之中（天人合一的一种形式）。现象是由人的实践所折射，在人的实践中所呈现与改变了的。"物"常被训为"事"或"事实"。"有无""本末"范畴，如老子、王弼哲学，实质讲的亦是人事、政治、养生、修养中之本末关系、体用关系。孔子之"天"，由"四时行焉，百物生焉"之大德、大用显见。希腊语言中 logos 一词指言说，又指逻辑、道理、理性，而凸显的是逻辑与理性。中国文字中"道"也指言说、道理，但凸显的是与"行"内在联系的"道行""道术""道德（德行）"。但虽然如此，"体"和"用"却仍然有本原和派生，主宰、支配、指导、指引和被主宰、被指引的关系。"体"是一，而功能与作用是多。两者本质上亦是形上与形下的超越关系，非仅仅如树根之于树干，或原因之于结果。

这些区别也是客观存在的，但以往的中哲史研究，常常忽视这种区别，以致常以元素说、原子论思想解释阴阳五行及八卦系统；以机械力学的时空观解释中国古代的农业生态的时空观；以柏拉图的"共相论"解释朱熹的理气与心性思想，不见两者内涵、性格的差异。[1] 将中国实践型的辩证法解释为西方哲学之规律型、知识型辩证法。将中国古代关于天与人的关系解释为自然天、物质天与人之关系，不见天的信仰之义、价值源泉之义。以本质与现象解释老子、王弼的有无、本末范畴，将之比拟为黑格尔逻辑学的有无范畴，而离开体用关系这一中国哲学的思路与性格，等等。这种"以西裁中"是导致"合法性"和"危机"产生的重要原因，是应当在研究中克服的。

三、最近讨论出现的一种倾向

故克服中国哲学研究的"危机"，坚持哲学普遍性与特殊性的结合，应是最重要的原则与方向，但最近讨论出现的一种倾向，反而是将中西哲学彻底地对立起来，否认中国哲学具有哲学的普遍性，而以另类思想视之。这似乎是解决了"合法性"和"危机"的问题，实质则是使之更加严重而无解。这倾向的主要说法有：

1. 否认中国哲学的认识与理论意义，而认为它仅是"由每个人当下体验来把握"的修炼之学，其要义是"下'切己功夫'获得对自己生命根源的真切体验，目的是积聚起生命的能量，'养吾浩然之气'，以便自觉有效地应付社会生活"[2]。实际上，中国哲学的两大原创型智慧——孔子与老子的理论与范畴体系，如道、有无等，在其始源和完整的意义上，首先是面向世界、社会、政治的，凝聚的是当时对它们的最深刻的理论认识；因其为行动的指南，无比灵活而呈现为智慧的形态，所以正好是哲学之为哲学的最好的体现。孔子之哲学体系亦是如此。人生境界只是其一个方面的成就，且首先建立于其哲学的对人的认识之上。

2. 否认中国哲学有哲学意义上的超越观念，认为在中国哲学中，"超越的本质在于人自身状态的改变。生命本质上就是向着将来的超越"。养家糊口，传宗接代，实现理想（个人理想），从事生产及文艺宗教活动，等等，

---

[1] 参见金春峰：《朱熹哲学思想》，台北：东大图书公司，1998年。
[2] 俞宣孟：《再论新时期中西哲学比较研究》，俞宣孟、何锡蓉主编《探根寻源：新一轮中西哲学比较研究论集》，上海：上海译文出版社，2005年，第33页。

皆是超越。① 实际上，老子明确地把"道"确定在非可说、可道、可名，也即非经验、言说及理性认知可达到（描述及把握）的领域，同时，认为它是王、地、天（王代表形下现实世界及其活动与活动规律）应遵循、效法的典式，是现实世界所追求的目标及价值之源。这正好符合"超越"之本义！朱熹讲："心体无起无不起。"作为万物之"极好至善"的绝对标准的"太极"，"以为在无物之前，而未尝不立乎有物之后；以为在阴阳之外，而未尝不行乎阴阳之中"（《朱子文集》卷三十六）。两者"不离不杂"。这正是两个世界——形而下之中有形而上之"超越"的思想。陆象山、王阳明讲"本心"是绝对，但它既在见闻知觉之心中，又在见闻知觉之心外，不离不杂，亦是如此。以生儿育女为中国哲学之"超越"，无非是把中国哲学描述为人伦日用本身，从而在根本上取消其为哲学。

3. 认为中国哲学无范畴、无范畴体系，也无范畴发展与历史发展之内在关系可言。② 实际上，范畴乃人类认识之网的网上纽结。中国哲学作为对历史和自然之整体的深刻的认识和总结，其认识成果表现为一系列的范畴，如道、理、气、天、人、仁、义、礼等。而由于认识一定是随时代与历史之发展而发展的，所以历史主义乃是它自身的内在原则。故认识、范畴与历史相统一，是西方也是中国哲学发展的规律。举例言之，中国辩证法史上，最早出现的是"和"——多样性的统一这一范畴，然后是突显矛盾的两个主要方面"一阴一阳之谓道"的范畴（命题）与老子强调的"反"与"争"。这种范畴的先后发展，既是认识的深化，也是历史发展的过程。《老子》三十八章说："失道而后德；失德而后仁；失仁而后义；失义而后礼。夫礼者，忠信之薄而乱之首。"其所述既是历史的发展顺序，又是范畴的逻辑体系，两者内在结合。先秦哲学出现孔子与老子，实现哲学的突破，只能在春秋战国时期。由孔子而思孟子、荀子，由老子而思庄子、黄老，学派的分化是历史过程，也是理论与思想（范畴体系）的深化与分化过程。中国哲学史对这一原则的具体把握，有好有坏，某些牵强附会是存在的，

---

① 俞宣孟：《再论新时期中西哲学比较研究》，俞宣孟、何锡蓉主编《探根寻源：新一轮中西哲学比较研究论集》，上海：上海译文出版社，2005年，第35页。
② 俞宣孟："把一部中国哲学史也看成是范畴的逻辑发展史，这十分牵强附会。"引自《新一轮中西哲学比较论纲》，俞宣孟、何锡蓉主编《探根寻源：新一轮中西哲学比较研究论集》，上海：上海译文出版社，2005年，第6页。

但以此而认为中国哲学无此原则存在的余地和可能，就走向另一种牵强附会了。

总之本文认为，中国哲学史研究中割裂哲学普遍性与特殊性的弊病，将随着研究的深入而被克服。中国哲学将不仅不存在不可克服的"危机"，而且会更为成熟、光彩，日新其面貌。而这将是对冯友兰先生的最好纪念。

（原载于《江淮学刊》2006 年第 3 期，原标题为《关于中哲史之"合法性"与"危机"问题——纪念冯友兰先生诞辰一百一十周年》）

新哲学的瞩望

汤一介先生是哲学家、哲学史家、教育家、学术史家、学术与文化的社会活动家，也是政论家、散文家。贯穿在所有这些"家"中的灵魂，就是他"自由即创造力"这句名言。《汤一介集》（以下称为《文集》）能成为中国多元文化中独特而绚丽的一元，即是"自由即创造力"的生动见证。先生的《文集》还贯穿着一种期望，期望有新千年的新哲学或与我国民族文化伟大复兴相适应的新哲学的产生。他的"自由即创造力"的呼号也为这一新哲学提供了思想基础与精神动力。

一、"自由即创造力"

"自由即创造力"这句名言，是历史经验的总结，也是一种呼号，它贯穿汤先生的一生。1994年，先生发表《"现代"与"后现代"》一文，很赞同严复在《原强》中指谓西方社会的话："盖彼以自由为体，以民主为用。"认为这抓住了现代社会的本质。先生指出："'自由为体，民主为用'不仅仅现代西方社会是如此，现代东方社会也应如此，一切现代社会都应如此。这是因为，'自由'是一种现代的精神，'民主'是保证人们实现'自由'的制度。现代社会之不同于古代社会（或中古社会）的主要特征就是可以较好地调动人们的创造力。'自由'的本质即创造力，它是现时代的时代精神。"先生说："我们可以看到，两三个世纪以来，在自然科学、技术科学、社会科学、人文学科、文学艺术等方面都是日新月异的。生产力高度发展了。这些只能在人们充分获得自由的条件下才能取得，都是人作为自由的人的觉醒的表现。因此，我们可以说，创造力来自'自由'。至于'民主'，它是一种制度，它可以是'共和的''君主立宪的''人民代表大会的'等等，但它的功用应是保证人民'自由'得以实现的。"① 1995 年，先生发表《"自由为体，民主为用"》一文，又重申了这一观点，指出："'自由'是现代精神，'民主'是保证人们实现'自由'的根本制度"，"自由的本质即创造力"。近代，"个性的充分发展，自身价值和权利的获得，都是人作为自由的人觉醒了的表现。它是现时代的时代精神"②。从国家制度与现代精神的高度，对"自由即创造力"发出响亮的呼号，这在 20 世纪 90 年代是具有重大时代意义的。

20 世纪末，先生出席在哈佛大学举办的"高校人文教育当前的问题和解决办法"会议，发表题为《学术自由与中国高等教育》的讲演，指出："北京大学最重要的特点应该是蔡元培先生提倡的'兼容并包、学术自由'。中国大陆高等教育能否办好的关键问题之一就在于能否真实现学术自由。"他强调，"20 世纪 80 年代改革开放以来，中国高等教育体制有所改革，但三十年来'左'的教条主义的影响仍然起着很大作用。北京大学如果要实现它提出的'把北大办成世界第一流大学'的目标，必须在'学术自由'的条件下办极有特色的大学才有可能"③。这把焦点集中到了北大这一"五四"新文化运动的发源地。因为北大在全国学界、思想界具有重要地位和影响，北大享有"自由"，实关乎中国整个学界和思想界的前景。

2007 年，樊克勤采访先生。先生总结自己"文革"的经历，说："我悟出了一个道理：不能都听别人的，得用自己的脑袋思考问题。自由的思想最重要。"这也代表了这一代知识分子的共同体验和心声。2008 年，马国川采访先生。马国川问："在 20 世纪 70 年代末至 80 年代，您在想什么？"先生说："大概就是想，我们得做点什么事情，因为感觉 1949 年以后，在哲学研究上问题比较多。我们学习苏联的那一套东西，实际上把马克思主义教条化了，不利于我们中国的健康发展。70 年代末邓小平提出改革开放，解放思想，那我们应该做什么？我的一个学生金春峰提出要重新评价唯心

---

① 汤一介：《"现代"与"后现代"》，《汤一介集》（第 7 卷），北京：中国人民大学出版社，2014 年，第 142 页。
② 汤一介：《"自由为体，民主为用"》，《汤一介集》（第 9 卷），北京：中国人民大学出版社，2014 年，第 191 页。
③ 汤一介：《学术自由与中国高等教育》，《汤一介集》（第 8 卷），北京：中国人民大学出版社，2014 年，第 233 页—235 页。

主义，因为唯心主义在苏联是被全盘否定的，不仅是错误的而且是反动的，是为反动阶级服务的。好像是在《光明日报》上，大概是1979年或者1980年发表的。那时候我就有一个考虑：怎么才能使哲学研究特别是哲学史的研究突破原来的教条主义的框框？原来的说法是，哲学史就是唯物主义和唯心主义的斗争史，前者是进步的，后者是反动的。我就想，能不能把哲学史看成人的认识的发展史？既然是人的认识史的发展，不仅唯物主义会提高人的认识能力，唯心主义也可以提高人的认识能力。比如从西方哲学讲，当时都认为黑格尔是唯心主义，可是黑格尔的辩证法被马克思继承了。后来，我就写了一篇文章《论中国传统哲学范畴体系的诸问题》，发表在中国社会科学院权威杂志《中国社会科学》。文章认为，从范畴的发展史来看，有的范畴是唯物主义提出的，有的范畴是唯心主义提出来的，常常是唯心主义提出的范畴在哲学史上影响更大。这样从人的认识史的发展来讲，就不好全盘否定唯心主义了。几乎是在我的文章发表的同时，有些老先生也发表了讨论哲学范畴的文章，比如张岱年在《人民日报》发的文章。"[1]先生提到的，是我发表在《读书》1980年第1、2、3期上的论文，题为《论唯心主义在一定条件下起进步作用》《对唯心主义要具体分析》《作为哲学思想发展前进的一个环节的唯心主义》，系我在1979年于太原召开的中国哲学史学术会上发表的论文，《读书》将其分成三期连载。1980年10月，在黄山召开了讨论唯心主义的专门学术会议，我又写了《论唯心主义在一定条件下对辩证法的促进作用》一文，对流行的教条说法（如唯心主义必然对辩证法起束缚与窒息的作用）进行批判，这是前一篇文章的补充和深入，从人类认识发展本身，为唯心主义在一定条件下的积极、正面作用提供了较深入的论证。[2] 汤先生所讲范畴的讨论，对促进中国哲学史的健康发展影响更大。为推动讨论深入，在西安陕西师范大学召开了"中国哲学范畴学术研讨会"。这些是在哲学探讨上开风气的事，都是"自由即创造力"的见证。它迅速改变了中国哲学史研究由教条主义所造成的"死板""僵化""人云亦云""万马齐喑"的局面，开创了欣欣向荣的新局面。

---

[1] 汤一介：《汤一介：思想自由是最重要的》，《汤一介集》（第10卷），北京：中国人民大学出版社，2014年，第202—203页。

[2] 参见金春峰：《论唯心主义在一定条件下对辩证法的促进作用》，《求索》1981年第2期。

2005年,《南方人物周刊》记者夏榆采访先生,先生说:"哲学家从事哲学工作要有条件,首先你要能够自由思想、自由创造。不能自由思想、自由创造,哲学就变成了死的哲学。自由是一种创造力,没有了自由,你的创造力就没有了。"这把重点集中到哲学工作者个人,即"自由"不是外在的,是内在的。"文革"时期,暴力横行,哲学家不可能有思想自由。但改革开放时代,能否"自由思想",主要取决于思想者个人。事情也确实如此。这时期,思想、文学、艺术、音乐、美术等方面涌现了许多创造了历史的弄潮儿,他们都是自己为自己创造"自由"的。因为如此,他们能高瞻远瞩,驾驭潮头,以其创造力突破种种框框,为时代开辟新路,谱出新篇。如果只求平安度日,当然就不可能有创造力涌现,而只能被时代抛弃了。[1] 过去如此,今天依然。

在《世纪之交谈精神与信仰》一文中,先生说:"如果20世纪80年代的许多知识分子还感到中国社会存在着'精神危机''信仰危机',那么90年代许多知识分子也许较安于现状了。特别使我担心的是,在一些年轻的知识分子中出现了两个问题,一是追求金钱,二是追求权力。这种情况在北京大学的青年学生中也有相当的影响。北大有些人对清华很羡慕,因为清华仕途比较好。不能不说中国现在确实存在着'精神危机'。"先生指出,"90年代,学术界表面上很活跃,介绍和发挥过不少'新思潮'……但是所有这些思想流派对社会都无什么大影响。可是各种气功学说却在社会上大大地流行了。'法轮功'事件震动全国,一时间报刊、电台、电视天天批'法轮功',好不热闹。我对此一直很想不清,为什么会有那么多人信这样一奇怪的'法轮大法'?也许只有一个回答,就是,我国上上下下几乎都失去了'理性',都没'精神支柱'了。这不能不说,我们这民族存在着深刻的全民族的'精神危机'"[2]。要救治这种"精神危机",先生指出,"以下几个方面也许是我们应该考虑的。在我国社会生活中,曾经发生过要求把人们的思想信仰统一于某种特定的思想信仰下,或者要所有的思想信仰都

---

[1] 汤一介:《汤一介:给中华文化一个恰当的定位》,《汤一介集》(第10卷),北京:中国人民大学出版社,2014年,第130页。

[2] 汤一介:《世纪之交谈精神与信仰》,《汤一介集》(第8卷),北京:中国人民大学出版社,2014年,第237页。本文作于1999年11月27日,原刊于《跨文化对话》第4辑(2000年5月)。

必须在某种特定的思想信仰指导下才可以被允许的状况，这种状况是极不合理的，也是行不通的，甚至会扼杀一个民族的生命力"。"一个合理的、健康的社会往往至少要由两套社会机制来维系，一套是较为健全的政治、法律制度（如民主政治等），另一套是社会的道德准则（它往往与宗教信仰或伦理体系分不开）。前者有一定程度的强制性，但它主要应是保护人民的各种权利和要求人民尽一定的义务。而后者则往往和人们的个人信仰有关。对后者，只要是有益于人类社会生活，就不应用政治权力去干涉，它对政治来说有其相对的独立性。从历史上看，用政治权力打击宗教往往适得其反。"① 先生指出的两套体系实际是相互联系的，第一套体系更为重要。唯有这两套体系健全了，社会发展才能走上正轨，个人自由和创造力才能旺盛成长。两套体系的完善都是我们今天应该为之继续努力的。

二、马克思主义与儒学的"融合"

1983年，在加拿大蒙特利尔召开了第十七届世界哲学大会，先生在会上提出，中国哲学的主题是天人合一，知行合一，情景合一，是对真善美之人生境界的追求。这一新提法不仅告别了从教条主义和西方哲学而来的对中国哲学的剪裁、切割，也为中国哲学研究开辟了一新的方向。由此一个有真正中国特色的哲学人学挺立起来。会上，先生还提出儒学与马克思主义"融合"这一极为重要的时代课题，引起与会学者极大的关注与震动。因为这在当时不仅是超前的，也是极富创造性和风险性的。今天，在自发与实践的层面上，儒学已不再是一种学术、一种历史、一种供分析研究的对象，而重新成了一种生活方式、生活运动，成了社会上层建筑和意识形态的组成部分；有的地方甚至以之为培训党政干部的教材。先生三十多年前的"惊雷"变成了现实。

但"实践"还是无序的、混乱的，迫切须要理论的自觉与建构。理论上、哲学层次上，"融合"是指矛盾的两个对立面重新统一后形成了新的"发展形态"。儒学和马克思主义"融合"也当如此。"融合"与"会通"

---

① 汤一介：《世纪之交谈精神与信仰》，《汤一介集》（第8卷），北京：中国人民大学出版社，2014年，第243页。

不同。先生有篇文章讲到儒学与马克思主义的"会通",指出两者有一些相类似的性格,但两者仍是各自独立的"存在"。"融合"则是两者"融合为一"。就儒学与马克思主义而言,这是否真的可能,将如何实现,实现后将成为何种新的学术理论形态,是值得我们深入研究的。

在答记者康香阁的采访中,先生提出"马克思主义和中国故有文化就和唐朝的佛教禅宗一样,这里有源和流的问题,就是说文化有个源和流的问题。那么,中国文化从夏商周三代起是个源头,流传下来。它在流动的过程中间,其他文化不断地加入,比如佛教的加入。其实,在唐朝基督教(景教)也进来了,但没有得到发展,到明朝基督教又进来,就是利玛窦他们进来了。当然,近百年来西方文化进入中国,影响非常大。长期来看,中国文化自身是个源,其他文化的加入都是个流,它是源和流的关系。那么,中国自身的文化有个源头,马克思主义是汇入,就和印度的佛教进来一样。这个问题做好了,就可以树立起我们文化的主体性,就是说我们的文化是以我们中国的文化为主体,而不是以外来文化为主体"[①]。先生认为,"融合"是以中国儒家文化对马克思主义的融合。在《传承文化命脉 推动文化创新——儒学与马克思主义在当代中国》一文中,先生又指出,"影响着我国社会的可以说有两个'传统',一个是几千年来的'国学',即中国历史上的传统文化,其中影响最大的是儒家思想文化,我们可以称之为'老传统';另一个是影响着中国社会、改变着中国社会面貌的马克思主义,我们可以称之为'新传统'。我们必须'传承'这两个传统,并且要逐步使两个传统在结合中'创新',使之推进有中国特色的社会主义文化建设顺利发展,适应当前世界已经形成的'全球化'势态的需要"[②]。先生指出,"任何社会文化的建设都不可能离开它自身的历史文化传统。在历史上长期深刻地影响着中国社会生长、发育的儒学,曾是中华民族赖以生存、发展的根子,我们作为中华民族后代子孙不能也不应该人为地把这个根子斩断。如果把有两千年历史的儒学抛弃掉,无疑是宣告我们这个民族曾赖以生存

[①] 汤一介:《国学大师汤一介先生访谈录》,《汤一介集》(第10卷),北京:中国人民大学出版社,2014年,第269页。

[②] 汤一介:《传承文化命脉 推动文化创新——儒学与马克思主义在当代中国》,《汤一介集》(第6卷),北京:中国人民大学出版社,2014年,第278页。

的民族精神不复存在,或者说作为一个独立的有自身生命力的中华民族不复存在,而成为其他国家的附庸或殖民地。还特别要说明的是儒学中包含着某些社会主义思想的因素,它对我们建设有中国特色的社会主义社会有着无可代替的价值(这个问题我将会在后面讨论到)。因此,我们必须更加重视发展其有益于中国当代社会发展的宝贵思想资源,创造新时代的新儒学"[1]。先生认为"新儒学"是融合了马克思主义后出现的,这为"新儒学"的建立指出了方向,提出了很高的要求。当今出现的种种自己命名的"新儒学",似乎没有一家是自认如此、自觉应该如此的。

另一方面,先生指出,"正是由于马克思主义的进入大大地改变了中国的面貌,使中国社会发生了翻天覆地的变化。面对这样的现实,要建设有中国特色的社会主义,就不能离开马克思主义,特别是要'传承'中国共产党和中国人民百年来为适应中国社会的要求而对马克思主义的'创新'和发展……如何使马克思主义得到重大发展?一方面,不能离开中国社会的现实要求;另一方面,我们必须使马克思主义中国化,即与中国传统文化接轨,特别是与儒学有机结合"[2]。这是以马克思主义为主导的对儒学的"融合"。陈新夏先生在《论当代中国哲学格局中的马克思主义哲学》一文中指出:"中国马克思主义哲学研究的问题甚至思维方式已经较为中国化,但其话语表达和概念体系却尚无鲜明的中国特色,盖因其尚未充分吸收中国传统文化尤其是传统哲学的思想资源。中国传统文化尤其是传统哲学中蕴含着大量优秀的精神价值资源,它们是中国人对其文化身份进而民族身份和社会身份的认同的根据,使中国人的精神生活、精神境界和精神享受迥异于其他民族,使中国人的认识、体验和追求具有鲜明的民族特色。鉴于中国马克思主义哲学观照中国时代和实践的使命,鉴于中国马克思主义哲学应当有效地解答中国的问题、融入中国的社会生活和人们的精神世界,中国马克思主义哲学必须全方位地成为地道的'中国的'哲学,体现中国的特色和优势,为此,不仅要一如既往地关注中国的时代、实践和生活,

---

[1] 汤一介:《传承文化命脉,推动文化创新——儒学与马克思主义在当代中国》,《汤一介集》(第6卷),北京:中国人民大学出版社,2014年,第279页。
[2] 汤一介:《传承文化命脉,推动文化创新——儒学与马克思主义在当代中国》,《汤一介集》(第6卷),北京:中国人民大学出版社,2014年,第280页。

还要更加自觉地吸取哲学和中国文化的思想资源。"① 这是马克思主义学者"融合"儒学以发展自身的一种自觉，但应吸收中国传统文化的一些什么资源，吸收了会如何改变马克思主义自身的学术、思想形态，文章并未提出。希望马克思主义学者继续深入探讨，解决好这一问题。早在1986年，先生就指出："中国文化发展的前景如何？我们可以说，它必定是一种现代的中国社会主义新文化，这种现代化的中国社会主义新文化可有两种提法：一种是发展出一个适合现代化要求的中国化的马克思主义；另一种是发展出一个适合现代化要求，吸收了马克思主义的中国文化。这两种前景也许是一回事，也许不是，还需要一步研究，不过我相信它们是一回事。因为中国化的马克思主义，它首先是中国的，为中国实现现代化所需要的，它不仅需要吸收当代科学的新成果，研究当代哲学的新问题，回答中国和世界所遇到的新问题，而且也需要吸收中国传统文化中可以起积极作用的方面。这样的中国化的马克思主义才能对人类文明作出特殊的贡献……如果马克思主义能够中国化当然有利于我们的社会发展，有利于我们的现代化的实现。至于第二种提法也许只是角度不一样，结果则可能一样……中国文化的未来发展，无论从哪一个角度看，最后的结果可能是一样的……我们必须为之而努力奋斗。"②

从1986年到现在，三十年的改革开放使我国上层建筑、意识形态发生了深刻变化。我们摒弃了以阶级斗争为纲的马克思主义旧形态，重新确立市场经济为社会主义经济的发展形式，从而使马克思主义进入了新的发展阶段，亦使儒学获得了新的地位和活力。由于摒弃了以阶级斗争为纲，马克思主义作为最高的人本主义与人文主义的思想本质鲜明地呈现出来；儒学作为人本主义与人文主义的思想体系的基本性质亦呈现出来，从而为两者的"融合"提供了基础，扫清了障碍。故先生所期盼的两者在思想上的"融合"，一定会成为现实。

事实上，我国建设"小康社会"与社会主义核心价值的论述，已是两者"融合"的例证。

---

① 陈新夏：《论当代中国哲学格局中的马克思主义哲学》，《马克思主义与现实》2014年第3期。
② 汤一介：《"全球意识"与"寻根意识"的结合——对发展中国文化的设想》，《汤一介集》（第7卷），北京：中国人民大学出版社，2014年，第19—20页。

有人认为，小康社会是一个经济概念，小康社会完全地继承了法家《管子》的治理方式——"仓廪实而知礼节，衣食足而知荣辱"，这是小康社会建设的前提和基础。从治理理念来说，小康社会并不是儒家学说的延续，相反却是法家治理思想的体现，法家重"法"（商鞅）、重"术"（申不害）、重"势"（慎到），其衡量标准和最终目的就是统一和富强。之所以说小康社会是法家的传承而不是儒家的承继，是因为其根本价值理念同法家是一致的：首先实现经济和生活的富足；遵守法令和纪律，法不阿贵（表现在当代中国便是20世纪90年代的"依法治国"）；尊重个体价值，鼓励个体独立；积极入世，奋力进取，以实现"争于气力"的国家统一和富强为责任。这种看法有一定道理，但它是片面的，不正确的。"小康"一词最早见于《诗经·大雅·民劳》："民亦劳止，汔可小康。"意思是要轻徭薄赋，予民休息，让老百姓过上康乐的日子。《礼记·礼运》把它与"大同"相对，作为社会发展的一个阶段的名称。"大同"是"天下为公"，无私有财产，人人平等、自由。作为社会理想，其在近代被康有为、孙中山和中国马克思主义者吸收，作为新的社会理想、奋斗目标而具有为中国人喜闻乐见的形式。"小康"是"大同"之后的社会发展形态，其基本内涵是财产私有，家天下，有国防、司法；道德教育或礼制亦成为巩固统治的工具，而施政的价值目标以人民的福祉为依归。《礼记》凸显禹、汤、文、武、周公、成王"六君子"之治为"小康"社会的具体实现，其用意即在凸显此一为政的价值目标。我国小康社会的理论论述，无疑是融合了儒家这一思想而非法家的功利思想的。

孔子有"礼之用，和为贵""老者安之，朋友信之，少者怀之"的名言，这实际是他为理想社会所提出的价值目标，《礼记》中所讲的"小康社会"的价值理想是继承与发挥了孔子这一思想的。"老者安之"，即老有所养，老有所医，老有所敬，老人都能安享晚年。"朋友信之"，即社会上人和人亲爱信任，无尔虞我诈，钩心斗角。"少者怀之"，即儿童、少年能得到社会最大的关爱，社会真正成为儿童的天堂。几十年来，小康社会的建设体现了这一价值目标。法家思想，似与今天建设富强法治的社会目标与政策相近，但法家缺乏"人本"和"人文主义"思想，缺乏"人为贵""礼之用，和为贵"的对人的尊重与关爱。"人"不是作为目的，而被看作工具。法家思想整体属于工具理性，非价值理性，其性质恰恰是不符合马克思主义的。我国"小康社会"的论述和恩格斯在《社会主义从空想到科学的发展》中所提的社会主义的价值理想是一致的，是它的中国化在现阶段的体现。

社会主义核心价值的论述是两者"融合"的另一重要领域和成果。一般认为核心价值中的富强、民主、文明、和谐指国家层面；自由、平等、公正、法治指社会层面；爱国、敬业、诚信、友善指公民个人层面。这些价值综合吸收了人类已有的优秀文化成果；其中，"和谐"等概念，无疑更是"融合"儒学思想的成果。

汤先生在20世纪90年代以后，多次著文，对我国传统文化中的"和谐"概念做了全面系统的阐释。在《论"普遍和谐"》一文中，先生阐释儒家的"太和"观念，指出它包含自然的和谐、人与自然的和谐、人与人的和谐（即社会生活的和谐）以及个人自我身心的和谐四个方面，而以个人的道德修养为基础。由个人身心的和谐，推至家庭、社会、国与国以及人类与自然的"和谐"。由自身之"安身立命"至"推己及人"，再至"民胞物与"，而达到"保合太和"，而与天地参，就是"太和"。先生指出，"将此落实于操作层面，将会对今日人类社会的发展提供一有积极意义的经验，匡正今日社会所发生的种种弊病"[①]。"太和"观念无疑充实和丰富了"和谐"这一核心价值的内涵。

在《论"和而不同"的价值资源》一文中，先生又指出，文化隔离和霸权导致国家之间的政治冲突，影响着21世纪人类的命运。中国文化从历史上，一向认为"和"与"同"是两个不同的概念。《国语·周语》："夫和实生物，同则不继。以他平他谓之和，故能生长而物归之；若以同裨同，尽乃弃矣。"这里，"以他平他"以相异和相关为前提，相异事物相互协调并进，就能使事物发展；"以同裨同"，以相同的事物叠加，只能窒息生机。中国传统文化的最高理想是"万物并育而不相害，道并行而不相悖"（《中庸》）。这为多元文化共处提供了取之不尽的思想源泉。哈贝马斯的"正义

[①] 汤一介：《论"普遍和谐"》，《汤一介集》（第5卷），北京：中国人民大学出版社，2014年，第93页。

原则"实质是要保障每一种民族文化的独立自主、按照其民族的意愿发展的权利,"团结原则"要求对其他民族文化有同情、理解和尊重的义务。[①] 德国哲学家伽达默尔提出,应把"理解"扩展到"广义对话"层面。两者实际都以承认"和而不同"为前提。因此,孔子以"和为贵"为基础的"和而不同"原则,可以成为处理不同文明之间关系的一条基本原则。这从文化对话层面扩展和丰富了"和谐"的内涵。

按黑格尔式的辩证法,"矛盾"无处不在,又对立统一,否定之否定,是一自然历史过程,没有以"和"的价值为引导。中国哲学讲"和实生物,同则不继""成性存存,道义之门",实然(自然、客观过程、天)和应然(人、道德价值)两者乃一体两面。先生详细阐发的"太和"观念与"和而不同"观念在理论上正好补足了黑格尔式辩证法的缺陷与不足,也可以说是马克思主义哲学与"和谐"观的新内容。

先生列举中外历史上种种文化相互吸收,改变自己发展形态的事例作为文化"和谐""融合"的证明,如中国文化与佛教。从中国文化自身方面说,它一直在努力吸收和融合佛教这种异质文化;从印度佛教方面说,它一直在致力于改变不适应中国社会要求的情况。因此,在印度佛教传入中国的两千年中,中国文化在许多方面受惠于印度佛教。印度佛教深刻影响着中国的哲学、文学、艺术、建筑以及民间风俗习惯等诸多方面。与此同时,印度佛教在中国的大地上得到发扬光大,隋唐不仅形成了若干中国化的佛教宗派(如天台、华严、禅宗),而且中国文化仍然是中国文化,并未因吸收佛教文化而失去其特色。这种文化上的交流和互相影响,可以说很好地体现了"和而不同"的精神。又如中国原来没有明确的"顿悟"观念,但到宋明时期,程朱理学和陆王心学都在某种程度上接受了"顿悟"的观念,使之融入他们的体系之中。就佛教说,最初传入的是小乘禅法,其后般若学传入中国。自晋以后在中国流行的是般若学,而非小乘禅法。究其原因,盖因般若学与以老庄学说为骨架的玄学相近,而在东晋南朝选择了般若。在唐朝发展起来的禅宗也并非印度禅法,而其思想基础仍是般若一支,且禅宗无疑不仅吸收了某些老庄思想,而且为适应中国社会的需要又

---

① 参见乐黛云:《文化相对主义与比较文学》,《岱宗学刊》,1997年第1期。

吸收了某些儒家思想。这就看出，在文化上存在着一种"双向选择"的情况，而这种"双向选择"也是"和而不同"原则的体现。"如果我们希望中国文化今后能对人类文明有所贡献，就必须以'和而不同'的态度对待其他民族、国家、地域的文化，充分吸收它们的文化成果，更新自己的传统文化，以创造适应现代社会生活的新变化。"①这对发展马克思主义也是合适的。

罗素在1922年写的《中西文明的对比》中说："不同文化之间的交流过去已经多次证明是人类文明发展的里程碑。希腊学习埃及，罗马借鉴希腊，阿拉伯参照罗马帝国，中世纪的欧洲又模仿阿拉伯，文艺复兴时期的欧洲则仿效拜占庭帝国。"先生说，这也提示，一种文化吸收他种文化，"和而不同"，是促进文化发展的必由之路。

在个人道德层次，"核心价值"的几个概念更可以说是以儒家思想为主导的。如"爱国"和"敬业"，这与儒家讲的"仁"有一脉相承的关系。孔子提出"己欲立而立人，己欲达而达人"是"能近取譬"的"仁之方"，其实际内涵即是要求每个人皆在自己的社会岗位（职业）与伦理名位上尽心竭力地完成职责，以实践"能近取譬"的"爱人"之仁德。如教师全心全意地教好学生，医生全心全意地救治病人，战士全身心地完成保卫社会和国家的神圣使命等，这种仁德即是"敬业"，是"忠"，也是"爱国"。孙中山先生讲国民公德——忠、孝、仁爱、信、义、和平，第一位的"忠"即指爱国，也包括"敬业"——"为人谋"之忠。诚信、友善亦是如此。故核心价值之公民方面是以儒学为主导的。儒家文化还强调"义"和"廉耻"，也可以吸收，作为公民应具的道德，成为社会主义核心价值的组成部分。

《读书》1994年第3期刊登了先生的《在"自由"与"不自由"之间》一文，谓："北京大学的同学常问我：北京大学的传统是什么？我总是说：北京大学的传统是'爱国'、是'革命'。这无疑都是对的，这些传统对北大十分可贵。但这太一般化，因为在我国每个行业的传统都可以是'爱国'

---

① 汤一介：《论"和而不同"的价值资源》，《汤一介集》（第5卷），北京：中国人民大学出版社，2014年，第153页。

和'革命'。那么北京大学作为一所学校、一个学术研究机构还有没有其特殊的可贵的传统呢？我想，如果北京大学有什么特殊可贵的传统，那就是蔡元培先生提倡的'学术自由，兼容并包'。没有'学术自由'就没有创造力，要么跟着外国人的屁股跑，要么就抱着古人那一套死不放，这有什么出息？"① 作为校长，首要的职责是办好大学，把它建设成一流的大学。蔡元培先生提出与贯彻的"学术自由，兼容并包"，使北大焕然一新。这是蔡先生最切实的"爱国"，也是他最切实的"敬业"。这为我们树立了一个"爱国""敬业"的典范。

《"恒称其君之恶者，可谓忠臣"》一文是先生偶读湖北荆门郭店出土《鲁穆公问子思何谓忠》的感想。文章说："我深感经过了两千三百多年，我们的一些领导者在对待批评上，并没有什么进步，似乎反而不如鲁穆公了。""回顾几十年，看看我们走过的历史，众多的失误难道不是由于听不进不同意见而造成的吗？""今天我们的社会上，'歌德派'太多了，而像子思这样的人太少了。什么时候多一点子思，少一点'歌德派'呢？最好不要等到黄河再变清的时候吧！"② 郭店竹简出土，学者们发表了大量学术研究成果。但像先生这样的"古为今用"，是许多研究者所不及的。爱之深，故责之切。这是先生的"爱国"，也是他的"敬业"，这亦为我们树立了"爱国"和"敬业"的典范。

汤先生自二十岁发表哲学论文起，六十多年来一天也没有停止哲学思考与写作，传道、出书、办学，奉献毕生心血，素位而行，为"文化伟大复兴"尽力。这是先生的"爱国"，也是他的"敬业"。这些，在今天都可以作为儒学和马克思主义的新内容和新发展的例证。

从理论的深层次言，"融合"的困难也是存在的。马克思主义在哲学上是彻底的唯物主义，其历史唯物主义属于"科学"范畴，以生产力、生产方式为最终根源；儒学的实质是"人本主义"的"人为贵"的价值系统，其根在"孝"与"德"，而最深一层的根子则在祖灵崇拜与天地崇拜，在宗

---

① 汤一介：《在"自由"与"不自由"之间》，《汤一介集》（第9卷），北京：中国人民大学出版社，2014年，第199页。
② 汤一介：《"恒称其君之恶者，可谓忠臣"》，《汤一介集》（第9卷），北京：中国人民大学出版社，2014年，第181页。

教心理之中。两者如何"融合"？这仍有待于理论上的进一步探讨。但先生所提出的两者"融合"以构建新哲学的方向与期盼，是我们要坚持和努力的。

三、建立"综合马、孔、罗"的新哲学

先生晚年又大力倡导建设"综合马、孔、罗"的新哲学。在《沉思·探索·融通——张申府与二十世纪中国哲学》一文中，先生说："申府的学识博大精深，但归于要，则在于他根于中国传统思想文化，又经过西方哲学（主要是唯物辩证法和罗素的分析哲学）的洗礼，再来认识中国哲学的真精神、真价值，而在会通中西、熔铸古今的基础上，希望能建立一新的中国哲学。这无疑为我们今天中国哲学的新发展提供了十分重要的启示。"[①] 在《昌明国粹　融化新知——纪念汤用彤先生诞辰一百周年》一文中，先生又提出："以发现新眼光新方法为目的的'融化新知'就成为推动文化发展，亦即'昌明国故'的契机和必要条件。"[②] 张申府先生是早年的马克思主义哲学家，他提出"综合马、孔、罗"，目的是建立新的中国式的马克思主义哲学。但当时革命与阶级斗争正在严酷地进行，实现这一主张是很难的。今天，马克思主义哲学已居主导地位，张先生主张的实际意义、重点所在就不是建立张氏自己的新哲学了，而是吸收孔、罗，以发展马克思主义。

就"罗"而言，申府先生主要指罗素的分析哲学，逻辑分析方法。今天更具现实意义的是民主、人权、法治这些在近代首先出现于西方的思想。综合这些思想，正是对"古今中西"的融合。事实上马克思主义在产生时已广泛吸收了人类的这些先进思想，今天它也正在沿此方向前进，如新近司法改革提出的以司法独立、程序正义、无罪推定、尊重与保护案犯的"人权"等作为指导理念，就可以说是马克思主义综合以"罗"为代表的自由主义或启蒙思想来发展自己的一个范例。

[①] 汤一介：《沉思·探索·融通——张申府与二十世纪中国哲学》，《汤一介集》（第6卷），北京：中国人民大学出版社，2014年，第345页。

[②] 汤一介：《昌明国粹　融化新知——纪念汤用彤先生诞辰一百周年》，《汤一介集》（第6卷），北京：中国人民大学出版社，2014年，第346页。

有人认为，英美法律中有关程序正义的观念将法律程序本身的正当性、合理性视为与实体裁判结果的公正性具有同等意义的价值目标，强调法律实施过程要符合正义的基本要求，从而在原来的所谓实体正义或实质正义的基础上又发展出了程序正义的理念，提醒人们在重视裁判结果公正的同时，还要确保法律实施过程的公正性。尤其是在"重实体，轻程序"乃至"程序虚无主义"观念极为盛行的中国，引进和推广程序正义的观念，强调法律程序的独立内在价值和意义，更具有极为重要的意义。这讲得很好。故这一概念的引进乃马克思主义法律学说的新发展。

在《社会主义从空想到科学的发展·英文版导言》中，恩格斯曾指出："只有这个英国法律把大陆上那些在君主专制时期已经丧失而到现在还没有在任何地方完全恢复起来的个人自由、地方自治以及除法庭干涉以外不受任何干涉的独立性，即古代日耳曼自由中的精华部分，保存了几个世纪，并且把它们移植到美洲各殖民地。"今天司法改革体现的正是恩格斯这里指示的精神。实体正义或实质正义是有历史性的，不存在脱离特定社会历史阶段的抽象的"公平""正义"。中国古代的"法不分贵贱"、孔子的"以直报怨，以德报德"、孟子的"天下之通义"及荀子的"礼者，法之大分，类之纲纪"的思想，都是该时代的"公平""正义"思想，但它是古代的，与近代启蒙思想提出的"天赋人权"观念下的"公平""正义"观念，有时代与性质的差别。今天司法改革的理念，主要是吸收启蒙思想的成果，但亦可以说是中国古代思想的继承和发展。在《略论中国传统思想中的正义观》一文中，先生曾指出，"从中国传统思想看，所谓历史就是人们的活动或人们的行为过程，对这个活动过程的评价的标准就是'义'（道义、正义）。因此，我们是否可以说：中国传统的历史哲学的基本概念就是'义'（道义、正义），其基本命题是'义者，宜也''义，人路也'，并从此引出'得道者多助，失道者寡助'的历史观"[①]。这也是可以与马克思主义相通的。故在中国，适应民族伟大复兴和转型的时代要求，马克思主义自觉地"综合马、孔、罗"以发展自己，具有重大理论与实践意义，是我们要继续

---

① 汤一介：《略论中国传统思想中的正义观》，《汤一介集》（第6卷），北京：中国人民大学出版社，2014年，第98页。

好好坚持与努力的。

自由主义、启蒙思想在政治上以"个人"与"天赋人权"为基础，马克思主义以历史唯物主义为指导，两者的内在关系究竟是怎样的，是值得深入探索的课题。但实践既已开辟了道路，理论上的"综合"，应该是可以实现的。

先生说："20世纪90年代，学术界表面上很活跃，介绍和发挥过不少'新思潮'：后现代主义、后殖民主义、'国学'（出现所谓'国学在燕园悄然兴起'）、新保守主义、新人文主义、实践唯物主义、自由主义与新左派等等，不一而足。但是所有这些思想流派对社会都无什么大影响。"今天，学界的境况依然如此。有些学者满足于自建学说，自己享用或小圈子唱和、重复读经，有形形色色的新儒学，气氛是与20世纪90年代不同了，但仍远不能满足甚或背离"综合马、孔、罗"这一大的时代要求。先生提出的建立"综合马、孔、罗"的新哲学这一任务，仍需我们为之努力。

四、"反本开新"和"文化自觉"

先生倡导国学时，特别强调"反本开新"和"文化自觉"，指出，在全球化的时代，人类文化思想日益多元，而同时文化寻根和民族主义呼声日益高涨，在此时代，树立"反本开新"和民族的"文化自觉"意识十分重要。"文化自觉"强调自身文化的主体性，追求把中国文化的发展扎根在自身文化基础上，而这应当在全球化和世界文化的观照下进行，使两者相辅相成，也即"全球意识"与"寻根意识"相结合，让中国文化走向世界，也让世界文化走向中国，[①] 两方面都不要偏废。

2008年，先生对《中国青年报》和《黑龙江日报》的采访记者指出，"文化的发展应该是在全球意识下的多元化发展，文化的发展必须有全球意识、全球观念，不能只看到你自己。'西方中心论'已经不行了，你再搞一个'东方中心论'也不行，搞'中国中心论'就更不行。所以我就发了几篇文章，我说现在的时代还是文化的多元时代，我们还要认真地汲取西方

[①] 汤一介：《"全球意识"与"寻根意识"的结合——对发展中国文化的设想》，《汤一介集》（第7卷），北京：中国人民大学出版社，2014年，第17页。

文化的东西和其他文化的东西。今后的文化发展，应该既是民族的，又是世界的，它不仅要解决你自己的问题，也应考虑解决世界的问题才行。如果仅仅考虑自己，让自己游离于世界文化之外，是没有前途的"①。20世纪80年代，先生在深圳大学创办国学研究所和《国学集刊》（因故更名为《中国文化与中国哲学》刊行），在指导思想上即明确指出，这是"在世界文化观照下的国学"。费孝通先生提倡"文化自觉"，先生写《我对费孝通先生"文化自觉"理论的理解》一文，详为阐发。② 这些论述，目的都在提醒人们，要以全球化的眼光观察世界文化和中国文化，既反对数典忘祖，不知己之所出的盲目西化，也反对闭门自吹、自语、自唱，搞"自我中心论"。因为如果这样，效果将会适得其反，中国文化将既不能反本，更不能开新。

回顾晚清至今的中国近现代史，可以说，中国人的"文化自觉"是在"世界文化的观照下"进行的，是一部在"观照"下反省与在反省和自觉中向前行进的历史。过去如此，今天依然。

基于此一自觉，汤先生对"轴心突破"问题特别关注，指出，"中国古代文化即是'轴心时代'几大文明之一，而儒家是轴心时代中国思想的重要成分"。轴心时代的思想传统经过两千多年的发展，已经成为人类文化的共同财富，人类一直靠轴心时代所产生的思考和创造的一切而生存，而人类历史上思想每一次新的飞跃，无不通过对轴心时代的回顾而实现，并被它重新点燃。在踏入新千年之际，世界思想界已出现对于"新的轴心时代"的呼唤。先生的专著以《瞩望新轴心时代》命名，即是强调世界文化观照下的"文化自觉"。其中，《在世纪之交谈精神与信仰》《关于文化问题的几点思考》《五四运动与中西古今之争》《融中西古今之学，创反本开新之路》《轴心时代的中国儒家思想定位》《中国现代哲学的三个"接着讲"》《西方哲学冲击下的中国现代哲学》《启蒙在中国的艰难历程》《论创建中国解释学问题》等，都是以世界眼光思考中国文化与哲学发展的智慧凝聚，集中

---

① 汤一介：《思想自由是最重要的》，《汤一介集》（第10卷），北京：中国人民大学出版社，2014年，第211页。
② 汤一介：《我对费孝通先生"文化自觉"理论的理解》，《汤一介集》（第6卷），北京：中国人民大学出版社，2014年，第392—399页。

回答了新千禧年中,"我们怎么办,我们能做什么,我们何时有人文精神,何时能重建,中国文化如何走出去"等重大问题。

新的轴心时代和公元前500年那个轴心时代有着鲜明的不同,概括起来,先生指出:

"(1)由于经济全球化、科技一体化、信息网络发展把世界连成一片,因而,世界文化发展的状况将不是各自独立发展,而是在相互影响下形成文化多元共存的局面。各种文化将由其吸收他种文化的某些因素和更新自身文化的能力决定其对人类文化贡献的大小。(2)跨文化和跨学科的文化研究将会成为21世纪文化发展的动力。由于世界连成一片,每种文化都不可能孤立地发展,因此,跨文化与跨学科研究会大大地发展起来。以互为主观、互相参照为核心,重视从他者反观自身的文化逐渐为中外学术界所接受,并为文化的多元发展奠定了重要基础。21世纪的新轴心时代将是一个多元对话的时代,是一个学科之间互相渗透的时代。(3)新的轴心时代的文化将不可能像公元前5世纪前后那样由少数几个伟大思想家来主导……可以预见的是,中国将出现一个新的百家争鸣的局面,文化多元并存的新格局。(4)到目前为止,我们仍然处在大量吸收西方文化的过程之中,我们还没能如在吸收印度佛教文化的基础上形成了宋明理学那样,在充分吸收西方文化基础上形成现代的新的中国文化。展望21世纪,在不久的将来也许会出现适应中国现代社会要求的不同学术派别,但大概也不会产生一统天下的思想体系。那种企图把自己打扮成救世主的时代已经一去不复返了……21世纪的思想文化也许是精英文化与大众文化相结合的。"① 这几点指示,我以为是非常重要的。在我国战国时期,司马谈将百家归纳为九家,主要是六家。这是文化的多元发展。汉代"罢黜百家,独尊儒术",但道家仍然与之互争雄长,魏晋时终居上风。隋唐时期,儒、佛、道三足鼎立,直至明清。"五四"后,孔、马、罗并立,马克思主义最后居于主导,但三家并立的局面并未改变。"百家争鸣",归根结底是三家争鸣。无论是精英,还是大众文化,都不外乎三家。如何让三家相争互融,汇成一新学术、新

---

① 汤一介:《关于文化问题的几点思考》,《瞩望新轴心时代:在新世纪的哲学思考》,北京:中央编译出版社,2014年,第29—31页。

哲学、新思想，而同时又各自良性发展，应是我们努力的主要方向。

从世界看，各种思想也在相争互融。1993年，世界宗教会议通过《走向全球伦理宣言》，提出"全球伦理"问题。1997年，中国学者在北京召开了"中国传统伦理与世界伦理讨论"大会，并发表了《纪要》作为对《走向全球伦理宣言》的回应。1998年夏，联合国教科文组织和中国社会科学院又在北京召开了有关"全球伦理"的国际讨论会，把"全球伦理"问题推向纵深发展，希望以此为解救人类社会走出精神危机找到途径。先生积极参与"全球伦理"的建设，指出，"己所不欲，勿施于人"可以成为不同文化传统的民族和国家所共同接受的伦理准则，这个观念包含着"自己"与"别人"的对等关系，不把自己的要求强加于人，更不把不希望加之于自己的加之于别人。社会的变迁固然会影响人们伦理观念的变化，但"己所不欲，勿施于人"却并不因社会的发展而失去其伦理价值之普世意义。先生说，从儒家来说，这金律是和它的"仁学"（樊迟问仁，子曰：爱人）相联系的；对西方基督教来说，则是和它的"博爱"相联系的；对印度佛教来说，则是和它的"慈悲"观念相联系的。这三种不同文化传统的伦理体系的理念，显然有着深刻的差异。儒家的"爱人"包含着"亲亲"观念，基督教的"博爱"包含着"在上帝面前人人平等"的观念，佛教的"慈悲"中包含着"涅槃"的观念。因此，它们的不同是显而易见的。这三种文化传统的伦理观念虽然不同，但并不是互相排斥的，甚至在"爱人"（仁）、"博爱"和"慈悲"中又存在着某种深刻的互相"认同"的方面——都以不同方式表达人的"爱心"。所以寻求"全球伦理"不是要排斥或否认不同民族文化传统的伦理价值，而是在尊重各民族文化传统的伦理价值的基础上，发掘和利用不同民族文化传统中的伦理思想的内在资源。因此，越是深入发掘和利用不同民族文化传统中的伦理思想的深层资源，对建立"全球伦理"越有意义。先生指出，孔子的"仁学"作为一种有意义的伦理思想可以在以下三个方面对建设"全球伦理"做出贡献：（1）人们的道德问题必须建立在自觉的基础上，这就是孔子要求的"克己"。在道德自觉基础上形成的伦理规范才有实际意义。（2）道德的建立有一个基本出发点（儒家认为应该由"亲亲"出发），由此基本的道德要求生发出来的伦理思想体系一定要包含某些普遍性原则（如"己所不欲，勿施于人"），有了普遍性的伦理原则，其伦理体系才会对社会生活发生重大作用。（3）建立一套伦理思想体系是为了社会的安宁和个人的幸福，除此之外没有其他目的，这就是孔子所向往的"一日克己复礼，天下归仁"。孔子、耶稣、佛陀都是轴心时代文明的基本支柱，在今天依然保持着各自的活力。下一个千禧年的人类文化的发展，还是应该以此为基础和出发点。显然，全球伦理建设这一人类新时代的要求，凸显了儒学的普世价值，是我们讲民族"文化自觉"所要首先明确和自觉的。

20世纪90年代后，苏联解体，冷战结束，"和平与发展"成为各国家与民族追求的目标。先生指出，实现"和平共处"要求处理好民族与民族、国家与国家之间的关系，即"人与人"之间的关系；实现"共同发展"不仅要求处理好"人与人"之间的关系，而且要处理好"人与自然"之间的关系。因此，在创建"全球伦理"中，应十分注意从不同民族文化传统中找寻可以对实现和平与发展的"有意义的伦理资源"。民族与民族、国家与国家的关系，其伦理问题不仅仅是个人伦理，还是政治伦理、社会伦理、经济伦理和环境伦理等。这些都可以在"和而不同"原则下寻求最好的"全球伦理"原则。① 亨廷顿讲"文明冲突"，背离了这一基点，但客观上也反映了文化问题的日益重要。先生有专文对此回应，这亦为我们树立起"世界观照"的范例。

但"文化自觉"也包括另一重要方面——认识自己文化中的负面因素或不足的、薄弱的方面。在《"全球意识"与"寻根意识"的结合》一文中，先生指出，传统文化对中华民族的民族心理曾经有着深刻的影响，它凝结成中华民族的一种特殊的心理特性。这种特殊的心理特性长期影响着我们这个民族的各个方面，即使在今天，它仍然在不少方面支配着我们的思想和生活态度。而这种特殊的民族心理状态，既表现了中华民族传统思想文化的优点所在，也表现了它的缺点所在。优点和缺点是"一体两面"，无法截然分割。先生将传统思想文化归约为以下四个方面：理想主义、人本主义、辩证思维、理性主义。他对每一方面都既指出其优点，又指出其内在缺点，如指出，中国传统社会是建立在小农经济基础上的，农民、小

---

① 汤一介：《寻求"全球伦理"的构想》，《中国艺术报》2000年9月29日。

生产者的思想很容易带空想的色彩,从而拖住社会的前进。我们提倡理想主义当然是对的,但它必须建立在科学的基础上。关于人本主义,先生指出,传统文化中的人本主义是一种道德化的人本主义,它强调的是人的社会责任和历史使命。由于过分地强调人的社会责任和历史使命,中国古代的思想家们大都希望由他们自己来实现他们的理想社会,他们讲"格物""致知"全然是为了"治国平天下",他们为学是为了实际的政治。这样一来,中国的一些思想家就不大可能去系统地探讨一些抽象的人类终极关切的问题,因而中国哲学没有严密的论证,这样就妨碍了我们民族抽象理论思维的发展。而更成问题的是中国传统思想文化,它只是把"人"放在一种相对立的、统治与服从的社会关系中,讲一个人应该如何负起自己作为特殊地位的"人"的责任,而忽视了人应有的权利。因此,所谓"君臣""父子""夫妇""兄弟""朋友"等五伦关系,讲"君义臣忠""父慈子孝""夫唱妇随"等。它要人尽各种各样的义务,而很少能享有作为独立的"人"的权利。所以,尽管人很重要,但人必须在"五伦"关系中生活,"人"只能表现在与他相对的关系者的身上,离开这样相对的关系就很难讲人的价值。在中国传统思想中,表面上看是强调人的主体性、自觉性和主动性,但实际上这种主体性只是在规定了的五伦关系下的主体性;自觉性是在没有认识自己独立人格下的虚假的自觉性,只是在所限定的范围内才有主动性。或者说,人们的这种主体性、自觉性和主动性只是在人没有参与任何社会生活时才有意义,一旦进入现实的社会生活中,它就全然失去了意义。所以,人如果在社会生活中没有独立的人格和应有的权利,就没有真正的主体性、自觉性和主动性,也就没有个性的解放和个人的自由。中国传统思想文化中的这种"人本主义",从这个方面看甚至不利于"民主思想"的发生和民主制度的建立,这也许是中国封建社会长期延续,资本主义萌芽发展缓慢的原因之一。我们不难看出,只有冲破这种被限定在"五伦关系"(一种特定的统治与服从的关系)中的社会关系,"人"才能得到自由,"人"才能成为有独立人格的人,才能有一个民主的社会。先生指出,传统文化中的"民本"是"官"把"民"看成"本",看成对他们重要的事物。这种"民本"思想和真正的"民主"思想是不同的。"民主"是"民"自己做"主",怎么能是由"官"来做"主"呢?这显然是把关系搞错了。因此,"民主"思想不仅不是"民本"思想的自然发展,而且是对"民本"思想的一种否定。关于辩证思维问题、理性主义问题,先生也都做了辩证的分析,如指出传统思想往往把人对自身的认识和人的道德价值反射到宇宙中去,比如孟子说"尽心、知性、知天",宋儒认为人心本"仁",因此宇宙本体也是"仁","天理"是"至善之表德"等,这种把人内在的道德加到宇宙上当然是不可取的,它不仅离开了"理性主义",而且是新理性主义的反面,成为一种"非理性主义"。所以在中国哲学中,"天人合一"的思想虽有其合理性的一面,但在"明天人之分"的基础上来讲,或许更有意义。如此等等,为我们如何建立"文化自觉"树立了榜样。故停留于宣扬传统,儒学是不可能真正适应时代和社会发展的要求的。现在国学讲得多了,却很少有辩证的分析。正面的宣扬遮蔽了其负面的因素,但负面的因素并不因此而不存在;相反,它随正面的宣扬一起潜移默化地进入人的心灵意识,起着某种负面的作用。这是我们应当警惕的。①

总之,先生的眼界是广阔的,他时时关注着世界,而立足点则在伸张与弘扬自己民族与国家的文化,使之健康、活泼、发展、复兴,为人类文化发展做出更加伟大的贡献上。"以全球化的眼光观察世界文化和中国文化",实践先生的这一指示,新哲学的建立必将成为现实。

(原载于《中国文化研究》2017 年夏之卷,原标题为《新哲学的瞩望——重温汤一介先生的教导》)

---

① 汤一介:《"全球意识"与"寻根意识"的结合——对发展中国文化的设想》,《汤一介集》(第7卷),北京:中国人民大学出版社,2014 年,第 7—20 页。

ISBN 978-7-5488-4911-7

定价：79.00 元